梦山书系

地道：中国幼教厚德载物

赵春梅 焦敏 主编

海峡出版发行集团
THE STRAITS PUBLISHING & DISTRIBUTING GROUP
福建教育出版社

编委会

主　编：赵春梅　焦敏

副主编：许继红　袁霞　王少群

编　委：邢庆印　张莲花　高晓红　孟凡庸　刘红　于德水　张丽

杨俊超　李效群　于慧　尹嘉　李军　邓群　董莹　孔芹

刘敏　戴伟　杨春梅　庄文山　怀秀　李彦锐　张艳

滕瑶　段希娟　任晓娟　胡长霞　赵立燕　刘婧　谢英霞

山东银座·英才幼儿园（集团）团结向上、锐意进取的管理团队

序 言

“天无私覆也。”《天问：中国幼教豁然洞开》一书是以赵春梅为首的银座幼教人对幼教事业美好的追求与畅想，是对实现“中国幼教梦”的激情迸发，是对学前教育理论的大胆探索，是银座幼教集团发展的顶层设计。

“地无私载也。”《地道：中国幼教厚德载物》是以赵春梅为首的银座幼教人 12 年汗水泪水的结晶，是 12 年日复一日实践基础上的概括总结，是辛勤耕耘丰收硕果的倾情奉献，是银座幼教集团成功的足迹。

天地之间，大道甚夷。这两部著作是相得益彰的姐妹篇，是银座幼教人“办中国式幼儿园”的理想的最好诠释，是她们秉承“让爱更多一点”的信念，坚持“立德树人”的社会主义核心价值观，艰辛探索的真实写照。

12 年前，赵春梅在一片瓦砾之上领导大家建起了第一所幼儿园。今天，已拥有 21 所优质的直管园和统一指导的 195 所“手拉手”联盟园，形成了集团化发展的幼教集团，成为领跑我国民办学前教育发展的一支生力军，取得了巨大发展与成就。银座幼教集团的发展史是我国民办学前教育发展的缩影。

《地道：中国幼教厚德载物》是一本字里行间处处洋溢着“厚德”“大爱”的好教材。

万事德为先，这是做人的根本，是做事的根本，这就是“道”。当前，世界在多元文化背景下激烈竞争，中华民族“自立于世界民族之林”的根本保证就是要“厚德”。“厚德”就是“大爱”，我们要爱国家、爱民族、爱事业、爱孩子、爱家长、爱长辈、爱亲人、爱同事、爱朋友等等。大爱无私，大爱无疆，大爱无痕。有大爱才能有大胸怀，有大爱才能载万物。“载物”，就是幼教人要用心血浇灌幼儿的心灵，用忘我的劳动奠定幼儿成长的基础，用自身的模范行动为幼儿树立人生的榜样，用毕生努力托起明天的太阳！“厚德载物”“让爱更多一点”是银座幼教人的核心理念，成功的法宝，永远的追求！

《地道：中国幼教厚德载物》是一部如何做好幼儿园工作的实操性手册。

银座幼教人通过这本书，把如何建设一所优质园的每一项工作细节和遇到的所有问题都做了极为详尽的介绍和说明。从集团发展顶端设计到每一所园的实施步骤，从领导班子到教师队伍建设，从孩子类型分析到家长类型分析，从环境形象到课程设计再到活动安排，从儿童共性规律到儿童个性化培养，从行为习惯养成到身体素质提高，从食堂饮食卫生到安全保障等所有方面的做法、体会都极为详尽地和盘托出，无一保留。这当中包括银座人是怎样分析的、怎样统一认识的、怎样做的、为什么这样做、收到什么样的效果、怎样总结、怎样改进等等。可以说，这是一部实操性极强的幼儿园工具书，是一部可以照着做的幼儿园工作手册。

《地道：中国幼教厚德载物》是一部如何打造优质幼儿园的典籍。

读了这本书，认真按照书中的要求开展工作，不会办园的可以学会办园；办园质量不高的可以办成优质园；办园成绩突出的可以在此基础上进一步总结完善提高。这就是一部幼儿园工作宝典，从事幼教任何一个工作岗位的人，都可以从中找到可借鉴的经验，找到解决困难的办法，得到启迪与帮助。

读了这本书，可以帮助家长明白如何认识自己的孩子，怎样成为孩子的朋友，正确助推孩子的成长，做一个名副其实的好家长。

读了这本书，可以让社会更好、更具体地感受到学前教育工作者的博大情怀，感悟到一个优秀的幼教工作者的无私奉献，看到她们为了孩子成长，付出的每一粒汗水、每一滴热血，直至生命！

她们是呵护天使成长的最美丽园丁。

《地道：中国幼教厚德载物》是学前教育理论与实践紧密结合的范本。

银座幼教人脚踏实地艰苦奋斗的12年，也是上下求索探讨幼教理论发展的12年。书中展现了很多鲜活的事例，通过认真分析得到理性思考；又回到实践中加以验证，再实践，再总结，再提高；从而得出规律性、共性结论，这就是理论。实践出真知，真正的理论来自不断摸索的实践，来自第一线善于总结的实践者，而不是从书本到书本、脱离实际的空头理论家。书中5个章标题的表述就是学前教育理论宝库中的奇葩，是经过实践证明的行之有效的理论结晶。

银座幼教集团，植根于圣人浇灌的沃土，吸吮着中华民族几千年优秀文化的乳汁，迎着教育体制改革的春风，是齐鲁大地在学前教育领域一朵盛开的鲜花。

银座幼教集团的掌门人赵春梅，是民办幼教界优秀的代表，是卓越的领军人物，是一面当之无愧的旗帜！

以上是我学习本书的初步体会，不敢为序，愿与大家共勉。

中国民办教育协会副会长

学前教育专业委员会理事长

杨志彬

2014年4月26日

前言

抵达：一种生命的高度

如果说《天问：中国幼教豁然洞开》是我与陶继新先生从理论方面进行对话而结出的一个果实的话，《地道：中国幼教厚德载物》则是我们山东银座·英才幼儿园（集团）、北京银座幼教集团，专家团队、管理团队、教师团队从实践层面凝聚而成的一个集体智慧的结晶，是整个团队在12年实践中苦心钻研、专心敬业、精心呵护、真心打造、齐心经营结下的又一硕果，是承接于《天问》、植根于中国幼教实践与探索的现实力作。我个人认为，书稿对当今幼教有一定的参考价值，因为它不但对当今中国幼教作了一次大彻大悟的解读，还对未来的幼教如何创新管理、如何发展提供了第一手材料与实施工具的参考。

无论是《天问》还是《地道》，两书围绕的核心就一个字——“爱”。“爱”是本书中所有思想和实践产生的源头和线索。思想，因为内含于爱而深刻与亲和；实践因为因循于爱而生动与饱满。

爱是人类基本的情感需要，是心灵成长的养分，是催生生命激情的火焰，也是隔阂坚冰的融冰剂。一名教师，在群体中获得尊重和信任之爱，她就得到了内心丰盈的自觉。“每个教师都积极参与，献出自己的‘金点子’，当教师的‘金点子’得到了领导的肯定和采纳时，极大地增强了她们的自信心，同时也增强了她们的主人翁意识，使她们更乐于参与到我们的活动研究中了。"书稿中这段平实的文字，没有过多的渲染，却能看出我们团队的教师在工作中，时时参与集团的大小事务，事事发表自己的见解。教师是集团的主人，这正是我们集团能战胜所有困难，一步一个脚印向前快速发展的关键所在。是什么给了教师这种自律和斗志、这种努力和自主、这种心态和效率？我想说，是爱。

团队中彼此的人文之爱、关怀之爱、包容之爱、鼓励之爱、理解之爱，让银座幼教这个团队树立了精诚合作的思想和务实执着的精神。"让爱更多一点"的集团核心理念，成为团队中彼此紧密凝聚的信仰，成为共同事业情感的出处，成为思想境界提升的推手。爱多一点，更多一点，再多一点，必然形成广博而厚重的"大爱"。带着大爱的情怀、带着执意的追求迈向中国幼教的大门，将"办中国式幼儿园"作为事业追求，银座幼教的目的是引发社会和家庭关注幼教、关注未来，引发同行对工作做到真正植根的思考，同时，向世人揭示一个事实——中国幼教也可以如此美丽，中国幼教之美的精髓正是因为有着爱的誓言。

书稿是集团领导、专家与教师在工作中沉淀出的精华。这其中所叙述的每一个问题就是一种做法、一项创新和一条经验。比如幼儿园的50项工作流程，涵盖了从日常管理到细微之处的方方面面。其中的32项保育工作流程就包含了入园、服药、进餐、加餐、户外活动、安全、传染病防控、卫生消毒、体弱儿管理、食堂管理等保育工作的全部内容，无处不体现出"全面立体、综合交叉""完善制度、细化标准"的规范要求。可以说，这种呈现方式非常地"厚道"。为什么这么说呢？因为，先以理念起兴，再以实践方法作承接，再以推理作为延伸，这种方式单刀直入、不转弯抹角，怎么做就怎么写。这种叙述方式非常地接地气，从另一个侧面也反映了我们银座幼教人做人做事的真实与真诚。

谈到书稿的结构，可以说编委们巧用心思铺开布局，拉开了一幅12年来实操经验的长卷。通篇以"爱的传承"为焦点，渗透到各章各节。每一章都是以厚德载物为索引，分别以"源""研""本""体""思"为点睛之笔，提领出各章节的"神韵"。其中，有理有据是引人入胜的秘诀。论点、论据像线路一样在串联或并联中有机地联系起来。论点鲜明，有灵魂有思考；论据确凿，有血肉有表征；论证严密，有骨骼有魄力。做到了层次分明、推理严谨、说理透彻。这种写法，不，应该说做法，实在说不清是有心栽花还是无心插柳，总之，让我有了惊喜的发现，那就是在理性介入思考后，老师们的做法也更趋于内化、更有内涵。不仅跨越了幼教的界限，还进入了人生思考，显示我们在工作中的驾驭能力和对幼儿教育的深远思考。

第一章“厚德载物就要植根于‘源’”。一个“源”字撬开书稿的天窗，放一缕阳光进来，让埋藏在肥沃土壤中的种子有了生长的“萌动”。这个种子就是中国幼教。“源”字阐释了大地上承载的万事万物同根同源并相互关联的关系，就像“理念—模式—流程的一体化管理”中谈到的那样，“升华了的理念物化为模式，模式细化为流程；流程保障模式的落地实施，模式物化诠释了理念”，如此首尾相接、相生相长，让“种子”有了快速破土而出的愿望。

第二章“厚德载物就要植根于‘研’”。幼教中教育教学需要研究的内容很多，特别是我们山东银座幼教集团，经验多，材料多，在这一章中如何定题选材，才能让萌动后跃跃欲试的种子产生“质的跃动”？答案就在“研”中。研是学术展开的中心，研是贯穿实践始终的主线，研也是资源融合与共享的必由之路。“教研—保研—家园共育研究的一体化结合”，这里提领出幼儿园的业务主体，开门见山地把各种研究方法晒出来，将各种策略、各种运用、各种体验统统展现，用研究出来的优质养料给种子提供“跃动”的能量。

第三章“厚德载物就要植根于‘本’”。幼儿教育追本溯源，无非是三个能动主体——幼儿、教师、家长，这三个能动主体共同勾画出幼儿教育的本质，他们就像风、像水、像光，给跃动后生根发芽的种子提供源源不断的“原动力”，共建良好生态。“幼儿一教师一家长的一体化发展”在“张扬儿童个性、扩散儿童思维和规范儿童行为”这样的教育核心目标指引下，在“五个素质教育途径”的运用中，将中国的文化和民族精神融入其中，培育出适合中国本土与国际化双重需求的人才。

第四章“厚德载物就要植根于‘体’”。课程是帮助教师物化行为的有效载体，教材是由课程思想转化而来的实物，环境是与人的思想和行为默默对话的现实存在。“课程—教材—环境的一体化完备”追求的是课程观的独立与完整、针对全人完整教育，选择最适宜的教材，适时地构建与课程相匹配的理想状态，为种子发芽后开出的花朵，塑造出美丽的形质，增添上妙不可言的“灵动”。

最后压轴的第五章“厚德载物就要植根于‘思’”。所谓“思行合一”，思与行总是相依相伴的。开出美丽花朵的种子不一定都能结出丰硕的果实，必须经过授粉的过程。结出的果实的大小、多少、色泽、味道，都取决于授粉的这个过程。果实结出之后，果实中含有的新种子，要靠新的途径去传播。“授粉”与“传播”就是思之后行，行之后又思，再思再行的过程。“理论—实践—反思的一体化培训”所追求的是“新”——新理念，“实”——实实在在地做，“力”——反思与培训有力度，从而形成真正的发展新实力。本书收尾的章节道出了幼儿教育植根的谜底，那就是要“行动”。俯下身子去行动，在行动中创新，在行动中总结，在行动中反思。这种思行合一的哲理，不但能为人们提供了一种思路，还为读者带来重新定位人生价值的启迪。

可以说，“厚德载物”在银座幼教集团中通过“萌动、跃动、原动、灵动、行动”这“五动”栩栩如生地展现了出来。值得一提的是书稿的语言，老师们在整理各自的章节时，力争干净利落，不卖弄辞藻，节奏转换快捷，一个个问题链接感强，给人一种在阐述中变幻更迭、逐渐升高的感觉。每个句子、每个词语都尽量做到精准。本来抽象的理论，在这里闪耀出形象的生动。

《地道：中国幼教厚德载物》开辟了一条通天大道。具备灵动深厚的文化积淀，这是毋庸置疑的。发人深省的探索、创新、发现，会不会为中国教育界所瞩目？我们很有自信，因为我们想与同仁们一起来“坚决办好中国幼教”。至纯至诚的目标是期待，是希望，是方向，是动力。昂起头，放眼望去，我们正一路呼唤着，一步一个脚印地为幼教安插路标。最后，感慨地肯定：我们集团的举措不但为中国幼教发展提供了有力的理论根据，还奠定了坚实的基础；老师们的思想不但为世人开启智慧，明其心志，健全人格，增广心量，还提升了爱国爱民的境界与情怀。

最后，我要说的是，《地道：中国幼教厚德载物》是对我与陶继新先生的对话——《天问：中国幼教豁然洞开》一书的最好续读与诠释，是银座幼教这个团队共同的心血。因此，我要感谢集团所有员工，感谢他们在一线中不遗余力地实践与总结；尤其要感谢编委的33位专家与教师，是他们牺牲了休息时间，不分昼夜地编写、整理、修改，直到顺利完成。

亲爱的同行，人有三条命：一种人只为自己活着，那叫性命。第二种人不但为了活着，更是在人生价值上寻找发光发热的机会，去为社会做点实事儿，这种人具有性命与生命的融合。第三种人除了前两种人的特性，更是具备把生命价值最大化，在有限的生命中超越自我，具有对成就大事力量的坚持品格。因为他选择了对自己、对家人、对国家和民族的责任感与使命感。所以，这种人具有了三条命——性命、生命与使命。往往这种人执着到只要认准了的路，跪着也要把路走完。说实话，银座幼教人就是这样一群让人不可思议的团队。

世上没有绝望的处境，只有对处境绝望的人。平凡的脚步也可以走完伟大的行程。习主席曾说，“没有比人更高的山，没有比脚更长的路”，这话真的富有哲理。伟人之所以伟大，是因为他与别人共处逆境时，别人失去了信心，甚至颓废，他却下决心找机会去尽到自己的责任。不求与人相比，但求超越自己，他们的哭，也是哭出激动的泪水，他们的笑，也是笑出了成功的性格。让我们都实实在在地做一名真正对得起国家和民族的优秀幼儿教育工作者。

山东银座·英才幼儿园（集团）创始人、董事长

北京银座手拉手联盟集团创始人、董事长

赵春梅

目　录

引　言

沧海桑田，时过境迁。不知不觉山东银座·英才幼儿园（集团）走过了它12年的第一个轮回。这个不平凡的12年，充满了挑战、灌满了心酸、溢满了心血，当然也收获了成功与发展、认同与地位、尊重与尊严。

我们欣喜12年间，从一片瓦砾之上建起了第一所幼儿园，到目前集团拥有形象化的直营园、标准化的直管园21所、复制紧密的“手拉手”联盟园185家，共206家幼儿园的集团化规模。

我们欣慰12年间，在人员组成复杂的基础上，打造了一支向心力强、凝聚力强、战斗力强的专家型、学者型、研究型、务实型的管理及师资团队。

我们欣然12年间，这个团队的坚定信念、思想境界、事业情感、民族情怀所形成的“爱的教育”“爱的文化”“爱的责任”“爱的传承”的真实展现。

可以说，山东银座幼教人在踏踏实实的践行诠释中，已经将“办中国式幼儿园，打造中国幼教模式”的理念转化为自己的行动纲领。于是“让爱更多一点”的核心价值观，在管理与教育实践中得到了更加有力的证明。厚德载物、自强不息便成了我们不懈的、细致的、深入的研究追求。集团上下以“上善若水”“厚德载物”的情怀与使命，传承着新时期“中国式幼儿教育”的真谛。

现代社会的发展越来越表明，“厚德载物”是一个人、一个单位事业成功与否的关键，凡是有作为、成大器、成大事者，无不具有高度的责任感、进取心、自信心及现代的道德人格。一个内心缺乏道德精神或道德意志不坚定的人，一个在物欲横流中随波逐流、腐化官僚、只知立事不知立人的单位，很难形成真正的良好价值观与创业氛围。

道德是做人的根本，厚德是做事的准则。幼儿教育的本质，与考分相比，生命态度、生活情趣、先爱精神、民族责任，更让孩子们的未来活得有质量有价值！

这就是我们银座幼教植根于“办中国式幼儿园”，以“让爱更多一点”为核心价值观，全面推进素质教育的责任所在！

如果说《天问：中国幼教豁然洞开》是12年间银座幼教人对事业真切的感悟、变革的期待、理想的勾勒、蓝图的描绘，那么《地道：中国幼教厚德载物》就是对真实感悟与现实理想的物化与诠释。全书在系统地介绍五个一体化内涵中，运用了大量的案例呈现、互动交流、总结论述、研究对比，展示了一个团队12年来矢志不渝、同心同德、脚踏实地做人做事业的决心、毅力、责任与使命；并毫无保留地将体会与教训、经验与收获全盘奉献给全国的同行，以此满足银座幼教人为中国梦、幼教梦，为祖国和民族尽一点绵薄之力的大爱之心。

第一章 厚德载物就要植根于“源”

——理念—模式—流程的一体化管理

“让爱更多一点”是集团的核心价值观，办中国式幼儿园是集团不懈的追求。当梦想在祖国大地上绽放的时候，银座幼教人以“厚德载物”的胸怀孕育着社会和谐的种子，让素质教育的号角切实嘹亮在她们的耳边。“天行健，君子以自强不息；地势坤，君子当厚德载物。”中国自古之君子就非常注重才能与德行的对应关系，世人虽有聪明和愚笨之别，君子却不因其愚笨而置之不理。天地之间，朗朗乾坤，没有什么东西要厚道过大地，也没有什么东西不是大地所能承载的，这就是“地道”的精神。道德是做人的根本，厚德是做事的准则，银座幼教人的“幼教梦”就是厚德载物的灵魂。

“厚德”是一种大胸怀，“载物”便是一种大追求。在银座幼教，“让爱更多一点”是厚德最贴切的注释，“办中国式幼儿园”是银座幼教人对祖国最殷切的载物情结。

同样的孩子在不同的老师心中便会有不同的成就，同样的老师在不同的园长眼里便会有不同的造化。造化或成就的差别，其根本就是观念的差别。观念的差别便是影响孩子成长最大的“源”，但孩子是无法生长在观念的说教中的，他们只能生长在带有观念的环境中。

银座幼教最大的创新，就是她通过对“理念—模式—流程的一体化管理”将厚德载物的胸怀物化到了孩子成长的大环境当中。

理念反映了我们独有的园本思想、理论学说及观点；模式则是适应现代与未来需求发展最有价值、最切合实际的管理定式与方案；流程是确保理念落地生根，模式得以转换的保障体系。

升华了的理念物化为模式，模式细化为流程；流程保障模式的落地实施，模式物化诠释了理念。

“理念—模式—流程的一体化管理”的作用有三点：

第一，帮助园长更加系统化、科学化、规范化地经营幼儿园。

第二，帮助园长转换管理思路，提高执行力，将“高度、速度、力度”的整体概念，纳入幼儿园的管理经营中。

第三，这种链接式的管理，有助于幼儿园形成品牌化的传播效益。

“理念—模式—流程的一体化管理”，所追求的就是有效的链接与真实的物化。

第一节　理念植根于温馨物化

理念：指正确的看法、思想，思维活动的成果。一个人拥有一些正确的观念与态度，不见得能立即成功；但是如果缺乏正确的观念与态度，就算一时幸运，终究还是会被打回原形，难逃失败；一个人的成长不在于经验和知识，更重要的在于他是否有正确的观念和思维方式。

在这里，理念是反映我们独有的园本思想、理论学说及观点。

“办中国式幼儿园，打造中国幼教模式”是我们永恒的追求。幼教集团十几年来秉承着传统文化的先进教育思想、管理智慧和人文积淀，取西方教育之精髓，融东方教育之博大，顺应幼儿身心发展规律，在确立了“让爱更多一点”的核心价值观的基础上，形成了自己独特的办园理念。不仅建立了系统的理念体系，更为其物化为教师的行为找到了抓手；同时，还营造了充满自然韵律、生命气息的环境，为幼儿提供主动、多元发展的均等空间，打造“童趣世界，人才摇篮”的高品质幼教名园，让幼儿健康幸福成长。

一、理念体系温馨物化

办园理念：童趣世界，人才摇篮。

“童趣世界”说明了我们尊重孩子眼中的世界；“人才摇篮”展现了我们对培养人才的期许。

教育理念：把握儿童身心和谐发展的每一分钟，注重儿童学习与思维的每一个过程。

“把握儿童身心和谐发展的每一分钟”说明了“一日生活皆课程”的重要。

“注重儿童学习与思维的每一个过程”强调了“关注寻常时刻”的意义。

环境理念：崇尚童真，回归自然。

“崇尚童真”体现了我们严格遵循幼儿教育规律与特性；“回归自然”展示了我们扎实朴素的教育源泉。

教育服务理念：儿童为本，亲情无限。

“儿童为本”指明了我们办园的立足点；“亲情无限”反映了我们的教育态度。

管理理念：尊重和信任每一个人，人人都是人才。

旨在时时告诫我们每一个管理者要懂得：尊重人才，赏识人才，为每一个人提供尽可能大的发展空间。

市场理念：让我们成为家长为孩子教育的最佳选择。

“让我们成为家长为孩子教育的最佳选择”，说明了我们办优质的幼儿教育的决心和愿望。

经营理念：用爱经营幼教事业，机遇比比皆是。

“用爱经营幼教事业”是我们办园的定位与方式；“机遇比比皆是”是指期待的办园结果。

经营是根据幼儿园的资源状况和所处的市场竞争环境对幼儿园长期发展进行战略性规划以及部署、制定幼儿园的远景目标和方针的战略层次活动。它解决的是幼儿园的发展方向、发展战略问题，具有全局性和长远性。

下面我们来看山东银座·英才幼教集团自成立以来的发展战略规划与思考。

1. 银座幼教集团十五年三步发展战略规划

第一步　科教兴园，多元化、集团化办园发展战略（2001—2009 年）

幼教集团在 2001 年建园初，就确定了“科教兴园，多元化、集团化办园发展战略”，在“让爱更多一点”的核心价值观引领下，经过了近八年的时间，到 2009 年我们依靠优质的品质，直营园、直管园、联盟园达到了近 100 家，基本形成了集团化。

第二步　差异性竞争战略（2009—2013 年底）

2009 年，幼教集团又提出了“差异性竞争战略”，到 2013 年底，经过了十二年的不懈努力，幼教集团的办园规模、办园特色、课程特色、系统逻辑的管理体系、卓越团队的形成、全国集团化办园领军地位的基本奠定，都已形成了现实影响力。与单一幼儿园或其他集团化办园机构，已有明显差异性区别。“差异性竞争战略”基本可以告一段落。

第三步　品牌植根战略（2014—2016 年“银座幼教三年行动计划”）

2013 年 11 月，幼教集团又提出了“品牌植根战略”，并计划用三年的时间来完成这一发展战略。

2. 银座幼教集团重视与关注发展战略的意义

战略是审时度势、量力而行的艺术。以风骨感动苍生，战略选择是决策者们瞬间的本能。

战略是方向，是目标，更是信念。方向对了不走弯路，目标对了不走歪路，信念定了不走回头路。“战略永远率先，事业才能先行”。一项战略制定的成败，直接影响一个单位乃至一个国家在单位时间内的成功几率。一项非凡的战略决策能引领一个单位、一个集团、一个大型企业乃至一个国家走向辉煌。当遭遇环境变化时，我们突然感到，适应战略、驾驭战略、改变战略，是一件极其复杂的事情。而银座幼教集团决策层、管理层、执行层的战略意识与战略思维能力，是幼教集团发展核心能力的基础保障，也是幼教集团经营的核心所在。

3. 银座幼教集团制定发展战略的背景分析

为了将幼教集团的发展战略制定得更科学与合理，我们梳理的思路是：幼教集团战略必须回归国家发展主流；必须适宜中国幼教行业的发展需求；必须与上级鲁商大集团（尤其是鲁商教育集团）保持发展的高度一致；必须走出一条具有银座幼教特色的多业态集团化发展道路……

为此，幼教集团战略发展的每一步都植根于幼教集团的长远发展，广纳行业的信息资源，全面分析，从“国家发展战略”到“中国幼教发展战略”，从“鲁商集团经营发展战略”到“幼教集团的发展战略走向分析”等，一一进行全面透彻的梳理，以此来确定幼教集团的每一步发展战略规划。

4. 银座幼教集团发展战略制定的指导思想

战略的调整与变革是每一个时期银座幼教集团发展的烙印与里程碑。每一步发展战略制定的指导思想各有其时期的特点，但主流就是：坚持以无私大爱为底色，弘扬“让爱更多一点”的价值观精神；坚持以特色驱动为抓手，调整发展结构、丰富产业链为事业发展目标；坚持以品质机制为走线，树立创办“百年老号高品质幼儿园”的信心；坚持以盘活品牌为旗帜，将“银座幼教”大爱、正念、正道、正觉的做法推向全国，真正起到幼儿素质教育领军集团的作用；坚持以信念达成为终点，“办中国式幼儿园、打造中国幼教模式”，点燃集团员工的大爱情怀，激活集团与员工的创新思维和工作激情，以保持集团的可持续发展。

5. 银座幼教集团发展战略制定的策略性思考

（1）定位性思考。必须坚持“三个到位”：发展战略指向到位；管理策略视野到位；行动谋略执行力到位。

（2）动态性思考。必须坚定“三个纯正”：品位纯正、品质纯正、品牌纯正。品位、品质、品牌的有机融合，是未来中国幼儿教育发展的不竭动力。

（3）阶梯性思考。必须明确三个目标：一年一个台阶、一年一套新目标、一年一种新结果。这是阶梯性思考的关键。

6. 银座幼教集团发展战略制定的原则

（1）连贯性原则。山东银座幼教集团 12 年的发展，其战略的连贯性起到了强化系统、逻辑规范、打造团队、提高管理能力、清晰管理思路的作用。

（2）递进性原则。自 2001 年至 2008 年的“科教兴园，多元化、集团化办园”战略；到 2008 年至 2013 年的“差异性竞争战略”；再到 2014 年至 2016 年新战略的出台，其战略内涵始终保持了它的递进性——规模建构、特色实力、品牌成熟。

（3）进化性原则。关注战略中“最大变量”——团队意识形态的变化、社会舆论生态与媒体格局的变化、争取话语权的机会等。对比不攀比，做好自己的事。但有一点特别重要，就是以“变量”求得集团发展的不断升级、不断进化，努力上升到一个更大更广的平台中，达到脱胎换骨的效果。

（4）逻辑性原则。如：在“差异性竞争战略”的五年中，从“多米诺同盟发展战略”“三圆一通战略”“介入性支持性战略”“重点区域名园打造战略”，到品牌战略的阶段性升级，再到“三一体系”……完整一体、逻辑严密的战略才有生命力，才能培养出有战略头脑的高层次管理团队。

（5）可持续性原则。创新新举措，避免“新措施不会用，老措施不管用，硬措施不敢用，软措施不顶用”，否则可持续性就危险了。战略的可持续性，必须让集团所有的管理者与员工认同并主动接受。

7. 银座幼教集团发展战略信念结构组成

（1）正念植根。“上善若水，水善利万物而不争，处众人之所恶”，戒除自满之心与功高傲慢之心。高调做事、低调做人。

（2）正道植根。“择善而从，不善而改。”“是道则进，非道则退。”大爱之道、善的道路就必须坚持，不善的道路就要坚决改了它。

（3）正觉植根。开悟感悟，平治道途先平治自己的心智。团队的统一价值观、向心力、凝聚力、战斗力是成功的保障。

8. 幼教集团发展战略实施的重要保障

（1）强有力的“三驾马车”。

一是可视的现场。可复制的全面物化：五种文化模式、五种管理模式、五种课程模式、五种教育途径模式（英、汉）、三化管理模式、三一体系模式、五个一体化系统模式的物化。

二是卓越的团队。专家型、研究型、实战型、学者型团队的形成；团队境界、团队精神、团队战斗力的形成。

三是特殊别动力。全国独有的体制、机制的灵活运用与盘活。

（2）传承幼教集团的“合作美德”。

一是尊重政府政策，主动做好沟通，寻求合作。

二是携手已有的同盟资源，共建更大发展平台，共享发展成果，互利共赢。

三是创新发展，不断调整改革思路与战略实施路径。用中观战略、微观战略作为微调战略的手段。在永远变化的征程中，保持不变的优良品质。在前进的道路上，永远用敏锐与欣赏的眼光，寻找最合适的同盟战略合作伙伴。

9. 幼教集团发展战略实施的八字方针

多年来，我们不但高度关注战略的制定，更关注战略实施过程中与之相辅相成的方针的制定。我们想阐述的是，看似简单的八个字，却给集团所有岗位人员明确地指出工作的具体目标与指向。

并且多年来，我们总是注意把战略实施、方针制定与主题实施紧密结合起来，让八字方针及时指导集团的发展。

（1）每月主题。

如 2013 年，我们在宏观的“差异性竞争战略”指导下，根据“三圆一通战略”的中观战略的实施指向，提出“境界、务研、贯通、超越”的八字方针，并随时出现在每月的主题解析当中。2013 年每月主题名称如下：

一月主题：逻辑运行增实效
二月主题：广纳精髓求拓展
——隐喻“超越”

三月主题：境界提升促文化

四月主题：务研专业看规范

五月主题：贯通理念保质量

六月主题：超越特色促发展

七月主题：资源整合强逻辑
八月主题：机制优化强队伍
——隐喻“贯通”

九月主题：理念深挖促升级——隐喻“境界”

十月主题：规范管理强植根——隐喻“务研”

十一月主题：系统整合保贯通

十二月主题：家园同盟求超越

（2）历年八字方针。

2009 年八字方针：“踏察、现场、集整、灵捷”。

2010 年八字方针：“专业、现场、对标、经营”。

2011 年八字方针：“突破、问责、强化、重复”。

2012 年八字方针：“博弈、逻辑、心智、行动”。

2013 年八字方针：“境界、务研、贯通、超越”。

赵董事长这样对我们说："发展战略的方向，有时比努力更重要。"读懂中国、读懂幼教事业、读懂幼教集团、读懂每位员工，是我们能否很好实施发展战略规划的关键。一个行业的激烈竞争，是市场化赋予它的权力与责任，尤其是十八大三中全会之后，国家运用市场化特点调整与激活 GDP 与 CPI，这是必然走势。幼教市场也不例外，也在 CPI 之中，在国家还没有把幼儿教育义务化之前，它仍然具有市场竞争的某些特点。而市场竞争不在于事物的故意或巧合，其根源更在于内部自身结构的合理化。发展战略的合理制定，某种程度上保证了"自身结构"在机遇与巧合中的取胜。

经营的本质是创造，经营就是从无到有、从小到大、从不发展到发展、从不安定到安定的创造过程。我们的经营通过创造的方式，取得发展，用"让爱更多一点"的核心价值观来赢得更多的机遇！

我们常说，先进的理念只有物化为幼儿园可视的环境，物化为教师的教育行为，物化为幼儿身心和谐的发展，才有它存在的真正价值。因此，我们特别强调理念的物化。就拿经营理念"让爱更多一点"来说吧，同样是通过物化并植根于我们每一位教师的心中。

一日，一分园园长进班督导，看到本班教师带着孩子们进行表演活动，每个小朋友须进行自我介绍。在教师的启发下，每个小朋友都主动大方地介绍着，不时有掌声鼓励着……这时，就差妮妮小朋友没有自我介绍了。

妮妮站起来，环顾四周，突然眼泪啪啪掉了下来，教室里一下子安静了。这个有点窘迫的关键时刻，会发生什么呢？

只见老师微笑着伸开双臂亲切地说："宝贝，过来。"妮妮一个箭步跑过去，藏到了老师的怀里。

老师抱着妮妮，一边轻拍着她的后背，一边呢喃："宝贝，是不是还没有准备好？没关系的，宝贝，我们可以等你，等你准备好了再表达好吗？"妮妮听了流着眼泪点点头，将老师抱得更紧了。老师信任的话语，温暖的怀抱，都给了孩子极大的鼓励。班上所有的孩子都关注着一直紧抱着老师的妮妮。老师又开口了："孩子们，我们都会有不好意思表现的时候，也有不太勇敢的时候，不过没有关系的，我们慢慢努力，会越来越好，让我们一起鼓励鼓励妮妮，给她一句话，一个拥抱或者一点力量吧。"接着，一个个小朋友站起来，自然有序地对妮妮说，"妮妮，没关系的，下次你准行"；"妮妮，我爱你，相信自己”；“妮妮，坚强点”；“妮妮，别怕，勇敢点”。

孩子们的表达，如此细腻温婉地给予了妮妮鼓励的力量。再看看妮妮，她已经离开了老师的怀抱，转而面向一个个小朋友，脸上的泪花也被小朋友们那一个个的拥抱温暖得不见了踪影。

接着，老师又说：“孩子们，让我们互相抱抱，来感受爱的力量吧。”这时，小朋友们都开心极了，老师、小朋友互相抱在一起，而妮妮，已经忘记了刚才发生了什么，欢笑着、蹦跳着在小伙伴中穿行……

站在一旁的园长还沉浸于这样的氛围，陶醉于这样的情感中，忽然有一个小朋友跑到园长身边，“园长妈妈，咱们也抱抱，来点爱的力量吧。”园长和宝贝欢笑着，相互拥抱……

爱是什么？爱是对每个小生命更多的在乎，爱是对儿童每一种情绪的关照，爱是在表达的时候给予孩子们一种教育。教育要给予孩子们什么？一个懂得关爱、懂得给予爱的教师，传递给孩子的是一种支持，一种信任，一种处理问题的方式，一种了解爱表达爱的能力。《3—6岁儿童学习与发展指南》中说：5—6岁儿童能依据所处情境使用恰当的语言，在别人难过时会用恰当的语言安慰。这样的情境很简单，似乎每天都会发生，但是，如何处理才会更好，更适合于孩子，是我们幼儿教育人的思考所在。“尊重与信任每一个孩子，就是对孩子最大的关怀”。尊重与信任孩子，就是耐心地听他们把话说完，就是要细心地发现他们的不足而给予纠正，就是要精心安排在他最需要的时候给予及时的支持，就是要在他成功的时候给予充分的赞许。

这就是“爱”，这就是“爱的教育”，这就是“让爱更多一点”。

这样的场面，我们在每一个分园都会常常看到，因爱而给予的信心和开心随处可见。因为有爱，我们收获了家长的信任、感动；因为有爱，我们每一个分园无论在哪，都得到了社会各界的认可；因为有爱，幼教集团得到了快速的发展。

这就是集团用爱经营幼教事业的成果，试想，我们每一位教师都这样做，我们的孩子怎能不喜欢，我们的家长怎能不认可？一个幼儿园孩子喜欢、家长认可，怎么会没有机遇？——用爱经营幼教事业，机遇比比皆是！

为此，我们将“幼儿教育是为孩子一生的学习兴趣与成功动力奠定坚实基础的阶段；是提高孩子生活质量的中介”作为幼儿教育的核心价值定位。

二、办园特色

十几年来，我们每一所分园，不仅始终不移地将潜心研究和积极探索创出的融入先进教育理念和办园思想的“八大特色”认真地贯彻执行，并且在不断的发展中有更大的突破和超越。

1. 主题化

幼教集团倡导“爱的教育”与“爱的文化”，并将“让爱更多一点”的核心价值观以及大爱文化融入到环境的创设之中，依托于人类赖以生存的大自然的主题化设计再现了“崇尚童真、回归自然”的理念。让孩子在“爱”的怀抱中，自由、快乐地成长。

主题化是以“爱”的教育——“让爱更多一点”的核心价值观为立足点，将爱的文化立体化地展示到了环境设计主题中，建立了一楼海底、二楼森林、三楼天空的主题环境。一楼，我是大海，让每一个孩子似晶莹剔透的水珠融入我的怀抱，我用宽阔的胸怀包容他们纯洁无瑕的心灵。这是“母爱宏阔、深沉如海”的写照。二楼，我是森林，让每一个孩子似雨后春笋，散发出生命的光辉，我展开坚实的臂膀，呵护每一棵稚嫩而艳丽的幼苗。这是“博爱辽阔、情如大地”的胸襟。三楼，我是天空，让每一个孩子似灿烂的繁星，在无际的宇宙中享有飞翔的自由，我举起有力的双手，帮助孩子实现彩虹般绚丽多姿的梦想。这是“大爱无际、意如宇宙”的境界。从以上可见，无论是大海般的包容，大地般的呵护，以及宇宙般的帮助，无不渗透了银座幼教人博大的胸襟、大爱的情怀与坚持大爱之道的信念。而恰恰是秉持这种信念，我们在包容着每一个孩子的个性发展，我们在呵护着每一个孩子的稚嫩心灵，我们在温暖着每一双遇到困难时需要支持的弱小的双手。我们将幼儿的命运、教师的命运、事业的命运及国家的命运紧密地连接在了一起。

在一楼“迷幻的海底”中体会“母爱宏阔，深沉如海”的写照，这里告诉我们每一位老师的是：要像爱自己的孩子一样去爱每一位幼儿，每天多一点微笑、多一点关注、多一点耐心。为此，我们以“爱与孩子同在”为主题，创设了“童心、童话、童趣、童画”的意境，让孩子学会爱自己、爱别人、爱生活，充分体味成长的快乐！

在二楼“奥妙的森林”里感悟“博爱辽阔，情如大地”的胸襟，引导教师、孩子放眼祖国的大好河山，了解祖国的千年文明，在“爱祖国”的主题中突出银座幼教对祖国幼教事业的使命和贡献，诠释对祖国幼教事业的情怀。为此，我们以“祖国与孩子同在”为主题，通过孩子心灵手巧的布置，将中国“风、情、缘、韵”呈现在此，从而进一步激发大家为我们多姿多彩的祖国自豪，引导幼儿热爱我们伟大的中华民族。

在三楼“神秘的天空”中看到“大爱无际，意如宇宙”的境界。集团站在国际化的视野上，为中华民族的复兴，为中国幼教的未来，真心付出、甘为人梯，再次将“中国梦，幼教梦”植入每一位银座幼教人的心中。为此，我们以“世界与孩子同在”为主题，通过对孩子进行启迪、想象、创作，将世界各地的“文明之河、奔放之土、希望之海、自由之火、科技之光、冰雪大陆”展现在此，给予孩子更加广阔的视野。

另外，主题化还体现在“目标化管理主题化”“课程实施主题化”等，这里不再赘述，本书在接下来的章节中会有专门的阐述。

2. 人文化

幼教集团坚持“办中国式幼儿园”，在吸纳国际众多先进理念的同时，认真务实地进行了本土化的转换，以“爱的文化”构建的以人为本的集团文化，成为幼儿与教师成长的摇篮。

自2001年百花园办园起，每办一所幼儿园都深得社会各界和家长们的认可与信任，究其原因，就是“让爱更多一点”的办园核心文化理念赢得了大家广泛的认同感。在银座幼教，爱不仅是一种情感、一种能力，更是一种运行机制。在“让爱更多一点”的核心价值理念指引下，每位教师都力求将爱落实到日常生活的每时每刻，在爱中促使每个孩子的生命获得主动健康的发展。以爱为基础的师生关系，体现在教师的爱通过与幼儿的平等对话、坦诚交流、智慧沟通来实现，这种生命与生命之间的爱的对话，建立的是生命健康发展的最佳运行机制。于是，“张扬儿童个性、扩散儿童思维、规范儿童行为”的教育目标便得以自然实现。

山东银座·英才幼教人始终以“博爱、扬善、陶情、启智”为核心行为目标，在一个温馨大家庭里演绎着爱的故事，让孩子在被爱中学会爱、在宽容中学会理解、在合作中学会分享、在努力中学会竞争，从关注儿童群体发展到更加关注儿童自身的个性发展，借知识为载体，注重培养孩子们的个性、情感、态度、习惯与思维品质，以此来追求幼儿教育的终极目标。

同样的，打造一支高素质的管理及教师团队也是幼教集团一直追求的，集团希望能够给予全体教职员工一个快乐工作、健康生活，实现自己职业梦想和人生梦想的大舞台。对此，银座幼教有自己的理解与做法。高素质的教师队伍，主要依靠“熏陶”与“激励”。想留住高素质的教师，除了“待遇留人、情感留人、环境留人”，更关键的是“文化留人”。这种文化，说到底是人内心深处对尊严文化的追求——一种相互赏识、彼此信任、彼此鼓励的“同群文化”。“文化无小事”，时时、事事、处处都能体现一个单位的文化氛围。幼教集团注重抓园所的细微之处，从点滴小事做起，使幼儿园文化的内涵体现在工作的时时处处、点点滴滴的具体事情中，渗透到管理的方方面面。

幼儿在赏识教育、阳光教育中健康成长；教师团队在需要管理、成功管理中得到历练。可以说，儿童自主性的学习与发展，教师自觉性的工作与成长，在这里已经成为一种心理与行为的习惯。

3. 小班化

集团实施小班化教育，坚决落实国家各项教育规定，给每个孩子更充足的表达自我、彰显个性的机会。尊重儿童的差异存在，关注儿童的差异化发展，为每个孩子建立个性化成长档案，促进每个孩子在原有水平上得到良好

的发展，真正实施公平公正的大爱教育，这是我们自建园以来始终坚持的。

小班化教育是时代发展对教育教学提出的客观要求，它不单是一个班学生数的减少，而更蕴涵着深层的教育教学理念的变革。它是新的历史条件下全面贯彻落实素质教育方针的具体体现，它有着重要的时代意义，必须从时代发展的高度来认识，采取切实有效的措施，才能真正实现小班化教育的价值。从幼儿身心发展规律和学前教育规律出发，幼儿园规模应严格控制在15个班级以内，每班学生人数控制在国家规定的标准以内（小班25人、中班30人、大班35人），以便教师有充分的时间和空间去了解每一个孩子，关注每一个孩子，促进每一个孩子在原有基础上都得到健康快乐的发展，以全面提高幼儿的综合素质。

集团建园至今已十几年了，现在的小班化，已经成为我们的一个坚守点，无论招生多么好，我们始终坚持“小班化”，从来没有因为利益的驱使而违背过这个原则。一路走来，因为我们的坚持，我们收获了信任，收获了孩子快乐童年的幸福时光！

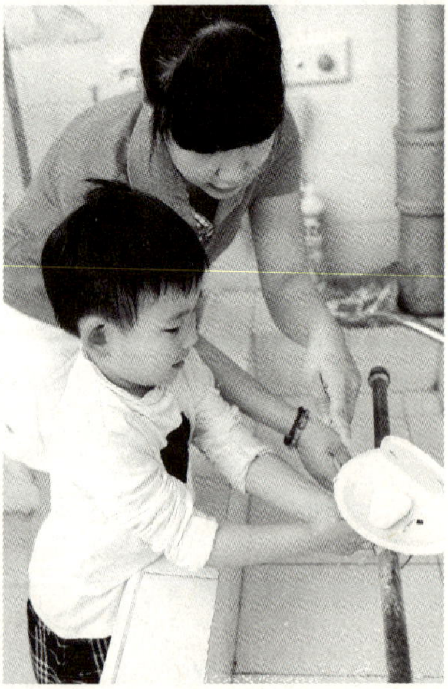

4. 一体化

“保教一体化”是银座幼教集团办园八大特色之一。“保教并重，保教结合”，也是长期以来我们行业中苦苦追求的目标。但是，真正做到保教结合，却要付出很大的人力、财力的代价。“保教一体化”表明，一个班级没有保育员，所有的教师都同时承担教育与保育两项任务，只是各有所侧重而已。这样的师资结构，素质高、学历高，对新理念理解得快，驾驭能力比较强。对儿童实施保中有教、教中有保的教育，效果非常好。在集团建园初期，用600元可以雇佣一位保育员，而用1200元不一定能请到一位好教师，但我们依然认为这种教育投入“值得”。如今，十几年过去了，我们坚持了下来，从保育工作到保育研究，幼教集团走出了一条保教并重的特色之路。全国首创“四季食谱”“四季运动处方”“儿童心理偏移与行为矫正”，教育保育工作的50项流程化和5S标准化管理与复制，成为集团教师专业化成长与团队职业化发展的有力保障。

2012年，保教特色作为别动力中的重要特色，在济南市教育局的指导下，以幼教集团为现场，我们拍摄了《幼儿园规范化管理一日工作流程》教学片，无偿地为济南市的所有幼儿园发放，以规范济南市幼儿园的管理。我们还承担了保育研究现场会的任务，在中国民办教育协会学前教育专业委员会“快乐生活、健康成长”“学前教育”宣传月中，做了经验介绍；同年11月，我们的保育研究特色在山东省教育厅举办的学前教育特色教育研究会上做了典型发言。保教特色在先前“保教一体化”的基础上，有了长足发展。

5. 多元化

“多元化”是我们山东银座·英才幼儿园建园初的一大亮点，如，首次提出师资性别搭配，当时的媒体称“幼儿园来了男阿姨”，轰动了整个泉城。实际上，我们始终坚持师

资配备多元化，注重性别搭配、年龄搭配、专业搭配和学历搭配，建立更科学、更协调的师资结构。

幼教集团不仅有幼师专业的教师，还有艺术（音乐、舞蹈、体育、美术、信息化等）专业、英语专业的教师。尤其是集团主张男性思维和男性文化的引入，在男女教师性别个性优势互补的同时，更使集团教育核心的“创造性思维发展主题式课程”得到了更有价值的完善。目前全国仅有3000余名男幼儿教师，我们幼教集团就拥有61名，真正形成了男性教师团队。

女教师会给幼儿以母性之爱，温柔之爱；男教师则可以将其阳刚之气传递给孩子，让他们感知“天行健，君子以自强不息”的乾卦之美。因有了一种刚性，生命里就多了一种积极的精神。

多元师资的搭配，为幼教集团注入了多元的思维，能让我们在跳出幼教看幼教的同时，得到更多的思维启发。无论是管理科学规范，还是专业成长，都给予了我们多维度的思考、完善，从而有更大的收获和更好的发展。

6. 双语化

许多人关于英语学习的体验似乎总是暗淡的，从不情愿开始到愤懑结束。这多少影响了我们对幼儿英语学习的看法与期待。然而，在银座幼教集团的每个幼儿园，你却会看到：Learning English is fun！因为语言学习可以随时随地发生：在小小的区角里，在过家家、搞建筑修路桥、开饭店做生意、种花养鱼、看书涂鸦的过程中；在step by step的台阶上；在整日循环播放的歌曲里；在圣诞节、万圣节、母亲节、情人节、复活节等多姿多彩的文化体验里……从清晨Good morning！开始到黄昏See you tomorrow！结束，没有正襟危坐，没有尴尬忍受。孩子们蹦蹦跳跳、涂涂画画、唱唱玩玩、兴致勃勃！教师是高明的魔术师，不着痕迹地把单词、句子、对话、诗歌都藏在了游戏里。于是，在最自然、最放松、最投入的状态里孩子们对英文有了自然愉悦的体验！

这正是银座幼教全程母语化浸透式双语教育模式的理念。它在为孩子提供一个自然浓厚的英语环境的同时，把孩子的需要、兴趣、能力融为一体，注意多个领域的整合，将英语学习自然融入生活活动、主题活动，英汉教育资源共享，英汉经验互动，共同促进幼儿的全面发展。

“全程”，可以从时间、空间两个维度来理解。在时间上，为了保证这种模式的实施，我们在教师配置上做了很大的文章。每个班级的英语教师和汉语教师分别主班半日，上下午轮换。英语教师带班期间全程讲英语，汉语教师则全程讲汉语。生活英语教师全天配班，在生活环节讲英语。外教在全园各班轮流组织游戏活动。如此一来，孩子们从每天早上入园到傍晚离园，一整天都可以随时随地地接触和使用英语。这可以说是一种人际环境的营造。在空间上，我们则注意了物质视听环境的创设。根据孩子无意识学习的特点，我们充分利用多媒体播放英语动画片、英语歌谣等，磨孩子的耳朵，培养他们的语感。另外，在区角中，根据当前教育主题有针对性地投放材料，激发孩子进行操作，从而自然实现语言交流的目的。

“母语化”其实是借鉴孩子母语学习过程自然习得的特点，尽可能让孩子们在自然的状态下学习，“感受不到是在学英语”。英语教师带班的过程像是扮演“临时妈妈”的角色，“做什么说什么、看到什么教什么、学了什么用什么”。

与“浸透式”相对的是“滴注式”这个概念。我们大部分人在学校学习英语的经验往往是从一个星期几节英语课开始的，老师说“上课了”，学生们一起学习听说读写；老师说“下课了”，学生们完成作业。英语语用环境少得可怜。于是，我们想要突破课堂，让英语学习全面走向一日生活。这就好比学习游泳，原来是站在坏了的淋浴喷头下，现在要进入游泳池里。

全程母语化浸透式双语教育模式的理念很好，对教师的要求也很高。教师对这个理念能否深刻地理解并具备实施的基本能力很大程度上决定着这个模式的教学效果。为了让这个模式更顺利地实现，我们把这个模式的实施分解成“正式英语语言教育活动、随机的英语生活活动、非英语语言正式教育活动、区域英语游戏活动、家庭英语指导”五个途径来实现。

五个途径的充分互动为孩子提供了一个学以致用的环境，让语言学习在任何时候都可以发生。课堂没有了边界，孩子们每日的真实生活成为语言教育最大的资源。五个途径的充分互动不仅让孩子的语言能力得到发展，同时也促进孩子在多个领域的完整成长。

7. 艺术化

生活是艺术的源泉，艺术是生活的真谛，学会生活的艺术，体味艺术性的生活，让孩子的一生有一双审美的眼睛，发现生活的真善美。

集团开展开放式艺术教育，从孩子的一日生活中寻找艺术素材。抓住孩子入园、离园、进餐、午睡等环节，通过背景音乐、音乐时间、起床操等手

段进行艺术熏陶，打开艺术教育源泉，寻找生活的真谛；教学中通过专业艺术课程、应季早操、节日活动展示等常规活动，为孩子提供沟通与交流的平台，提高孩子的艺术素养，让孩子享受快乐天地，学会生活的艺术。集

团统一的园歌、园舞、标准礼仪形象，专业的艺术作品、适时标准的环境布置为孩子创设童话乐园，让孩子体味艺术性的生活。集团在师资配置上除班级老师外，另专职配备了本科以上专业艺术教师，对孩子进行艺术的熏陶。在艺术教育实施过程中，围绕着“一个都不能少”的原则开设艺术必修课，围绕着孩子的“差异化发展”开设选修课，以及根据孩子的不同条件开设体验课等都尽可能多地给孩子创造展示的机会。以艺术教育为载体，围绕着孩子的健全人格、情感态度、行为习惯、思维品质，以艺术教育为手段，将“养成教育、情境教育、差异教育、互动教育、生活教育”的素质教育内容，诠释得淋漓尽致。

艺术教育是对幼儿实施素质教育的良好载体，儿童艺术气质内涵的形成，将有利于儿童个性品质的最优化。历年来，银座幼教集团的孩子们在艺术团老师的精心培养下，对艺术的积极态度、感受能力、艺术素养和表象与创造能力都得到了很好的发展。

8. 信息化

当今社会正处于信息时代，计算机与网络几乎成了我们这个社会的必需品，当然也是这个时代的一个标志性产物。幼儿领域的信息化是将信息作为教育系统的一个载体，以促进幼儿教育与管理现代化的过程。幼教集团信息化建设全面服务于管理与教学。幼教集团建构了国内首个立体化信息技术平台（图1—1）。平台中的网络实时直播系统、即时性资源共享系统、集团网站形象系统、价值性资源共享系统、影视中心资源整合系统、定点分区的智能广播系统、视频会议及培训系统以及自动化办公OA系统，满足了对全国200余家幼儿园的即时性管理需求。利用信息技术搭建的家园共育平台即家园吧，更实现了家园零距离一体化教育，使得教师与家长真正达成了“教育者同盟”。目前，集团的信息化正以“大网络、大平台、大资源库”为号角积极推

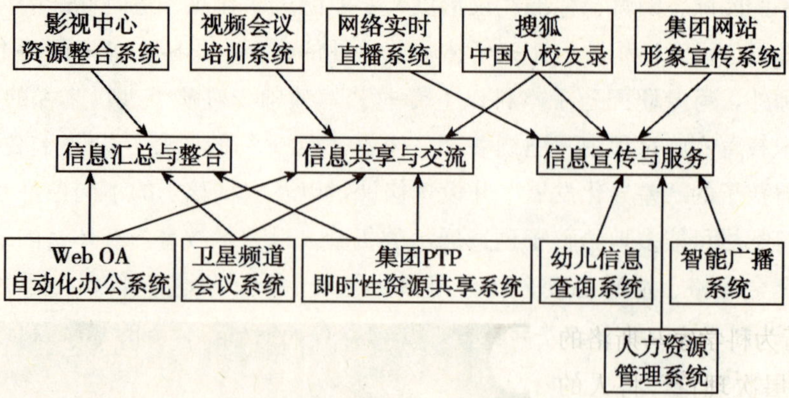

进各类管理管控行为的信息化协同，同时着力开辟信息化虚拟空间，以优质资源为根基，有效创新集团盈利模式，并为集团品牌的阶段性升级铺设信息化的快速通道。在信息化发展的道路上，集团发展的视野有多大，信息化拓展的空间就有多大。为支撑大爱天下的宏伟蓝图，信息化进一步将卫星信道的使用作为自身发展的目标，坚信“有天空的地方，就该有教育的存在”，借助卫星通道，园与园之间的互联互通就可以摆脱网线的束缚，让远程培训变得跟收看电视一样快捷。

第二节　模式植根于逻辑系统

模式（Pattern）其实就是解决某一类问题的方法论。把解决某类问题的方法总结归纳到理论高度，那就是模式。模式是一种指导，在一个良好的指导下，有助于你完成任务，有助于你做出一个优良的设计方案，达到事半功倍的效果，而且会得到解决问题的最佳办法。

模式的种类包括很多，幼教集团经过十余年的潜心研究，用心践行，形成了自己的管理、文化、培训、薪酬、盈利、营销、战略等各种模式。下面主要谈谈幼教集团的管理和文化模式。

一、运用五种管理模式，促进团队心智模式的达成

建园初，我们就提出了五种管理、五种教育，即需要管理与需要教育、

赏识管理与赏识教育、阳光管理与阳光教育、成功管理与成功教育、效率管理与效益收获，旨在打造一支专业过硬、思想过硬的优秀团队。虽然这些说起来简单，做起来却非常复杂，但是十几年走过来，回头看看，还是收到了很好的效果。

需要管理、赏识管理、阳光管理、成功管理、效率管理相互联系，相互渗透，在循环往复的递进中，促进了团队心智模式的达成。

1. 需要管理，夯实团队稳定发展的基石

行为科学家马斯洛的“需要层次理论”将人的需要分为五个层面，即生理的需要——安全的需要——交往的需要——地位与尊重的需要——自我实现的需要。幼儿园园长的管理首先要遵循人的这样一种心理需求准则。

比如，一个刚刚毕业的大学生，尤其是异地的大学毕业生进入幼儿园，他的衣食住行是基本的需要。为此，我们幼儿园不仅免费为教师们提供了午餐，还配有牛奶和水果，其次还为外地的单身教师提供集体宿舍，如果有的教师不愿意住集体宿舍，可以对其进行住房补贴，这种温暖满足了新教师最基本的需要。

无论哪位教师病了或是家里有困难了，集团、分园的领导都会当成自己的事情，看望、资助，给予精神的、物质的极大帮助和鼓励，让大家倍感大家庭的温暖。有一位教师，因为重病而难过，却因为集团各级领导、教师的关心而倍感欣慰，他说，“我将用自己的一生来回报幼教集团给予自己的厚爱……”

记得，一位教师的母亲因病离去，我们的赵董事长亲自带着分园园长和教师们开车几个小时走进他的老家，参加葬礼，当看到他家里困顿的情境时，赵董事长和随行的所有人，掏尽了口袋里的钱放在了那位教师的家里，真是倾其所有，一行人竟然连过路费都没有留下，回到济南要出高速路口的时候，

才想起没有过路费了，打电话找人赶过来才出了高速。这不为表达什么，是那份对教师和教师的家人自然的浓浓的爱……

这样的例子实在太多太多了，也成为了一种自然。所以，当有职工家里有事时，无论物质和精神，给予需要成为了所有人的一种习惯。

还记得幼教集团为四对新人举行集体婚礼，从司仪到场地，从伴娘到餐点，幼儿园都用心准备，那里藏满了浓浓的爱，当几对新人看着像亲人一样的同事忙碌的时候，他们获得了一种依靠，一种温暖，一种良好的人与人之间的信任。更记得我们的赵董事长，参加了无数位教师的婚礼，送上了让人刻骨铭心的祝福。有一次，她的腿动了手术，疼痛难忍，一位教师结婚，大家都劝她别去了，让他人代表吧，但是，她还是咬咬牙，赶到了婚礼的现场，向一对新人祝福。在她的眼里，不是大家代表不了她，而是，她把每一位教师都当成了自己的孩子，她觉得，我是大家的“园长妈妈”，理应为大家送上最甜美的祝福。为此，无论是发着高烧，还是远在外地，只要能走动，只要能赶到，她都会赶到教师的婚礼现场，送上最真诚的祝福，一对新人幸福相守是她心中的期盼！

社交是一种需求，而尊重是每个人内心深处更加渴求的。当赵园长（她永远是我们大家心中的园长，所以，我们还是喜欢这样称呼她）在第一时间迅速记住老师名字的时候；当赵园长见到保洁阿姨微微点头，笑着说“您辛苦了”的时候……大家获得了内心的一种被尊重。从园长到董事长，对任何人，她从来都是那么的“彬彬有礼”“落落大方”，在这种“彬彬有礼”“落落大方”中，我们感受到的是“尊重”，体会到的是“尊重”后面的“需要”，“自我实现”需要的满足感！

一个人的需求像阶梯一样从低到高，作为一个管理者，最重要的是清楚地意识到每个人每个阶段到底需要的是什么。

本着这样的原则，随着集团的发展，一位位教师从稚嫩到成熟，从成熟到优秀，有的成为了集团首席教师，有的成为主任或者分园园长，大家在不断地被需要中获得满足并成长。

如果一个幼儿园对教师的需要管理获得成功，则通过教师的思想转化为教育行为后的结果，便是对幼儿实施真正的因材施教，注重个体差异，尊重儿童的兴趣与愿望，实现需要管理到需要教育的转换，最终受益的还是孩子。

2. 赏识管理，给予团队永不言弃的助力

一个人的成功，来自于自信。而自信在很大程度上来自于心理暗示。著名的“罗森塔尔效应”，给予我们极大的启发：赏识一个人比奖励一个人更为重要。园长对职工的赏识暗示或许是一句话、一个动作、一种眼神，也或许是给予他的一次机会或一种职位。

记得一个园里举行的全园大教研活动结束后，园长对教研主任说：“这次活动你发挥太好了，让我看到了你做教研室主任带领老师们做教研的深入和你的能力。”就是园长这样的一句话，给了这个还没有建立起自信的新主任莫大的鼓励，让其有信心迎接更大的挑战。在接下来的园长现场会汇报结束后，园长又对这位主任说：“你表现得真棒，你在一次次的活动中成长了，有自信了！”同时集团的领导也给予了她肯定。这位主任在一次次的活动体验中成长着，在园长的一次次鼓励和赏识下慢慢地找到了自信，并用同样的方式鼓励赏识着年轻的老师。在每次的班主任例会上，她会分享一个小经验和说一个班级的正能量。在每次组织活动的时候，她都会和老师们一起商量活动的形式，每个老师都积极地参与，献出自己的“金点子”。当老师的“金点子”得到领导的肯定和采纳时，他们的自信心、主人翁意识便会得到极大的增强，他们也就更乐于参与到活动中去了。

阳光园的郝金凤老师，毕业于山东师范大学学前教育系，谈到赏识管理，她如是说：

眨眼间工作七年多了，此刻要让我用一个词来描述我的工作的话，我会说：那是一个有爱、有梦想的地方。

还清晰地记得七年前刚应聘到幼儿园时，赵园长两次召见时的谆谆教导及满怀的期待。亦曾清晰地记得，没有任何专业技能的我身处一群能歌善舞的同伴中时的青涩、不自信。

工作第一年，我想我是幸运的。我遇到了善于发现与鼓励的班主任、园长。在laura的指导下，我的第一篇教学笔记《昆虫记》在园报上发表。在许园长的鼓励下，我的“追随孩子兴趣”进行的教学活动以“金凤教育活动记录”的形式，在“六一”期间向全园展示。我想就是这种“被赏识”的自我认可，让当时如此“羞涩”的自己找到了小小的自信。也正是因为有了这种“被赏识”的状态，让“不自信”的自己开始正视自己在专业技能上的不足，也开始明了自己在教育技能上的长处。年轻的我们有时会迷茫，但我庆幸，有了身边人的引领，我能在幼教的这条路上迈开稳健的第一步。

工作第二年担任班主任、第三年班主任兼幼教组组长。在成长的路上我们总要面对着各种的挑战与压力。但是不管怎样，背后总有一双坚定支持的目光。还记得第二年当班主任，家长因不满班级插班生太多而频频结伙到园长室以各种理由告状时，李园长面对我只有一句话：金凤，我相信你！是的，那种被信任、被支持的感动是无从用语言表达的，除了努力与用心，我还能做什么呢？

自己成长的收获亦会应用到孩子的教育上，我努力发现着身边孩子的闪光点、把它放大。亦如手工细致却没有勇气大声说话的大牛，当多次被表扬、自己的作品多次被老师当做范样在集体面前展示时，收获自信的大牛逐渐开始放下心里的包袱，大胆地与人交流。亦如内心充满正能量却因脾气执拗、急躁，被家长、孩子排斥的乔洋，当被老师标榜为“小哥哥”、老师的“小帮手”时，他处理与小朋友间关系的问题时开始变得缓和、有理……

工作七年，当别人在谈论职业倦怠感的时候，我想我收获的是职业幸福感。因为这里有爱，有梦想，有信任，有阳光。所以，我们会满怀期待地追随，并幸福满满地起帆远航！

我们从郝老师的身上看到了：赏识是具体的、可以看得到的、感受得到的东西，而不是单摆浮阁的虚物。赏识他人需要精神，需要方法，更需要有心。我们的主任因为园长的赏识影响到教师，我们的老师在园长、主任的赏识下，自信、自尊、自强、自立，快乐幸福地成长，这种状态又很快影响到他所教的孩子身上。这种赏识管理转化成赏识教育的过程便是幼儿园发展的过程。

一个人只有在备受赏识与尊重的情况下，才能调动他们心中的正能量，这种正能量的外溢，必然会影响周围的人，甚至还能调节他自身偶发的负能量的萌芽。久而久之，文明行为与文化素养将润物无声地浸透在我们的群体当中。优质的品牌不是牌子，而是这个牌子背后被尊重的内涵。

3. 阳光管理，点燃团队勇往直前的激情

著名的管理学家布莱克，用“方格管理理论”道出了管理的真谛：一个好的领导既要注重目标任务的完成，又要注重职工的生活需求，保持阳光的存在，让阳光照射到每一个角落，才能让一个人或一个单位保持旺盛的青春活力。

阳光创造了我们这个美好的世界，任何事物一旦和阳光联系到一起，就会变得格外美好、温暖、和谐、积极向上。很多老师都说：在集团工作最让我受益的是我获得了一种阳光心态，这是一种正能量，激励着自己勇往直前。

人在工作中，不可能都是一帆风顺的，或遇到困难，或遇到挫折，或遇到变故，或遇到不顺心的人和事，这些都是人生前进中的正常现象。然而，有的人遇到这些现象时，或心烦意乱，或痛苦不堪，或萎靡消沉，或悲观失望，甚至失去面对生活的勇气。而老师们却这样说：在集团的阳光管理氛围下，我们学会用阳光的心态面对生活，所以，即使有困难、有挫折也会有一种必胜的信念给予自己鼓舞的力量。

“阳光园”是集团创办的第二所分园，当时被集团定位为“形象园”。一路走来，虽然也有坎坷和风雨，但是，大家依然用阳光的心态迎接了一切，并“历经风雨见彩虹”。阳光管理也成了这个园名副其实的代名词，因为在这里大家都深深地感受到了阳光所给予的温暖。阳光园刘老师，她经历了阳光园的创业，一路走来，有了更深的体验。她说，这里不仅仅是工作的地方，领导们不但在专业上给予我们引领和支持，生活中也是关怀备至，这里更有家的味道。家庭中的每一位成员之间都会彼此真诚地对待。

在阳光园李园长身上，大家也深深体会到了一种阳光的心态。一次家长会后，李园长的讲话让家长深有感触，家长这样说："园长妈妈一直以来都以极高的热情投入到孩子们的教育工作中，因此每一次去聆听园长的讲话不仅仅是接受一次教育理念的传达，更是对细致、繁杂、长期的幼儿教育的正能量补充。阳光园有这样充满着鲜活能量的园长，相信每一位在园老师也会得到不断的激励和感染……"家长们感受到园长正能量的传递，老师们又何尝不是？李园长不仅用阳光般的心态迎接着一个又一个的挑战，她还用行动告诉老师们，要用一种感恩的心去体验每一个过程，有时候过程比结果更重要。换一种心态去面对困难，那困难可能就会成为动力。

阳光，不但给了大家以充足的温暖，更成了我们每个人成长的、不可或缺的养分。事实上，人人都喜欢"灿烂"的阳光，珍惜"清新"的阳光，并想拥有更多"明媚"的阳光。因为"灿烂"是真诚的，"清新"是透明的，"明媚"是更加美好的。我们应当庆幸我们拥有了它……

同样的道理，园长们的阳光管理实现了，就等于实现了教师对幼儿的阳光教育。阳光管理转化为阳光教育的过程就是幼儿园走向阳光前程的过程。

4. 成功管理，给予团队成长的自豪感

著名的"瓦拉赫效应"告诉了我们成功的秘密：发现一个人的成功点并使之应用，等于送给他们成功的人生。这句话或许也是幼教集团"成功管理"的真谛所在。一个幼儿园的成功，实际上是每位职工成功的总和，职工个人成功率高则幼儿园的成功率也高，因此，园长的作用就是使每位职工获得成功。当然，要使每位职工获得成功并不是那么容易，关键在于如何发现每位职工的成功点。由于每个人个性的不同，能力的不同及爱好的不同，寻找每个人的成功点尤其重要。

"成功带动教师的专业成长"是集团的首席教师袁慧婷老师对"成功管理"的一种理解！她这样说：

幼师五年，我接受了幼儿心理学、教育学、综合教法、游戏论和课程论等十几门专业课程的学习。可当我要进行实践时，却真切地体会到"纸上得来终觉浅，觉知此事要躬行"的真谛。正当我感到迷茫和惭愧时，集团开展了针对新老师的入职培训。培训内容丰富且具有实操性，正是我们新老师所需要的。这让在黑暗中迷茫的我一下找到了心中的灯塔和方向，面对幼儿园的各项工作变得得心应手了。这样细致、科学、系统的培训，实现了新老师

“高起点、高信心”入职。

几年工作的历练，让我成长为一名成熟型的老师，这个时期的我渴望突破发展的瓶颈，挖掘自身的发展潜能，形成个人特点和专业优势。集团又提供了展示平台，让我找到了成功点，也体验到了成功的快乐和幸福。记得有一次，我很荣幸能代表幼儿园展示一节优质教学活动，积极的备课后，袁园长来听我试教，并帮我把整个活动的价值点和难点一一梳理了一遍，教学环节和教学策略方面也给了我许多的建议。袁园长的指导引发了我的思考：“什么样的教育教学活动是好的活动，是适应幼儿年龄特点的?”孔主任也帮我提领出了几个问题，让我带着这几个问题去反思自己的活动：教师是否了解本班幼儿的已有经验；教师所确立的教育目标是否遵循了最近发展区的原则；教师是否把幼儿作为学习的主体来对待。在重新审视自己设计的活动的过程中，我有了更清晰的思路。儿童是天生的学习者，他们具有自主学习的能力，教师应该给他们发展的权利，激发他们在与环境的积极互动中自主建构。有了领导的扶持和引领，有了理念的更新和进步，我又重新设计了这节教学活动，终于在优质课展示中赢得了孩子们的喜欢和专家们的认可。这使我品尝到了成功的滋味。就像赵园长说的：成功是一种习惯，成功是一种状态，成功更是一种意识。当我因成功内心充满欢喜的时候，我就没有时间颓废，反而更加渴望下一个成功。

成功，还可以让自己的个人价值和孩子的成长发生亲密链接。让每一个孩子在成长中进步，在成功中自信。当自己的成功转化为孩子的发展时，成功才真正有价值。我喜欢美术，所以也经常会花很多时间在班级美术区域里。

这让我对孩子的个别指导更有效果。班上年龄最小的丢丢，有段时间兴趣转向了绘画，但不管使用什么材料，不管什么时间，丢丢全部都是画恐龙。而且恐龙的造型、动作和构图都极其相似，简单的图形组合和杂乱的线条，需要认真辨别才能让人联想到那是只恐龙。让他画别的东西，丢丢就会很爽快地说："我只会画这个，别的我不会!"在有主题的绘画活动中，丢丢也是画恐龙，比如老师让大家画大树和房子，丢丢的画面中只有一只硕大的恐龙，你若问："丢丢你画的大树和房子呢?"丢丢会很幽默地回答："被恐龙吃了。"丢丢进入了固定的绘画图式阶段，这个阶段丢丢不断摸索与反复实践逐渐形成了表现某种物象的相对固定的图式，喜欢将这一图式反复表现。丢丢非常喜欢恐龙，玩具和书籍也都是跟恐龙有关的，恐龙成了丢丢最熟知的事物形象。想要帮助丢丢度过这个阶段，在绘画方面有所提高，不能简单地纠正画面，应该丰富丢丢对其他事物的认知和印象。为此，我抓住丢丢的另一个兴趣点——车，以此为切入点，引导丢丢大胆表现，丢丢的画面开始有了变化，更加丰富的形象和图示被呈现了出来。渐渐地，丢丢从绘画的象征期或图式前期成功迈入了图式期。由于自己在绘画教学方面的专长和成功，我能非常及时和敏感地捕捉到孩子绘画过程中的小问题，给予适时适度的指导。班上孩子的绘画作品也多次获奖。每每看到他们在绘画时的挥笔自如，在创作中的才思泉涌，在成功时的自信笑容，我都深深地感受到成功对于孩子们的成长也有着很大的推动作用。

成功管理不仅满足了不同层次、不同成长阶段教师们的发展需求，还真正挖掘出了教师专业成长的源动力，让更多的教师在成功的体验中获得激励，获得认同感和归属感的同时，帮助孩子获得成功。

应该说，成功管理的实现，就等于实现了教师对幼儿的成功教育。成功管理转化为成功教育的过程就是幼儿园走向成功的过程。

5. 效率管理，让团队在有序工作中体验成功

著名的"泰勒效率管理"就是我们提高工作效率与提高办园效益的理论依据，幼儿园的管理效率提高了，教育效率自然也提高了，孩子们健康快乐地成长也就变为现实了。因此，孩子发展了，家长满意了，社会认同了，名气就大了。孩子来多了，效益自然就有了。

效率决定一个企业的竞争力，此定律在幼儿园中同样适用。在当今的市

场环境下，幼儿园与幼儿园之间的竞争也越发激烈，高效的管理模式已然成为验证幼儿园竞争力的标准。为此，幼教集团也将效率管理作为五种管理模式之一进行运用，以使大家在有限的时间内，争取更大的效益。

（1）管理细化是效率管理的根本保证。

俗话说："麻雀虽小，五脏俱全。"这形象地道出了幼儿园管理工作的面广事杂。园长事务繁多，单靠园长一人管理全园工作，即使有三头六臂也很难保证提高幼儿园工作质量。为此，管理细化是我们一直追求并践行的，也是提高管理效率的根本所在。

细化管理，是执行到位很关键的一点。尤其像我们这样集团化办园，每年都会有新增加的园所，新建园的管理和教师队伍大都比较年轻。为此，管理细化是做好幼儿园工作、确保保教质量的关键所在。

细化管理分为：横向细化、纵向细化、衔接细化、责任细化。

①横向细化。就是将一个部门的工作或任务，按合理的逻辑结构，分解为若干个组成部分。每个部分又可继续分解为若干个更小的部分，直到不能再分为止。比如：我们把幼儿园的各项管理工作横向地分为：教研、保研、安全、人事、物品、外事联系等等，这些工作我们都会一一落实到每一个责任人。比如，我们园务工作流程中，每一个园务成员的工作细化，便是横向细化的一个点。通过横向细化，使每一位管理者对管理工作既能通盘考虑，又能掌握局部细节，避免了工作疏漏等现象。

②纵向细化。这是从纵的方向按时间顺序将工作任务分解为各个组成部分，并且也是一直分解到不能再分为止。

比如：幼儿园组织的每一项活动，就是用纵向细化方法，分解成活动方案、实施过程、资料整理、分析反思四个阶段的工作。纵向细化，有利于工作流程的建立和管理，也有利于工作时间的控制和对执行时限的确定。比如，新园的开园庆典活动，为了保证"开园庆典"的顺利进行，幼儿园会做前期准备、开园庆典、开园庆典当天的安排三个方案，每制定一次，大家就更加清晰明了一次。这样活动从开始到结束，大家都一步步做得有条不紊！

因为，我们细化了各个流程，所以，虽然有些活动的组织者可能是我们年轻的老师，但是，也同样取得了较好的效果！

③衔接细化。很多的时候，很多的工作，不是一个人能够独立完成的，

大多的时候，需要别人、别的部门衔接配合。比如：班级教师之间的衔接，我们除了有详细的班级一日工作各环节的流程外，还有班级《教师一日工作规程》，这对我们班级教师的衔接配合，起到了重要的作用。另外，还有部门与部门之间的衔接、组与组之间的衔接、保教一体化的衔接等等。就是因为这些细化了的衔接，让大家形成了一种合力，不但使工作效率得到了很大的提高，更重要的是在这种细化了的衔接中，让我们的各种理念、流程、制度等得到了很好的落实。

④责任细化。责任细化，不但有利于工作的落实，而且，当出现问题时，也会很快找到症结，从而在今后很快地避免。比如：幼儿园每一次活动结束后，大家会进行活动总结和反思。因为活动前大家制作了详细的方案，每一项工作，都是责任到人的，所以当哪个地方没有到位时，大家拿着方案一一对照马上就知道自己在哪个地方做得不妥，为什么不妥。因为责任是到人的，所以，责任就比较明确，这样，本次活动中出现的不足，在以后的活动中就会避免。

（2）成本控制是效率管理的重要体现。

有效的成本控制管理是每个幼儿园都必须重视的问题，抓住它就可以带动全局。“低成本，高质量”的办园是大家都追求的。

首先，教育环境低成本改造。在班级环境创设、区域材料的投放中，每一个分园都开动脑筋，充分发挥每一个幼儿、教师、家长的力量，搜集大量的环保废旧物品，进行加工后分类投放使用，这样既节约了成本又启迪了幼儿的思维，同时，幼儿在动手动脑中，培养了想象力、创造力，满足了幼儿好奇好动好探索的欲望。

其次，资源整合低成本利用。由于幼儿园客观条件的限制，造成有些狭小空间闲置，因此，各分园都会因地制宜地进行整体规划，设置成多功能活动区角，为孩子提供更多的区域活动空间，这份用心，换来了孩子的开心，家长的放心，提高了家长的满意率，保证了生源，极大地提高了幼儿园的效率管理。

另外，集团对幼儿园优秀活动设计及幼儿操作材料、演出服装等，进行合理规整储存，以便进行资源再利用，达到各分园共享之目的。

第三，强化标准化管理，降低复制成本。复制成本越低，越能促进效率的提高。比如，经过标准化后的幼儿园装修，由原来的 3 个多月，到现在的 30 多天，完成一个园的全部装修。这个时间缩短的过程，便是成本大大减低的过程。

（3）管理素养对效率管理的制约体现。

如果说效率是幼儿园员工共同追求的终极目标，那幼儿园当中每一位员工的高效工作就是这个终极目标的基础保障。

如何把效率管理理论科学地运用到每一位管理者及教师的身上呢？下面我们来看看幼教集团英教管理中心研发部滕瑶部长的做法：

①自我效率管理

如何在有限的时间内不仅保量还要保质地完成各项工作。首先，按照工作的轻重缓急来排序。重要的、急要的先来做，可以缓一缓的工作稍后做。其次，不同性质的工作穿插做。比如，在集中研发工作的间隙，处理一些琐碎的事务性工作，在大脑得以休息的同时让工作的统筹分配更加科学、合理。

②团队效率管理

在月末以文案的形式书写下月的工作重点及事项，前周末或当周星期一，本中心要书面或当面沟通新一周的工作安排，让这个中心的每一个人，都知道彼此在做的工作，相互协调的同时，给予最大程度的支持。

带分园团队的时候，会在学期初，本中心人员跟分园主任、组长一起以本中心学期工作计划为前提、方向，结合自己园所的发展目标与特色，把一学期的教研及活动划分出层次，详细到每月、每周。这样大家去实施时，就会有目标、有重点地去做。在繁杂的工作中找到主线，是分园团队高效工作的制胜法宝。

滕瑶部长的效率管理是从自我到团队的“合理分配＋提前计划＋沟通协调”，从而达成个人和团队的有效管理，这或许就是一个人或是一个团队管理素养的体现。

十二年来，幼教集团因为遵循了人本有效的五种管理模式即需要管理模式、赏识管理模式、阳光管理模式、成功管理模式、效率管理模式，为此，我们用真诚与专业、爱与责任，凝聚了一支优秀的团队，正在实现着由地方品牌向全国品牌发展的战略目标，实现着教育品质与服务品质双飞跃的事业理想。

二、运用五种文化管理模式，营造良好的发展环境氛围

一个幼儿园给人以感官及心理上的各种刺激，并以平和的、温馨的、具有亲和力和感召力的影响形成着一种氛围，而这种氛围，变为语言与行为、变为思维与意识，并对周围产生着良好的影响力，这便形成了幼儿园文化。

幼儿园文化建设有着五个重要的意义：第一，有利于确立和形成幼儿园的核心价值观；第二，通过建立文化管理机制，使政令畅通、一呼百应，以达到“凝聚人心、形成合力”的目的；第三，通过打造“文化品牌”，增强幼儿园的核心竞争力，以保持幼儿园可持续性发展；第四，幼儿园文化氛围的形成，有利于教师的快速成长；第五，幼儿园良好文化的形成，标志着幼儿真正拥有一个快乐与幸福的生活和学习环境，家长也就乐意把孩子送到幼儿园来。为此，幼教集团构建了自己的“理念文化、课程文化、制度文化、环境文化、行为文化”，同时，运用这五种文化，营造了良好的发展环境氛围。

1. 理念文化模式

幼教集团的每一个分园，不仅围绕着“让爱更多一点”的核心价值观，以三种支撑理念为核心（即终生受益的教育理念、以儿童发展为本的教育理念、注重儿童学习兴趣对学习效果影响的教育理念），将“张扬儿童个性，扩散儿童思维，规范儿童行为”的教育宗旨，通过数十个分支理念，充满在幼儿园的角角落落，还设计了幼教集团自己的园标与吉祥物，并编排了园歌、园舞等，以此来影响教师及家长的教育行为。

（1）园标释义。

幼教集团的园林主体图案由娃娃笑脸、地平线、五朵绽放的花朵组成。

①戴花环的娃娃笑脸象征了孩子的天真、童趣、茁壮成长及幼儿园的人性化管理。

②红色圆弧象征了地平线，寓意起点与希望。

③五朵绽放的花朵象征了五洲的孩子团结、成长、向上和携手未来。“五”在中国传统哲学理念中谓之“金、木、水、火、土”五行。寓意天时、地利、人和。

YINZUOYINGCAI
银座英才

④色彩源自奥运五环体现了办园的国际化与孩子无限的想象空间、想象力。

⑤书法、手绘的表现形式传达了孩子的自由空间和办园的艺术化。图形、色彩、表现形式三者组合形成了一个丰富而深远的意义空间并传承幼儿园办园理念和办园特色。

（2）卡通形象释义。

卡通形象能加强幼儿园品牌的深化与推广，增强品牌的表现力和亲和力，图形以小鸟形象传达孩子的活泼、可爱与灵气，皇冠寓意幼儿园教育质量和教育成果，彩羽象征了孩子生活的五彩斑斓及成长的希望与梦想。

（3）形象墙。

形象墙是由幼教集团的“园标”和核心价值观“让爱更多一点”组成，要求每一个分园的大厅中，都要有呈现，旨在时刻提醒每一位教职员工“每天对孩子多一点爱，再多一点……”

（4）园歌。

山东银座·英才幼儿园（集团）园歌

让爱更多一点

1=C 4/4

词：王少群

曲：宋亚洁

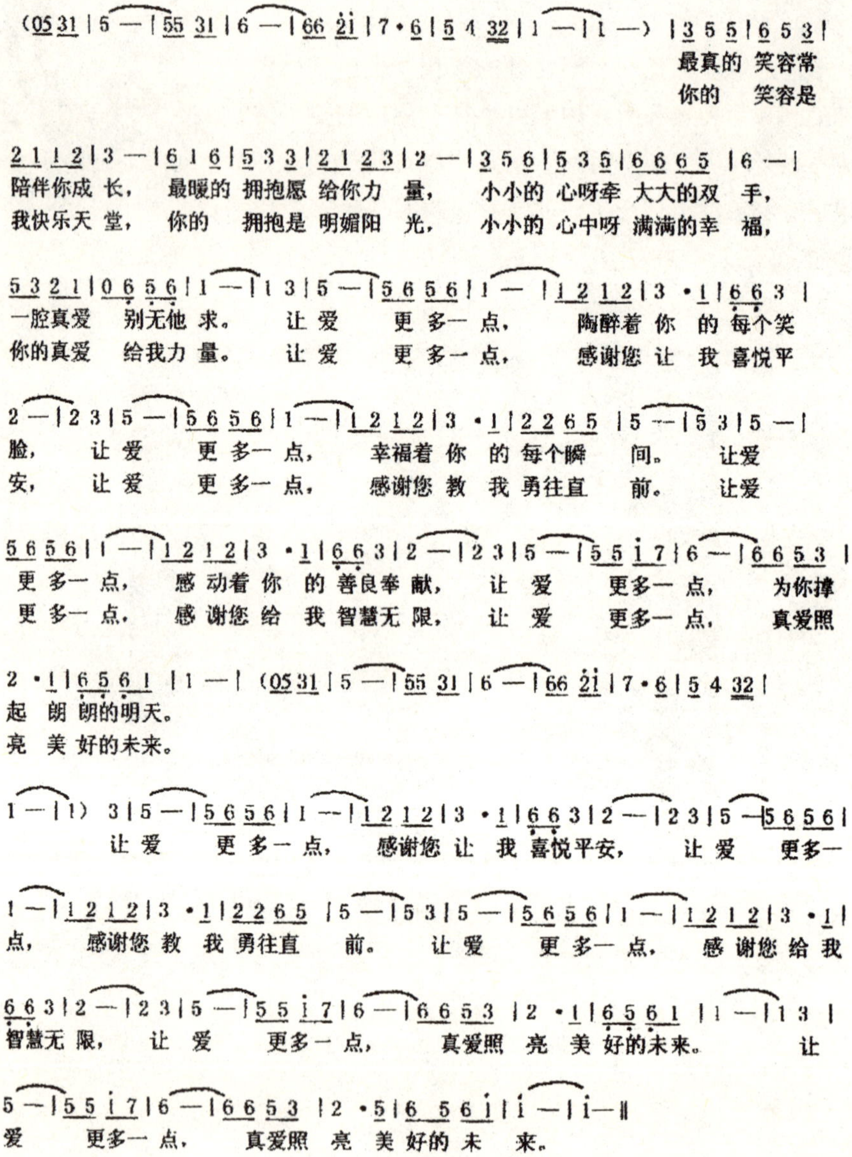

园歌以幼教集团“让爱更多一点”的核心价值观为立足点来编写，通过优美的旋律，配上“幼儿教师应有的语言、行为”等歌词，让教师懂得如何爱孩子，孩子才会得到健康和谐的成长。同时，还通过孩子稚嫩的童声，将教师传递的“爱”给予“回应”，让孩子在被爱中学会爱，并将获得的这种爱的能力传递出去，以使集团的爱在循环往复中不断地传递、延伸……

（5）园舞。

从童声“大家好，欢迎来到银座幼儿园”，到“一群孩子踏着欢乐的序曲音乐，欢快地奔向老师的怀抱”，在欢快的音乐声中，与老师嬉戏，体现了“童趣、童乐”的欢快场面，表现了“童趣世界，人才摇篮”的办园理念。

在欢快愉悦的音乐中，孩子们牵着老师的手蹦蹦跳跳，爬到老师的背上，让老师背着自己转圈圈，还有的宝贝钩住老师的脖子，让老师抱着……体现了“儿童为本，亲情无限”的教育服务理念。

接下来，踏着鼓点音乐，老师们给予幼儿鼓励、鼓舞，并亲吻着幼儿的小脸蛋，用心地倾听孩子的需要……体现了“博爱、扬善、陶情、启智”的行为目标核心。

最后，舒畅的音乐中，长长的纱幔飘起来，通过肢体语言，来表达对孩子未来的展望，体现了我们所追求的行为价值核心——“用爱守护孩子一生唯一的童年”！

十几年来，幼教集团在坚持“让爱更多一点”的核心理念的同时，更是把理念层层分解，大到办园理念、管理理念、教育理念、服务理念、经营理念，细到每个楼层、每个楼梯都充分发挥着理念影响的价值，到处充满了“有爱就有希望，有尊重就有信任，有信任就有发展”。并且，我们还注重了“把握儿童身心和谐发展的每一分钟，注重学习与思维的每一个过程”，将理念细化到包括对孩子说的五句话——“孩子准备做时说‘你能行!’；孩子害怕时说‘勇敢点!’；孩子做的过程中说‘自己来!’；孩子完成时说‘你真棒!’；孩子失败时说‘没关系，下次你准行!’”坚持核心理念不能停留于简单的口头表达，讲理念要物化、分化、细化乃至形成可操作化的行为指南，让理念发挥真正的影响作用，才能算是我们真正坚持了“让爱更多一点”的核心理念。

2. 课程文化模式

幼儿教育必须将幼儿终生学习的基础和动力放在核心地位。因此幼儿园的课程也必须以“培养幼儿积极主动的态度、强烈的学习兴趣、有效的与环境互动的能力、初步的合作意识、行为规范意识、责任感”等为中心，确定新时期幼儿教育的价值观、质量观、儿童观、教师观与评价观。充分认可，全面发展不等于平衡发展，全面发展不是全科发展，要允许我们的孩子存在差异。力求在课程目标、内容、组织、评价过程中，将教育核心融入其中。

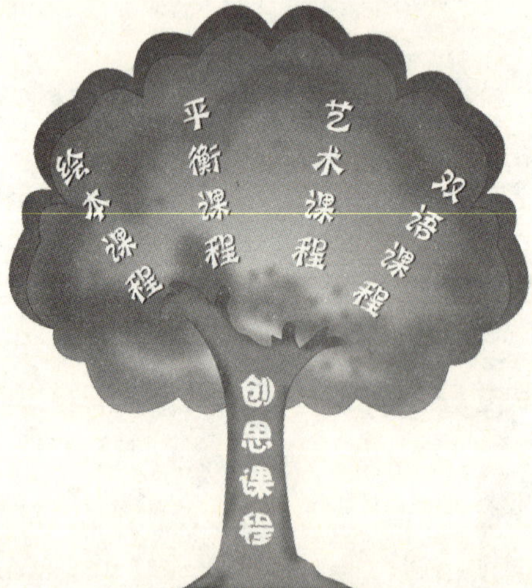

研究的着眼点，就是借助一切学习内容为载体，把儿童的创造性思维发展与儿童在体验中形成的“经验”作为研究的核心，通过“养成教育、情境教育、差异教育、互动教育、生活教育”这五种途径，将“张扬儿童个性，扩散儿童思维，规范儿童行为”的教育宗旨，得到很好的贯彻。为此，我们建构了课程实施的严密过程。首先，我们制定了系统完善的主题开展流程和实施方案，先引导教师对主题中核心内容进行解析，分析主题，组织预设原发活动，确定主题，然后讨论如何引导幼儿开展“头脑风暴”“自由表征”来展开主题。接下来，我们分析儿童体验探索学习的各种形式，与老师进行活动组织形式的探讨、提出主题区域材料的投放要求以及主题环境的设计方案，并对教师进行课程培训。

以10月中班主题《秋天变化多》为例，在主题实施前组织级部进行集体备课，分析幼儿的年龄特征和经验基础，确定本年龄段幼儿的学习方式和特点。进而分析网络图解析主题说明，确定原发活动为“秋天的树叶变了”——围绕这一知识点教师开展“头脑风暴”，由秋天的树叶→秋天的树叶与夏天的树叶的不同→常绿树与落叶树的区别→植物中“土壤、水、阳光”的作用→果实是什么→果实生长在哪里→水果与干果的区别→果实的好朋友“昆虫”→……不断发散知识点，将网络图进行发散，将教学过程进行发散。

在级部老师横向备课后的实施中，不断进行教育实施的调整及反思，在跟踪区域活动中观察实例，发现有很多的教育疑惑，提出教研点，教研组由此开展纵深研讨研究：如何营造秋天的主题环境、丰富区域材料的投放（各种树叶、秋虫观察角、秋天的果实大聚会）、家园共育（亲子制作树叶画、秋游口述日记、农家乐一日游、秋虫的研习表）、区域操作延伸课程活动（表演区“秋姑娘的家”、建构区“秋游—公园”、美工区“收获的秋天、水果娃娃”）……真正地将课程体验式渗透到一日活动中。

例如，在实施教育活动中，幼儿对落叶树和常绿树产生了兴趣，教师通过搜集资料，更进一步理解叶绿素、叶黄素，空气、阳光与水对于植物的作用。

教师在主题实施过程中，对儿童进行观察记录，对自身教育行为进行反思，对班级活动资料及时汇总，并逐步建立起系统完善的四类档案——幼儿成长档案、教师发展档案、班级管理档案、主题实施与反思档案。学期初，教师根据各领域评价的标准对儿童进行全面测评，并写出分析报告，为期末每位幼儿建立期末测评成绩示意图、进行两学期发展情况对照、对班级幼儿进行评价分析与反思做好准备。教研主任根据各班分析报告进行全园幼儿发展情况评价分析与反思，为下学期儿童升班提供有效的教育价值参考。

十多年来，为了验证“创造性思维发展整合课程”对儿童身心发展的影响，我们做了多次的园本教材的修缮。尤其是与之配套的英语教材的出版，艺术教材的更新，《我在长大》图书的修订等，都对园本课程的研究与推进起到了积极有效的作用。一直以来，幼儿所展示的那种大方自信的气质，那股对学习探索的不衰兴趣，那种思维活跃、既懂礼貌又懂规矩的个性品质，无不令我们欣慰、赞叹。

3. 制度文化模式

在幼教集团，16 条宏观管理调控环，10 项教师、幼儿、家长行为规范要求，172 项规章制度，51 项工作流程，不但制约与导向着广大教职员工的教育行为，更主要的是营造着相互信任与相互鞭策的工作氛围。如果说“流程”解决的是行径、标准问题，“制度”解决人的行为问题，那么，这些“制度”和“流程”也就保障了我们的核心价值观“让爱更多一点”的落地！

我们的制度建设，已从过去的系列化制度建设转到目标化制度建设中来。维护园所发展的秩序稳定，保持园内公平公正的激励竞争，提高园所的管理效率，是我们幼教集团制度建设所追求的目标。

为此，我们的制度文化有以下四大标志：

第一，制度带有极强的指导性和可操作性。如：各项流程的实施环节及要点解读等，不仅给予了大家很好的指导，更具有很强的操作性。

第二，制度达到了维护秩序、保持公平、提高效率的作用。比如，教职工行为规范、教职工“六六”要求、教职工“八心”等师德建设的行为规范，起到了维护秩序的作用；而教职工考核细则的规定，则起到了保持公平的作用；5S 管理标准化的落实，则起到了提高效率的作用。

第三，管理者自制的条文，已经物化为广大职工自觉的行为规范。

说到行为自觉，让我们想到了这样一个案例。一次，联盟园的几个新教师来潍坊园跟班学习，结束座谈时，大家轻松地、真诚地一一道来。

在小小班的 A 老师说：在这里真好，氛围好！老师对孩子都非常耐心细致，从来不嫌烦！孩子的常规培养得也很好，虽然是小小班的孩子，但吃完了饭，都知道用餐巾将嘴巴擦干净，还将自己用过的餐具放在相应的地方，然后拿水杯漱口、洗手、搬小椅子……

在中班的B老师说：好感动老师的那份细心。帆儿小朋友喜欢吃手，月儿大声地当着小朋友的面告诉老师说：老师，一帆吃手了……王老师小声说：给小朋友指出不足的时候，要小声，这样当着全班小朋友的面大声地说，她会害羞的！小朋友明白了，再遇到这样的事情，他们都会走到那位小朋友跟前说：别吃手了，这样会生病的！或悄悄地对老师说：老师她又……

在保研室实习的C老师说：虽然这项工作很琐碎，一天忙到晚不停地忙，但是大家都井然有序，不管走到哪个班，老师们都是那样的热情投入，特别是那些男教师，都那么让孩子们喜欢……

很高兴她们能如此细心地观察着教师对待孩子的言行举止，对于孩子成长的变化……

更高兴的是，我们的老师已经将写在纸上的文字，物化为了自己的行为，用自己的实际行动进行了很好的诠释。

第四，制度设计的全面性。幼教集团制度建设从宏观到微观，从师德建设到各项工作（或是每个人）的职责要求；从行政到各项工作开展，可谓方方面面，细致到位。全方位的制度建设，不仅是管理者做好各项工作的抓手，细致到位的规则要求，更给予大家很好的引领。从下图中我们可以看到幼教集团制度建设的全面性。

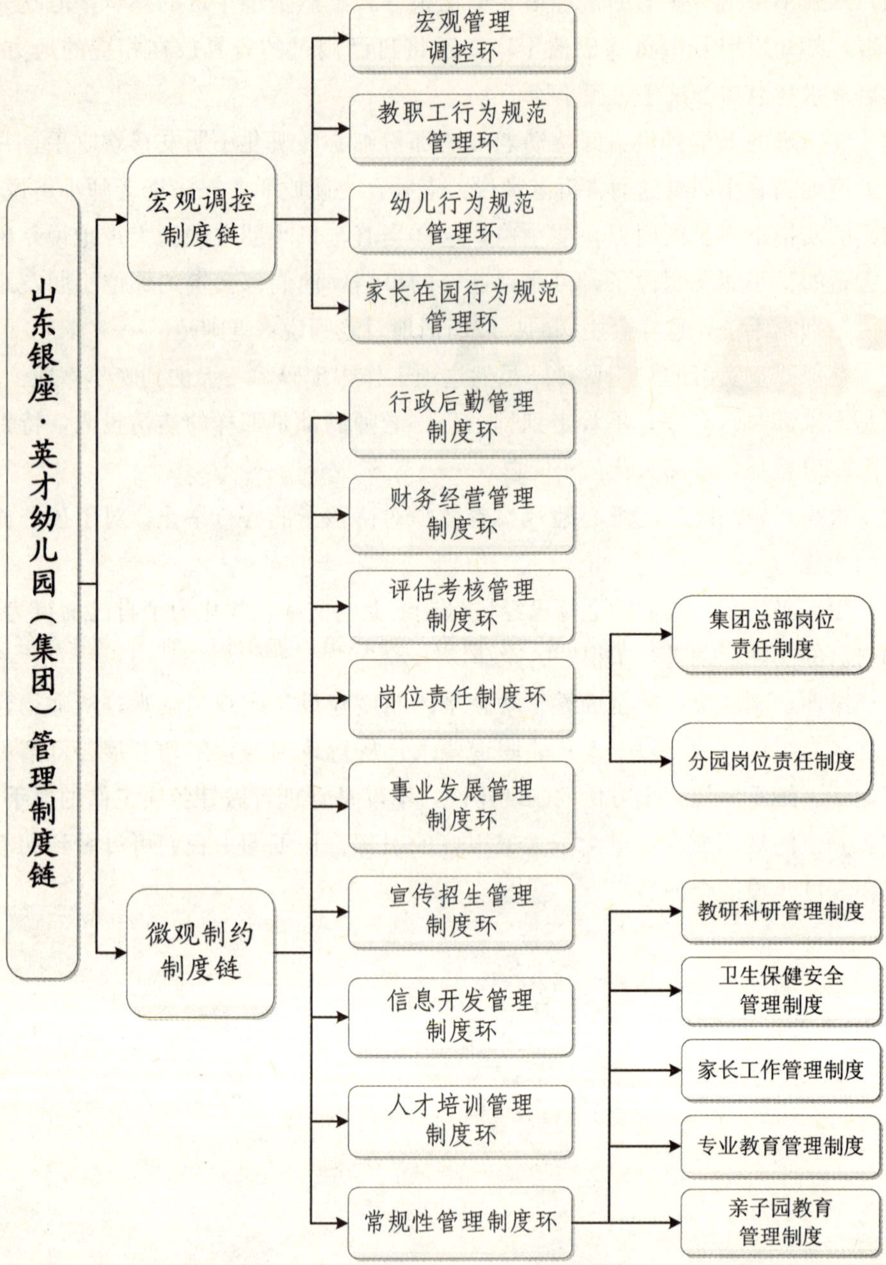

4．环境文化模式

我们知道，不管幼儿园条件是豪华的还是简陋的，不管是宽敞的还是狭窄的，不管是新建的还是古老的，都有它独特的存在魅力。否则，家长就不会把孩子送到幼儿园，幼儿园就不会有生存之本。

为此，我们从以下几个方面着手创设了一种适宜幼儿园发展的环境。

第一，把确定的办园理念挂在墙上，好让职工、家长天天看到、时时记在心里，以便能转化为他们的教育行为。

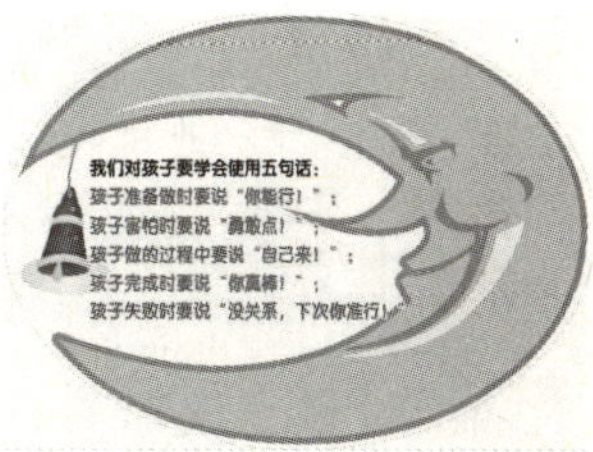

第二，创设一个像家一样温馨的幼儿园环境，让幼儿与教师都有情感上的归属感。比如：大厅里设置亲子游戏厅和温馨书吧，让家长和幼儿在入园离园的时候，能够一起共享简单快乐的亲子时光，柔软的靠垫让幼儿舒舒服服地放松身体和心灵。收纳盒、失物箱、爱心箱、展示柜，细节的布置中方便家长和幼儿。

第三，重视幼儿园的采光、温度、布局、色彩，让它们最能够给人以感知觉的刺激。比如，幼儿园的采光，廊厅的灯除有普通的日光灯外，还有彩灯、射灯，以便不同情况下使用不同的灯光。除做采光使用外，还营造了和谐温馨的舒服之感。又如色彩。幼儿园的一楼以“海洋蓝”为主色调，配以柔和的粉蓝色、粉红色，在冷色调中透出柔和的暖色。二楼以“森林绿”为主色调，配以绚丽的红色、黄色、紫色、黑色，体会民俗色彩的魅力感受。三楼以“梦幻紫”为主色调，配以金色、银色等金属色和神秘的紫色系列，让幼儿能够感受到色彩的绚烂和质感。

第四，给予教师一个可以舒缓自己情绪的“小屋”——属于她们自己的独立空间，既有利于她们各自教研，又能够放松宣泄，这样有利于幼儿园良好精神环境的创设。每个园所内的教师活动室不同于备课室，活动室更多的作用是让老师来到这里放松心情，修身小憩。

第五，以“爱”的主题为线索，创设了人与自然和谐共存的适宜环境。

环境的主题化是我们幼教集团的“八大特色之一”，前面已经有过解读。通过以“爱”的主题为线索，结合幼儿园三层楼体独特的景观特征，采用人类最密切的三大时空环境——迷幻的海底、奥妙的森林、神秘的天空，进而创设了三个层楼特有的主题环境文化。每个楼层又层层递进，依次解读了“母爱”“博爱”“大爱”的深刻文化内涵。

每一层的走廊上，孩子们尽情地去表现“童心、童话、童趣、童画”；用心描绘中国的“情、风、缘、韵”；勇于探索“世界文化的博大精深”等等，培育幼儿爱自己、爱祖国、爱和平，爱探索、爱创造的积极精神。

应该说，园所文化最显性的就是环境。环境是指人们所在的周围地方与

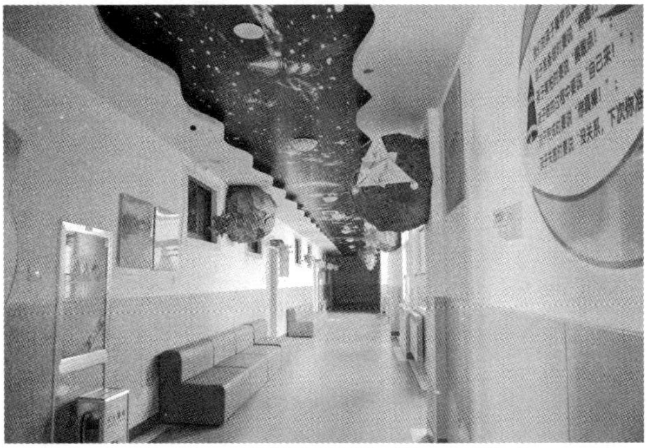

有关事物，环境是文化体现的最重要的方面，最终需要达到的目的是对人的心灵的震撼和感召。为此，幼教集团经过十多年的积累，拥有了一套完整的主题环境文化体系，将“让爱更多一点”的文化理念物化到幼儿园的每一个楼层，每一个角落。空间上从单元墙、吊饰、墙绘、理念牌多维视角进行解读，理念上包括楼层主题环境文化、楼梯文化、窗画文化、功能室文化等各种文化，全方位立体化地解读了“让爱更多一点”的文化核心。

5. 行为文化模式

行为文化比其他文化来得更加直接。通常我们把举止端庄、谈吐文雅的人，视为行为的楷模。而在幼教集团，我们更加关注的是园长及教师的管理与教育行为的艺术与习惯。从礼貌、礼节、礼仪行为的交流交往以及语言表达中，都可以清楚地看到、感受到幼儿园行为文化的影响力，正所谓“喊破嗓子，不如做出样子!”下面，我们从礼貌、礼节、礼仪三个方面，来谈谈行为文化在幼儿园的体现：

(1) 礼貌。

礼貌在人们相互交往中，通过语言、表情、行为、态度，甚至着装来表示相互尊重与友好。

礼貌具体表现为语言文明、态度亲和、举止端庄、服饰合体。董事长还用她自我的示范，来要求大家从内在到外在，每一个环节都不可忽视。

比如：在着装上强调一定要适宜。为此，幼儿园的园服，在不同的岗位、不同的场合都有不同的着装要求：管理人员有管理人员的工装，春夏秋冬，给人以不同的感觉；班级教师不仅有适宜带孩子的穿起来舒服舒适的四

季服装，还有专门的礼仪服配礼仪鞋；后勤保安、保洁、食堂人员都配以专门的工作服；孩子们也配有四季园服。教师与幼儿的园服其色彩都与集团的形象色相匹配。

幼儿园不同岗位、不同的着装让每个人找到了自己的定位，管理人员一定是彬彬有礼、落落大方，教师一定是活泼开朗、热情大方，后勤人员一定是积极勤奋、舒适方便，而孩子们彰显的是纯真可爱、童真童趣。

（2）礼节。

礼节是在日常生活中尤其是交际场合相互表达尊重、问候、祝福、慰问及给予协助与照料的惯用形式。

大家最喜欢的是董事长大大的拥抱、亲切的问候，在每一个节日的时候亲手写一封信或一条短信送给每一位教师，每逢节日的时候董事长还总是要用心给每一位教师的亲属、家人送去祝福；最感动的是，每当一个分园长上任或调岗的时候，她总是细致入微地到场祝福或者亲切迎接；当每一位家属亲人有事的时候，她总是尽其所能出席、祝福或看望……

记得，有一位分园长的女儿要出国留学，但因为这位园长正忙着在外地开新园，无暇顾及孩子的出国事宜。当这位园长匆匆赶回家送女儿时，才想起马上要中秋了，连个月饼都没有为孩子买。正在有些遗憾的时候，门铃响了，忙碌的董事长让她的司机买了月饼赶来为这位分园长的女儿送行，并转达了董事长的问候和祝福，那份感动让这家人至今难忘。这样的礼节，太多太多……

为了让在这里工作的每一位员工时时感受到集团温暖的怀抱所给予自己

的正能量，从而更好地工作。在董事长的言传身教中，每一个幼儿园都会从礼节出发，关爱着每一名教职员工：三八节园长亲手为教职员工制作祝福贺卡；母亲节园长亲自为教职工的母亲进行电话慰问，感谢她养育了如此的好儿女，并送上真诚的祝福；中秋节制作了带有幼教集团园标的月饼，让一家人感受集团的温暖……

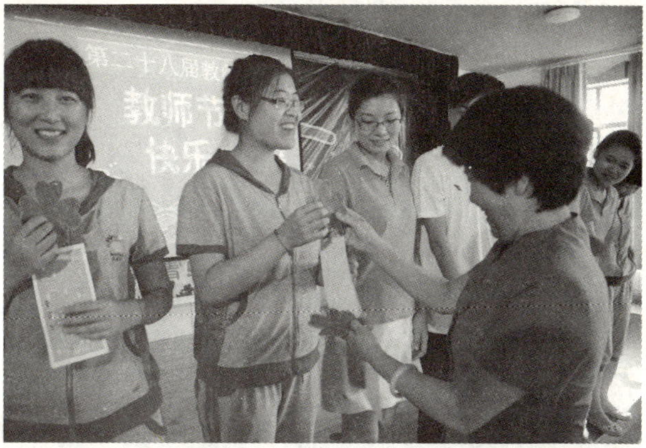

礼节在这里因爱而备感真切！

（3）礼仪。

礼仪是一个人、一个集体甚至一个国家精神文明的象征。

“知行合一”永远是一种追求的境界，面对孩子我们更是期望从小培养让孩子终生受益的品质与素养。礼仪是一个人素养的体现，为此，幼儿园借助各种活动培养富有内涵的、懂得礼仪的、自豪的民族人。

①升旗仪式。

每个周一，是我们每个分园固定的升旗仪式的日子。在这个仪式中，每

一个环节，都是那样的严谨。随着孩子稚嫩的一句“升旗仪式现在开始”，所有的小朋友、老师都会立正站好，聆听着雄伟的国歌响起，行注目礼，看着五星红旗冉冉升起，礼毕。孩子们在国旗下讲话、表演节目、国旗交接，一切都是那样的认真、美好！有人说：孩子懂什么？但我们始终坚信一切有意义的活动在孩子心灵的成长中都会有一颗种子，就看我们要播下什么样的种子了。

②开学典礼。

对于孩子，我们要为其种下积极的心态因子，让其快乐、自信地成长。为此，我们把握每一个可以利用的契机，给予孩子积极的心态。在每一次新学期到来时，我们都要隆重地举行开学典礼。每个园所的方式不同，但达到的目的是一样的。“我是被爱的、我是被尊重的、我是被信任的”，当孩子们在新学期开学典礼上，大声地用动作和声音表达的时候，我们看到了一种氛围一种文化；同时，小朋友发表成长感言和新学期的梦想，让每个人心中燃起一种信念；小班与中班、中班与大班互相交接升班牌子，让我们感受到了一种成长；老师妈妈送给孩子祝福，也让孩子们感受到一种温暖和力量，最后大家一起欢呼“为成长骄傲”，孩子忘记了与老师暂时分离的焦虑，剩下的都是与新老师团聚的喜悦，这份喜悦，让孩子感受的全是爱的守护，温暖的臂膀，从这一刻开始，孩

子又有了新的体验：所有的老师妈妈都爱我，我也要喜欢所有的老师妈妈。“爱”的种子，再一次在幼小的心灵中撒播、发芽、开花、结果！

③毕业典礼。

虽然毕业典礼和开学典礼有很大的区别，但是，“成长”是共同的；虽然毕业典礼中，因一份不舍，每次孩子、老师、家长都会哭声一片，但是，每一年，我们都会努力地去做好这一典礼，让孩子再一次真切地体会“成长”的含义。

毕业典礼对于孩子们来说，是从幼儿园跨入小学的关键点，所以当回首幼儿园生活的时候，我们通过毕业典礼感悟成长、祝福未来。每一次，园长、主任、老师全程参与其中，让孩子们通过自己的表达和表现来诠释成长，通过祝福来感受永远的守巢人的爱，每一年形式都不一样，但真挚的情感用心的投入一点也没改变。

这些活动的开展，让

孩子的生命成长中因为有更多礼仪的滋养而彰显其行为魅力，直至形成一种文化。

一个幼儿园给人以感官及心理上的各种刺激，并以平和的、温馨的、具有亲和力和感召力的影响形成着一种氛围，而这种氛围，变为语言与行为、变为思维与意识，并对周围产生着良好的影响力，这便形成了幼儿园文化。是幼儿园的文化让我们的教师、孩子学会了尊重别人，形成了规则意识，明确了责任，达成了默契，自觉地工作……

在这里，我们感受到了“理念文化模式、制度文化模式、课程文化模式、环境文化模式、行为文化模式”，形成了显形温馨的五种文化氛围，这五种文化模式各成体系，又互相联系，共同架构起“爱”文化的主体，让“爱”文化触之可及、闻之可感。

三、运用“三化”管理，保障管理行为的落地

“三化”管理指目标化管理、标准化管理、流程化管理。目标化管理统揽全局，使集团战略落实、方针引领、主题实施不走样，确保集团每一所幼儿园在每一年、每个月理念、行为、教育效果的统一；流程化操作，把每位教职员工每天的工作按纵向（从早晨入园到傍晚离园）和横向（如，加餐环节的加餐前准备、加餐中、加餐后等）分为不同的单元，不同单元的工作流程化，保障了每一天中的每一件事执行规范、操作到位；标准化实施，让教职员工做每一件事时的具体行为有标准可依。可以说，目标化管理让工作有方向、流程化操作让工作可指导，标准化实施让操作有标准。目标化管理、流程化操作和标准化实施是相互作用的统一体。在目标化管理的统筹和调动下，流程化和标准化才能得以落实和推进；在流程化和标准化的执行和扩展下，目标化管理才能有评价和考核的依据，进而促使管理不断升级。

1. 目标化管理的实施，让管理有方向

幼儿园如何通过有效的管理，达到发展的最佳效果，以保证其品质？目标化管理一直是我们集团倡导的一种管理模式，各个分园也一直在按照集团的要求而实施着。目标化管理的实施，为我们明确了管理的思路，让管理更加有效！

（1）目标化管理及其条件。

在幼儿园管理中，形成“围绕发展目标，具有‘集合体’能力，不断增强核心竞争力；严密实施目标过程，采用灵敏、快捷的信息集成方法；尊重人的价值与需求，科学合理评价成果”的管理全过程，称为“现代目标化管理”；以此形成完整的、可复制的套路，叫“现代目标化管理模式”。

目标化管理是以相信人的积极性和能力为基础的，管理者对教职员工的管理，不是简单地依靠行政命令强迫他们去干，而是运用激励理论，引导教职工自己制定工作目标，自主进行自我控制，自觉采取措施完成目标，自动进行自我评价。

“现代目标化管理成功的三个条件”：

①决策层制定战略性目标不失误；

②管理层执行目标不走样、有力度；

③员工们能冲着目标与幼儿园共担风险，不离不弃。

（2）目标化管理在幼儿园管理中的价值和作用。

如果用一句话来形容目标化管理的价值与作用，那便是“强化目标管理意识，提供目标管理的思路模板”。如果用语言来描述目标化管理的愿景，那便是“共识达成，行动一致，效果可控”的管理状态。

第一，对园长的管理做到有效的价值引领，帮助园长对管理价值进行梳理和优先排序。

我们知道，在繁杂无休止的幼儿园管理当中，事无巨细、事必躬亲一般是园长管理的常态，而吃喝拉撒、衣食住行是园长永久关注的重点。在这种状态下，依靠园长自己去面对信息爆炸的时代和基本无序竞争的市场环境，在有效的时间内，以最快的速度选择出最有用、最有价值的管理焦点，是很费脑筋的一件事情。但是，集中实施目标化管理，既站到宏观与中观、又站到微观的层面上，帮助园长及时筛选和把握了最有用的资源和将要努力的方向。

第二，对班子整体管理的技能做到有效调整，给予操作层面上的有效支持。

目标化管理的三大结构组成：“目标——措施——评价”，是目标化管理有效的主要因素。让目标清晰明了，具有可操作性；让措施落地生根，细腻到位，转化为班子管理的策略性行为；让评价可量可控，可以预测管理将会出现的效果，是目标化管理重要的价值作用。

第三，对团队的情感管理做到有效调控，易于打造凝心聚力的专业团队。

由于幼儿教育是与团队中每一个人的自身素质相关度最高的职业：什么样个性化的园长办出什么样的幼儿园，带出什么样的团队；什么样情感倾向的教师教出什么样的孩子，也影响出什么样的家长……因而团队的情感倾向，直接影响着孩子的发展与幼儿园品质、品牌的达成。如果我们倡导“爱的文化”，团队身上就会时时散发出爱的芳香；如果我们表现出急功近利，团队身上也就会自然萦绕着铜臭的气息。因此，目标化管理中，引导团队的情感倾向、激发团队的创业激情、保持团队胸怀大局、淡定的心态，是幼儿教育这个行业的特殊需求。

（3）目标化管理的有效内容与过程。

“目标化管理”想起来简单，但做得有力有效却非常困难与复杂。它的困难不在于形式上的流程，而在于管理过程中决策者与引导者对目标把控的敏感度与有效性。它的复杂更在于目标落地的每一个实施环节的调控，必须实实在在，这样才能保证目标化管理过程的有效性。

几年来，幼教集团在实施目标化管理中，针对幼儿园管理林林总总、千头万绪的管理工作，就幼儿园经营与管理中所涉猎的“管理目标”做了一一分析与诠释，避免了传统管理中对目标“一锅烩”的状况。

首先，建立了17个目标组成的“目标群”。这其中包括“战略目标、市场目标、品牌目标、质量目标、职业目标、服务目标、组织目标、人力目标、信息目标、财务目标、成本目标、危机目标、时空目标、现场目标、专业目标、文化目标、安全目标”。每月有重点地从中选择本月实施的目标群与管理的侧重点。

比如：2013年10月主题是“规范管理强植根”，在本月中，集团选择了“现场目标、专业目标、文化目标、安全目标”作为本月主题实施管理的侧重点。分园在制定方案的时候，也会将这些目标一一落实到各项工作中，比如：各分园在“安全目标”的落实中，提出了“植根安全管理，增强安全防范意识，让教师在细化各项工作中确保幼儿的安全”；在“文化目标”的落实中，提出了“植根节日文化，深挖节日活动内涵，让幼儿在体验中感知“爱”文化所带给大家的愉悦”；在“专业目标”的落实中，提出了“植根专业研究，规范教师的行为，让孩子因为教师专业而快乐成长”；在“现场目标”的落实中，提出了“植根现场到位，彰显爱与专业，让家园同盟的达成因为现场的精彩而更加有力”。这些目标的制定，为接下来各个部门对本月活动中各项工作的开展提供了有力的抓手。

其次，建构了系统化的管理体系——“五个一体化管理”（理念—模式—流程的一体化管理；教研—保研—家园共育研究的一体化结合；课程—教材—环境的一体化完备；幼儿—教师—家长的一体化发展；理论—实践—反思的一体化培训）。并以此思考今后三年、五年，甚至十年的发展规划。每年要在这一大的规划下，拿出每年的发展计划及 12 个月不同的管理主题。

多年来，我们不但高度关注战略的制定，更关注战略实施过程中与之相辅相成的方针的制定。（注：关于战略及八字方针和月主题的制定，前面已经专门谈到，在这里不再赘述。）

在幼教集团宏观战略的引领下，以八字方针为抓手，明确每月主题，让每一个分园在每一个月，有侧重点地安排工作，以免顾此失彼，不分轻重缓急。因为每年的每个月的主题是相互衔接，层层递进的。这样能够在确保每月工作重点的同时，兼顾全面提升，确保战略方针的落地。

再次，做好目标化管理的准备，找准目标化管理的切入点。在对全国 22 个省的近 200 家幼儿园管理中，要求网络视频培训前，信息化支持要到位、目标化管理的制度要求要到位、目标化实施的计划安排事先要到位等。目标化管理最终实现的目标是要促进人的发展、人的学习力的形成，因而在目标化管理中，强调观念的达成、思想的沟通、行动的一致是管理的重中之重。

为此，我们选择适宜不同地域、不同层次园长都可接受、都可操作的管理方法。一种方法是及时沟通，一种方法是有可操作的标准。每月以董事长、总园长定时、定点、及时的主题解析思路为深入沟通的核心——由管理、业务等部门跟进解析计划——山东基地园拿出计划实施范例——职能部门以业务培训、碰头会对接、下园督导检查等措施，以保障目标化管理的有效运行。

为此，形成了以下“目标化管理实施过程”：

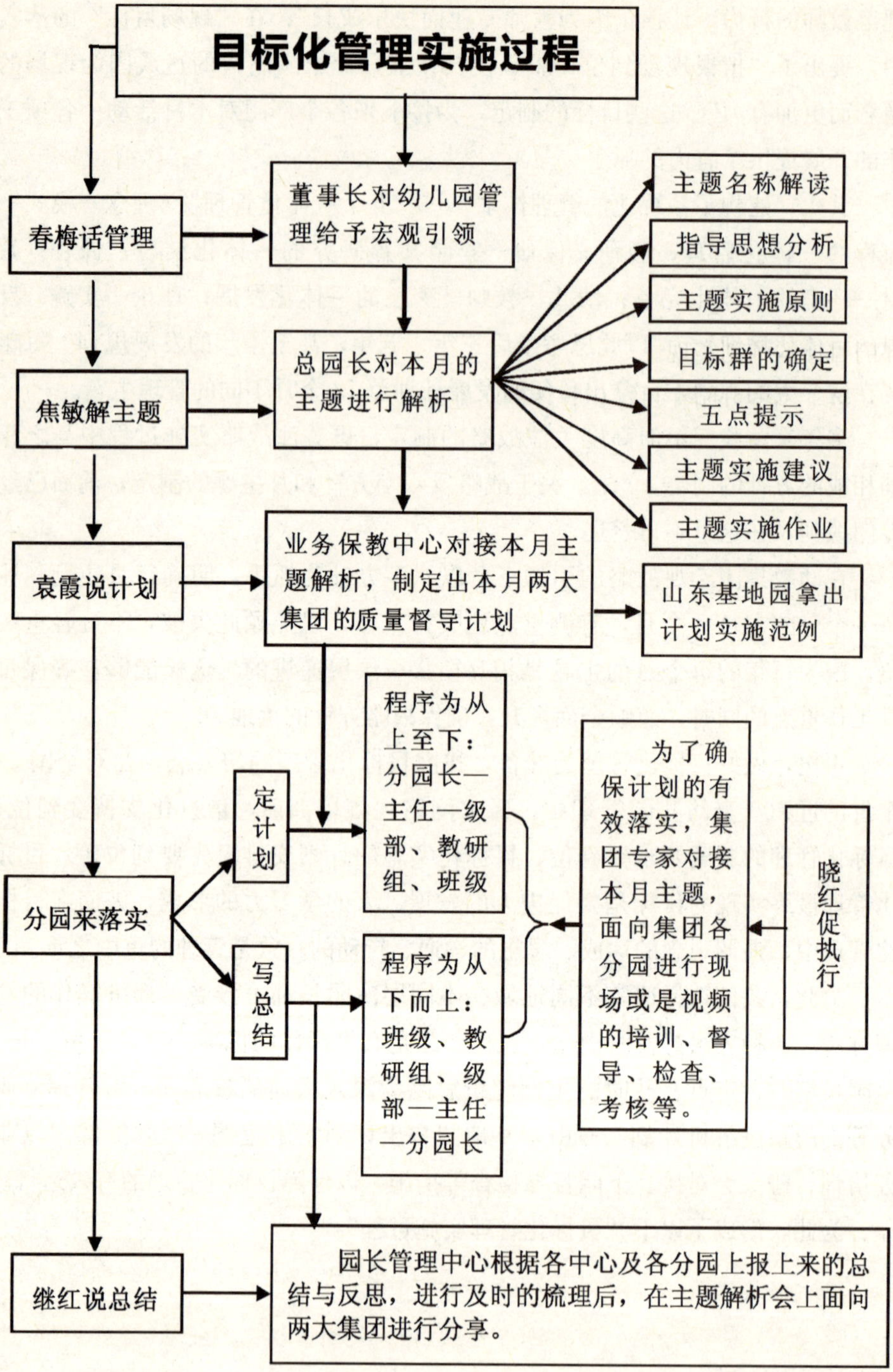
目标化管理实施过程
春梅话管理
董事长对幼儿园管理给予宏观引领
焦敏解主题
总园长对本月的主题进行解析
主题名称解读
指导思想分析
主题实施原则
目标群的确定
五点提示
主题实施建议
主题实施作业
袁霞说计划
业务保教中心对接本月主题解析，制定出本月两大集团的质量督导计划
山东基地园拿出计划实施范例
分园来落实
定计划
写总结
程序为从上至下：分园长—主任—级部、教研组、班级
程序为从下而上：班级、教研组、级部—主任—分园长
为了确保计划的有效落实，集团专家对接本月主题，面向集团各分园进行现场或是视频的培训、督导、检查、考核等。
晓红促执行
继红说总结
园长管理中心根据各中心及各分园上报上来的总结与反思，进行及时的梳理后，在主题解析会上面向两大集团进行分享。

第四，目标化管理在分园落实的具体实施过程。

主题实施的关键之一就是对上一级目标的分解，如果目标不能够分解到具体可以实施的程度，目标管理就无法推行。

月主题实施的核心是，建立幼儿园每个月的目标体系，全体教职员工各司其职、各尽其能，推进本月目标的达成。在幼儿园的目标体系中，园长的目标、各部门主任的目标、各教研组、班主任的目标，是各不相同的，但他们的目标和幼儿园的整体目标息息相关。幼儿园整体目标的实现，有赖于各部门目标的顺利实现。

以下是各分园在目标化管理中实施的过程：

①目标层层解析。

解读主题——结合各中心实施计划，拿出适合本园的实施措施与方案——结合各中心实施和本园的实施计划，拿出教研、保研、办公室、艺术团的实施方案——结合本园及各部室的实施方案，拿出各教研组或各班的实施方案。这个过程各分园是通过三步走完的。

第一步：自我学习、消化、解读。这一点是非常重要的。没有自我消化的过程，就不可能有更深的理解；没有深入的理解，你所拿出的方案，便是不切实际的；不切实际的东西，怎么可能很好地落实呢？为此，每次总园长的解析结束后，分园长会进行认真的分析、理解，将总园长对主题的解析，先自我消化、吸收、理解后，再拿出本园的月主题实施方案。

第二步：园务会成员讨论本园月主题方案的可行性。对照集团各中心所拿出的方案和大家一起交流、讨论，在“头脑风暴”的过程中，大家群策群力，确定各个部门月主题实施的重点所在，以便分园的各项工作既能有重点地落实，又能使各个部门达成和谐。

第三步：全园学习、提升。幼儿园和各部门的方案拿出来后，分园将召开全园教职工大会。园长首先将总园长对本月主题的解析向全园教职工进行解读，并传达自己园所的主体实施方案，以使大家在制定自己的方案时更有针对性，然后各个部门会将自己的方案再和大家进行沟通。最后，提出要求，各个教研组、班主任依次拿出本月的主题实施方案。

第四步：依据方案全面实施。各层级的方案拿出后，全部传给园长室或是相应的各部门，园长或各个部门进行查阅，有异议及时沟通、反馈，以便达成共识后，大家根据各自的方案进行全面的实施。

②措施有张有弛。

为了保证各项工作的落实，将目标化管理进行有效的实施，各分园采取了以下措施。

第一步：严格要求方案的制定。在方案的制定中，各部门的方案相对本园的方案要具体，为了保证活动的实施，有些要责任具体到班、组或人。同时，为了各组或班级好操作，围绕目标所采取的措施，在方案中要具体到每一个活动，这样每个班或教研组可以对号入座，并在各自制定方案时能具体到每一个活动的具体操作或方案实施，以确保活动方案的有效。

第二步：亲临现场督导实施，积极参与活动的落实。从方案制定到落到实处，应该说还是有一段距离的，为此，要想将每一个活动落到实处，以确保目标的完成，作为园长、主任必须亲临现场，和大家一起想办法，做好活动的落实。比如：万圣节这个活动的方案设计中，有一个环节是到小区的小朋友家做客，以培养孩子的社会性交往能力。在这个环节中，我们园长、主任、班主任凑在一起研究，去谁家最合适？为什么要去他家？去的目的是什么？围绕着这些问题，我们分别在大中班确定了几个小朋友家，这几个小朋友各有各的不同，有的孩子比较自我，不愿和别人分享任何东西；有的孩子比较孤僻、内向，不愿和别人交往。我们想通过本次活动，能帮助这些孩子在这些方面有所改善，故我们还商量了一些对策。后来，老师和家长反馈，此次活动还是比较见效果的！

另外，为了将督导能够落到实处，及时、认真地进行督导记录的书写也是分园长以及各个部门的重要工作之一。

第三步：及时总结反思。针对督导过程中所发现的问题，各分园能够做到日清月结，及时地召开会议，或全体、或部分、或个体进行有针对性的沟通交流，以使工作做得更好！同时我们还要求园长、主任、教研组长、班主任及时进行周总结汇报，园长、主任进行工作日志的书写，以便及时反思、总结各项工作。

③目标化管理的评价力度。

一个好的管理模式的预设，除了它的目标、内容、过程，更主要是看它评价的力度如何。在幼教集团的管理过程中，我们更加关注上月主题管理评价对下月主题管理的影响。

第一，评价计划是否由上而下层层解析与分化。

第二，评价过程调控、培训、检查与细致督导是否到位。

第三，评价月末总结是否由下而上来汇总。

第四，考核评价是否具有民主性和多样性。

应该说，评价不是目的，我们更多的是想通过评价，让我们的月主题实施方案做得更加有效。为了力求评价的科学合理，我们本着力求全面的原则，对目标化管理进行评价。

首先是自评。每月的月报表中，不仅有对本月主题的总结，还要求各部门结合各自岗位的量化考核标准进行自我评价，本评价根据各岗位的内容不同进行定量和定性的自我评价。

其次是班子评价。各分园一般是根据各个部门对主题的实施情况进行总结性评价，这种评价重结果，更重过程。教研和保研给出的是定量的评价。

第三是家长的评价。我们会通过家长问卷、各类家长会、向家长开放教育活动进行现场评价等形式，让家长对幼儿园的管理、师资水平、工作态度、伙食以及所开展的各类活动进行全面的评价，以了解家长对幼儿园、教师、孩子的成长等的满意度。这种评价属于阶段性的评价。

第四是互评。通过各类观摩等进行的评价。如：保育流程、教育教学、区域活动、班级环境等等的观摩。

第五是检查性评价。比如，每周一次由各个部门和各个班级的班主任或教师来进行全面的检查性评价。

这些评价给予大家的是对工作的认真落实，在评价中大家互相借鉴、互相促进，以使自己的工作做得更好！

④目标化管理的实际效果。

目标化管理这一完善的管理体系，给管理带来的实际效果是——

第一，目标化管理能帮助园长做到“三个到位”：发展战略规划到位、管理视野拓展到位、行动执行力到位。

目标化管理中，“春梅话管理”给予园长战略规划的引领；“焦敏解主题”让园长的管理视野得到拓展；各分园主题实施方案的层层制定、落实，提高了行动的执行力。总之，目标化管理，让我们把战略从抽象变为形象，直至成为每一位园长、主任、教师每一个月、每一周工作的抓手，并在严格执行的过程中，将幼儿园的各项工作一一落到实处，目标化管理时刻引领着我们走得更远、更顺畅！

第二，目标化管理能维护幼儿园的“三个纯正”：品位纯正、品质纯正、品牌纯正。

目标化管理要求我们时刻要做的就是把内涵的东西进行挖掘，把集团提出的标准化落到实处，做到位，将团队的执行力通过一个个载体展现出来，让我们的影响力因这个载体而得到彰显，得到彰显的影响力会让人们感受到其中的品位，有品位的东西就能为铸造我们的品牌增光添色！这个载体，不是说出来的，而是实实在在地围绕着“老师—孩子—家长的一体化发展”来开展的各种各样的活动（或工作），这个活动是有效的、不是单纯为了活动而活动，以求得优质的保教质量的达成，即品质到位。

第三，目标化管理易于团队的互助性与自主性成长。我们允许在大的目标范围内，根据地域不同做适当调整；支持因园而宜做适当的补充；鼓励执行计划中有各种措施的选择与创新。

2. 流程化管理的完善，让工作有抓手

（1）何为流程？

流程：是一种运作程序，一种在时空中的优先排序，其目的是追求达到或超越预期效果，流程不是解决为什么而做、为什么这样做而不那样做的问题，而是解决怎么做的问题——流程就是做事的方法和做事的内容。

（2）幼儿园工作流程的种类。

①管理工作流程。

②教育教学工作流程。

③保研工作流程。

④其他工作流程。

（3）各项工作流程的完善。

①保教工作流程的完善。

为了能使各项制度、职责切实落到实处，我们不仅完善了“山东银座·英才幼教集团保育流程实操手册”，还在此基础上完善了教育工作流程及行政工作流程等，这都非常详细地给予了我们具体操作的方法。从文字到图片、再到视频的流程资料，为我们的优质服务提供了保障！同时，保研管理中心根据流程实施的案例进行搜集，研发了“爱的故事”，给予大家更多的正能量的引领。

各项流程内容为——

保育工作流程（32 项）：

◇入园工作流程。

◇晨检流程。

◇招生工作流程。

◇晨间接待流程。

◇进餐流程。

◇加餐工作流程。

◇户外活动流程。

◇安全服药工作管理。

◇午睡工作流程。

◇离园工作流程。

◇寄宿班管理工作流程。

◇卫生管理工作流程。

◇卫生消毒工作流程。

◇安全管理流程。

◇食堂安全管理流程。

◇食堂管理工作流程。

◇宝宝车接送幼儿工作流程。

◇退园工作流程。

◇转园工作流程。

◇意外事故处理工作流程。

◇传染病管理工作流程。

◇传染病工作流程。

◇常见传染病班级消毒管理流程。

◇幼儿园工作人员健康体检流程。

◇儿童定期健康检查流程。

◇体弱儿管理流程。

◇营养不良儿童的管理流程。

◇营养不良管理方法流程。

◇反复感染儿童的管理流程。

◇营养性缺铁性贫血管理流程。

◇神经精神发育迟缓儿童的管理流程。

◇肥胖儿童管理流程。

教育工作流程：

◇主题实施流程。

◇教学设计流程。

◇教学实施流程。

◇教学评价流程。

◇环境创设流程。

◇区域活动流程。

◇观察记录流程。

◇教研活动流程。

◇专业课教学流程。

◇选修课工作流程。

◇业余班工作流程。

◇幼小衔接工作流程。

◇期末测评工作流程。

为了使各项流程能够得到更好的落实，教研管理中心还研发了《教研管理手册》，让主任的管理更有抓手，让教师的成长更加迅速。（见插页）

保教流程的不断完善，不仅为教师的各项工作提供了参考，还大大提高了工作的效率，更重要的是，让新教师工作得不盲目，让老教师工作得更得心应手！同时，在这个流程细化的过程中，每一个环节都体现了“让爱更多一点”的核心价值观，使得我们的教育更专业，服务更到位，孩子们们更加快乐，家长们越来越满意，教师越来越开心！

②行政工作流程的完善。

我们在办园、教师入职、门卫管理等工作方面做了相应的工作流程如下：

◇合作办园流程。

◇教师职称评定流程。

◇应届毕业生签订流程。

◇新教师入园流程。

◇新教师培训流程。

◇幼儿园门卫一日工作流程。

在集团化管理中，很多的工作不仅需要各个分园内部的对接，还需要集团与分园、分园与分园或是教师等各个部门的对接。行政流程的建立，为总部与分园、分园与教师等的对接提供了明确的导向，提高了工作效率。

③园务会日常工作流程。

随着集团的快速发展，幼儿园也在不断地增长，每年新上任的园长、主任也在逐年地增长，为了使新园长、新主任能在最短的时间内尽快地熟悉自己的工作内容，掌握管理的技巧，从而使幼儿园的各项工作变得有序，去年，我们园长管理中心又制定并逐步完善了园务会日常工作流程，并分别分为日、周、月工作流程，让新的园长、主任有抓手，让有经验的园长更好地提高管理的效率，全方位地做好幼儿园的各项工作。

园务会日常工作流程有——

◇园长每日工作流程。

◇园长每周工作流程。

◇园长每月工作流程。

◇教研主任每日工作流程。

◇教研主任每周工作流程。

◇教研主任每月工作流程。

◇保研主任每日工作流程。

◇保研主任每周工作流程。

◇保研主任每月工作流程。

◇办公室主任每日工作流程。

◇办公室主任每周工作流程。

◇办公室主任每月工作流程。

园务会日常工作流程产生的过程——

园务会日常工作流程的产生，不是一蹴而就的，而是经过了一个“实践—梳理—分享—讨论—总结—再实践—修订—跟进实践—完善”的一个漫长的过程。

首先，现场跟进，发现问题。园长管理中心在跟进分园的过程中，看到了新园长、主任刚刚上任后因角色的变化而带来的困惑，感到工作无从下手，常常会出现忙而无序的状态，影响了大家的情绪；还在全面督导中看到：有的园长虽然算得上老园长，却常常因为事务缠身，在忙忙碌碌中使得工作不能全面兼顾，有时还会出现顾此失彼的现象。

第二，跟进问题，寻找对策。园长及园务会成员是幼儿园的核心，如果连园务会都感到工作没有头绪，这个园的工作质量就难以保障。为此，我们想到了制定“园务会日常工作流程”，让新园长、新主任有抓手，让老园长、老主任更加全面有效地做好管理。接着，我们跟进了各个分园，并与大家沟通自己的想法，探讨其可行性，经过一个学期的努力，我们决定在新学期刚开始的3月，借助主题“文化流程开门红”在银座园召开园长现场会的契机，以银座园为例和大家分享本园的做法，通过分享让大家再次讨论制定“园务会日常工作流程”的必要性。大家用了一个上午的时间来观摩、分享、分组讨论，探讨园务会常规工作流程的可行性。

第三，针对策略，狠抓落实。现场会大家达成了共识，那就是“园务会日常工作流程”的制定非常有必要，接着，大家就领到了自己要思考和梳理的“流程”分工：根据每一位园长的工作经验，将园务日常工作流程分到了每一位园长，希望他们根据自己的经验拿出某个部门的日、周、月流程。就这样，经过一次次的沟通交流，反复酝酿、修改、完善，最终完成了园务会日常工作流程的修订，并正式发放到各个园所进行试行，同时跟进了新建园和新的园务班子的园所，不定期地全面督导所有直营园。在这个过程中，也发现了因对流程理解不到位而引起的不能落实的情况，为此，又利用督导总结大会的时间，和大家重新分析梳理了“流程”落实的重要性。各分园园长再次带领园务班子成员逐一将流程分解学习、理解后，并完善成更加适合自己园所的流程，使其成为工作的良好抓手。

比如：周村园这个新建园不仅老师新，园长也是从一线的老师直接升为园长的，园长新，园务班子也是由一群年轻的新人搭配组成的。前期强化落实的重点园所有两个，它是其中的一个。周村园在对常规管理流程化的实施过程中，首先将“学习领会流程，明确各自职责”作为重点，并分两步走完成了这个过程：

一是自我学习领会，厘清园务工作的日、周、月工作重点。

在拿到工作流程的第一时间，园长、主任先自我学习，领会吃透流程内容。

园务会工作流程，不仅将园长、教研、保研、办公室主任的日、周、月工作进行了仔细细化，还将各项落实的时间段也给予了提示。教研主任日工作流程中，体现了从早晨7:30开始，巡视班级环境一直到晚离园中老师对幼儿的组织，工作有条不紊，重点突出。通过自我学习，发现和自己一贯的工作思路存有不同的地方，如：以往总以为进餐环节是保研主任关注的，教研主任没必要对进餐环节进行关注。无独有偶，在众多的条目中，幼儿户外活动时的进餐环节，不仅是教研主任关注的重点，也是办公室、保研室关注的重点，因此在自我学习以后，办公主任提出了问题：同一时间，所有部室都在关注这一件事，是否存在职能交叉、责任不明的现象呢?

在对周工作流程的学习中，各部室都感觉，虽然每一天的工作都安排得很详细，但是实际操作过程中，突发的事情太多，不可能严格按照流程去开展工作，如果不能按照流程的规定开展一周的工作，是否就是没有完成自己的本职工作呢? 总之大家有这样的感觉：流程对工作有了清晰的安排，但同时是否也对工作的开展进行了限制呢?

最后在月工作流程的学习中，流程对每个周的工作重点都给予了提示，如何结合周工作流程的开展，实现月工作目标，是需要每个人去认真体会和梳理的。

二是集体学习讨论，进一步明确各自的职责，达成共识。

带着众多的疑问，利用园务会的时间，他们进行了集体学习和讨论，其目的是解决疑惑，增强对流程的认知。

先让大家互相说一说各自日、周、月工作流程落实的重点（这是一个相互沟通的环节，让各部门都对彼此间的工作有所了解，这是个非常有必要的环节）并提出相关的问题，进行讨论和探讨。

第一个问题：同一时间，所有部室都在关注这一件事，是否是职能交叉、责任不明？比如，在户外活动这一环节中，教研室和艺术团更多的是关注户外游戏的丰富性、趣味性以及年龄段适宜性，保研室会关注幼儿活动量是否达标，办公室会着重地关注全场幼儿的户外安全，虽然各部门齐上阵，但是各负其责，又相互配合，确保了户外活动的有效性。同样，教研室关注加餐环节，和保研主任的侧重点是不一样的，保研关注更多的是膳食的“量”及“质”的问题，而教研更多的是关注老师对孩子进行的随机教育如何、是否合适等。

这也体现了我们日常工作中经常提到的分工不分家，我们管理者的工作思路和方法决定着幼儿园的教育方向，如果我们只关注自己面上的事情，我们的教育之路就不会走太远。

第二个问题：流程是否限制了工作的灵活性？针对这个大家都存在的疑惑，我们进行了讨论。幼儿园的工作性质决定了工作的繁琐性，制度有了，但我们不能一味地去落实流程，而不顾眼前的突发事件，因此，在讨论中大家达成了这样的共识，园务会工作流程，更像是一个工作导向，当一个新手主任或者园长刚上任时，它的确是一个很好的抓手，能避免工作的盲目性，可以使其尽快地适应工作。但是对于已经熟知岗位职责和各项工作重点的老园长老主任，可以更加灵活地运用此项流程，全面地看待幼儿园的日常管理工作，而不是生搬硬套。要让流程的落实成为工作效率和质量的衡量标准，这也是对自己工作的一种督促。

第三个问题：明确“日、周、月工作流程”的关系。这三者是点、线、面的关系，从点的落实、到线的穿引，再到面的呈现，是递进关系，又是因果关系。作为每一个部门负责人，需要从宏观上看清各自的职责以及职责间的相互联系，并努力去落实，以实现幼儿园管理的最佳状态。

第四，完善规定，全面落实。

经过了反复的实践认证后，新的学期又开始了，为了保障流程的全面落实，我们又在新学期开始前，总结已有经验，制定了“园务日常管理工作流程使用之规定”，并在新学期计划会上，作为园长管理中心各项规定中的又一项新的规定，对大家提出了更高的要求，以使大家的工作能够更上一层楼。

在本规定的强化落实下，园务会工作流程得到了全面的落实，以下是周村园的园务班子对本流程实施后的感受：

园长认为：少了很多不必要的繁琐，因为很多事情主任完全可以处理得了，适当的放手、放权，无形之中锻炼了主任应急处理问题的能力，同时也给了自己更多的时间去处理更重要的事情。落实流程的过程，是一个对园所管理工作由浅入深的过程，从开始的了解整个分园工作的面，到掌握工作的重点，再到我们园务会共同努力突破管理中的难点……这让我的工作更系统，更有逻辑性。

主任们说：日周月工作流程的坚持实施，让我们更加注重工作层次性的把握，提升了管理工作的逻辑性。工作做到了有的放矢，有条不紊，轻重缓急，通过努力，达到事半功倍的效果。

总之而言，从园长到主任，再到班级老师，每个层次的人都知道自己什么时间做什么事情，有了自我约束，我们管理也就成功了一半。

3. 标准化管理的可复制，让操作有标准

在国内外幼教机构进入中国幼教市场，行业竞争激烈的今天，很多同行向我们提出了同一个问题：是什么原因让山东银座·英才幼儿园（集团）发展得如此之快？这种发展是否会出现虎头蛇尾的现象？我们欣慰地告诉我们的同行：山东银座·英才幼儿园（集团）的成功在于它有一个专家型的专业团队；在于它积累了许多成功的经验；在于它经历了其他园未曾经历的挫折和历练，让它懂得了什么是最核心的东西。于是，我们把“标准细、可复制、执行快”成为我们扩大发展的动力。每一所新园启动，都会按照集团的标准化管理，迅速做到规范。这其中包括“5S 管理”的纳入。

（1）5S 标准化管理的启发点源于哪里？

应该说，是规范化管理方法的应用层次给予我们启发，进而产生对标准化管理的思考。

规范化管理的方法，从理念到应用，我们可以把它分为四个层次。

第一层次：理念层次。

规范化管理的核心思想是：精、准、细、严，是管理人员对做精、做细的认识、重视、决心、意志和态度。

第二层次：基本方法。

规范化管理带有规律性的方法、范畴，主要有：细化、量化、流程化、标准化等。

第三层次：具体操作方法、技巧。

这是第二层次的几种方法的展开延伸和具体化，是基本方法的具体操作技巧、技术。

第四层次：方法的综合应用。

这是将基本方法和具体操作方法，综合地运用于解决具体问题、具体业务、具体部门的工作，形成一套实用有效的工作方法和技巧。

标准化管理，应该说，对于集团化办园是比较有成效的管理方法之一，尤其是对于新建园、一些新教师们新管理者来说，是最适合最有效的。新教师或刚接触我们集团理念的新员工的成长也像孩童的成长一样，有一个从不成熟到成熟的过程，还需要细心引导，严格管理。这个细心引导，严格管理，就是规范化管理！

首先，我们不乏对做精、做细的认识、重视、决心、意志、态度和细节管理方法。

其次，在我们集团有健全的各类人员管理制度、岗位职责；详细的行政、教育、保育工作流程；系统的量化标准；标准化的服务公约等等。这些，都为我们的规范化管理提供了详尽的基本方法。这些，我们可以进行复制、运用，让大家对照其要求，进行操作。

第三，为了能使各项制度、职责切实落到实处，我们集团还有与其相匹配的、可操作的、详细的行政、教育、保育工作流程、量化考核标准等等，这些都非常详细地给予了我们具体操作的方法。

那么，做为一个管理者，怎样利用这些资源，来为我们的幼儿园服务，为各个部门、教师和员工，寻找到可行的、可操作的、具体的工作办法呢？这就是第四个层次的问题。

规范化的管理方法，具体操作主要在第三、第四层次上，尤其是第四层次！

5S管理的标准化，或许，正是我们规范化管理方法的第四层次：规范化解决的正是每一个单元中具体行为细节的标准。

5S是指整理、整顿、清扫、清洁、素养五个项目，它是通过规范现场、现物，营造一目了然的工作环境，培养员工良好的工作习惯，其最终目的是提升人的品质，养成良好的工作习惯。

（2）“5S”管理的标准化如何在幼儿园中进行运用？

“5S”管理不仅仅是对物的管理，还有对人或事等多方面的管理运用。为此，我们本着：整理——即选择与梳理、整顿——即态度与作风、清扫——即规范与规则、清洁——即坚持与永恒、素养——即意识与文化的原则，以广泛性的思考，将5S管理的标准化延伸到幼儿园各项管理之中……

第一步，制定标准。

没有标准，就为执行者留下了执行不到位的空间。为此，我们便从物品的规范开始制定标准；接着再到围绕培养孩子、教师的良好行为习惯着手，制定相应的标准；然后，大家讨论后试行！

制定标准时，需要注意三个要点。

①作为管理者必须树立这样的观点：有明细的标准，才有教职员工的执行到位，标准是执行到位的前提！

②制定标准时要寻找一个参照物或标杆。这个参照物，要适宜，不宜盲目追高。如果定得太高，大家都做不到位，反而会养成执行不到位的坏习惯，也降低了教职员工对管理层的信任。为此，在标准制定后，我们先在一个班进行了试行，然后组织各班班主任集体观摩，观摩后讨论确定，如果没有异议就形成标准，如果大家有感到不妥当的地方，当场讨论分析，重新制定出适宜的标准，立即执行！

③标准尽可能量化：如在幼儿区域橱中的置放线，我们要求线粗1厘米，离橱边5厘米；吊饰尽量在1.6～1.7米的高度上等等。

第二步，格式化规则化。

管理人员应养成按固定格式办事，带头遵守幼儿园的各项相关规则，并将这些行之有效的格式、规则以文档的形式予以固定下来。在这项措施的实施中，管理者首先要从自身做起，把自己的办公室和各类文档及橱子进行规范，并形成文字予以固定下来！

第三步，幼儿园进行全面实施运用。

①“5S”管理对物的管理运用。

大家都知道，幼儿园的物品管理是非常繁杂的，尤其像我们这样的幼儿园，仅功能室就有十几个，还有教玩具、日常用品等等。如果单就靠园长和几个管理人员来管理，是做不好的，为此，我们运用“5S”管理，让每一位教职员工都成为幼儿园的主人，从而达到良好的管理效果！

首先，所有物品责任到人。如：每一个部门、功能室或班级等，都制定相应的责任人和管理规定，以使其责任到人，管理到位。

其次，所有物品都要分类、标识，使其更加清晰化。如：教研室的玩教具管理可分为教具类、教材类、文具类三部分，在这三大类中，再进行细分后，按照方便拿取等进行摆放、标识。

第三，所有物品都要清洁、有序。如：从办公室到活动室，从室内到室外，从显形到隐形，不但要做到干净整齐，还要摆放有序，一目了然。

第四，所有物品管理都要标准化。比如：各个部门，对各类物品进行分门别类，制定各类标准，并能有具体的操作方法，以使其制度化、流程化、标准化，并能进行量化、评价。

第五，所有物品管理，都能及时督导、评价。让督导成为坚持的基础，让考评成为坚持的动力，最终养成行为习惯。在习惯养成的过程中，要注重教师对这项管理的重视，并形成一种意识，从而达到持之以恒的目的。

②“5S”管理在班级管理中的运用。

“5S”管理，与幼儿园班级管理有机结合，灵活运用，可在培养幼儿规则意识、自我服务意识和自我管理能力方面发挥积极的作用。

首先，让每个物品都有一个“家”，培养幼儿的秩序感。

活动室里的玩具、学具多种多样，要做到按规律摆放，让孩子自主收拾、整理物品，老师就必须做大量的工作。运用“5S”管理，让所有的物品都有自己的标签和位置，不但可以减轻老师的压力，还可以帮助孩子提高有序取放物品的能力。如给每一个物品写上名字或配上标记，并在摆放的位置贴有相应的标记。

根据孩子的年龄特点，小班的幼儿具有直观性和形象性的特点，所以可用实物照片或图片、图形、颜色等作为标记；中、大班孩子的理解力和想象力较强，使用汉字做标示，还可以请孩子自己设计标记图，有的幼儿园还将组成和加减法的运用用在了这里，让孩子们在拿放的过程中，需要动脑筋想办法……这样，幼儿每次玩完玩具或操作完学具以后，就能够按玩具上标识寻找相应的橱子进行摆放。

同时，为防止幼儿在摆放玩具或学具时会出现凌乱等现象，我们还在每个橱子上贴了置放线，让孩子沿线摆放，这样，既规范了学具的位置，也便于幼儿收拾和检查，培养了孩子的自我服务意识。

其次，让每个行为都有规则与规范，培养幼儿的责任感。

在生活环节中运用“5S”管理，使日常规范融入环境，让常规管理变得轻松。老师借助图示标识，提醒幼儿参照图示做好相应的准备，帮助幼儿建立生活常规。比如：每天幼儿午睡前脱下的鞋子，老师在幼儿放鞋子处用线或图形标识，幼儿就可以按照图形的指示摆放，这样既能让教室整齐美观，也避免了幼儿起床后到处找鞋子的现象。

第三，让每个幼儿学会自律和自我管理，提升幼儿的品格与素养。

在制定班级常规的时候，请孩子一起参与，尤其是中、大班的孩子，他们已具有初步的自我意识，好奇心极强，喜欢参与探索性的活动，不喜欢按照大人的要求去做。在这个时期，我们老师就成为了一个观察者和协助者，鼓励孩子自己去想，去讨论，去尝试，结合“5S”管理师幼共同建立班级常规，帮助孩子从他律走向自律。由于自己参与建立，孩子都比较容易接受和遵守这些规则。

如进行区域活动时，针对孩子声音太大影响了别人、用完的材料没有放回原处等问题，老师在进行区域活动评价时和孩子展开讨论，寻找解决的方法。最后经过讨论制定出每个区域的活动规则，并邀请幼儿自己用绘画的方式配上图示，展示在各区域的橱子或墙面上，这样既培养了幼儿的参与意识，又培养了幼儿的坚持性，形成了良好的行为规范。

③“5S”管理的标准化在对人的管理中的运用。

在人的管理中，我们巧借“5S”管理中的五个原则，将大家的热情、干劲进行调动，使其发挥到最大程度，为幼儿园的发展助力！

首先，整理——即选择与梳理。

由于人的水平、能力、素养，性格、态度、意识等等的各不相同，所以，在管理的过程中，我们也要进行整理、整顿，给予他们相应的、适合的工作，以发挥其更大的潜力。比如：有一个园的班车司机，除了干好司机本职工作，还兼顾维修工作。偶然有一天，我们发现他的手还很巧，所以，园里圣诞节的房子、班级区域里的钢琴、演出活动中的道具等都请他亲手给园里做，这样不仅为幼儿园节约了一些资金，还让我们的员工更有成就感。

其次，整顿——即态度与作风。

将所有教职员工根据其工作作风、工作效率等的不同，进行组合搭配，以提高其工作效率。其实，这一点在每年的分班搭配中，我们已经进行了很好的梳理组合。这样大家在良好的搭配中，干劲更足了。

第三，清扫——即规范与规则。

大家都知道幼儿园的管理是非常琐碎复杂的，每天都有干不完的事，可忙活了一天，到了晚上一梳理，却常常不知道干了些什么。为此，我们要将那些无关的因素进行抛弃，每天给自己一个工作重点，比如：周一处理日常事务；周二参加教研活动；周三下班蹲班；周四听听来自各方面的声音；周五进行全面检查汇总，计划下周工作。各个部门可根据这一规律来做好自己的事情。这一点，如今我们已经做成“园务会周工作流程”。

第四，清洁——即坚持与永恒。

保持已经确定的一个思路，坚定信心，持之以恒地做下去！在这个过程中，我们要寻找到有哪些激励因素可以利用。比如：每一位分园园长的激励因素在她的园务会成员或是班主任、骨干教师那里，常常，在园长的思路还有些凌乱的时候，大家彼此真诚地沟通、交流，会将思绪中的乱麻理顺，并找到可以坚持做下去的信心。

第五，素养——即意识与文化。

“5S”的素养还告诉我们：怎样保持一个积极的心态，让老师看到希望，看到集团对他的爱！每年每月每周甚至每天，大家都有忙不完的工作，虽然大家很忙碌，在一些开放的活动中，还要被当成靶子让大家来解析，可是大家会很自然地这样认为：这就是集团给予我们的厚望，我们没有理由不做好！就这样，大家快乐地忙碌着……

(3)“5S”管理标准化的管理结果。

首先，通过规范现场、现物，营造了一目了然的工作环境，培养了教师良好的工作习惯，提高了工作效率，提升了教职员工的品质；使幼儿养成了良好的行为规范，培养了幼儿良好的秩序感和责任感。

其次，在这个过程中，深挖了管理层的潜力，尤其是榜样的作用在这里得到了非常好的发挥。同时，提升了管理人员良好的品质素养。

第三，提供了可复制的“模板”，大大增强了办园效率。

比如，新园筹备中班级活动室设计的标准化为——

◇每班建筑面积为120－130平方米。其中寝教合一的幼儿活动室90平方米，班级教师备课室10平方米，幼儿男女分离厕所20平方米，盥洗间15平方米。

◇建筑层高3.6－3.7米，可考虑做室内阁楼式休息区。

◇男女幼儿厕所分开，具备适宜儿童使用的卫生洁具。便池等形式尽量考虑使用下沉式。

◇活动室对流通风良好，厕所排味设备良好。

◇活动教室考虑采用落地窗式，教室采光效果优良。

◇所有教室落地窗采用不低于1.2米高的标准栏杆。

◇班级所有电源（插座、开关等）均在1.2米以上。

◇电源布局要尽可能靠墙面两端，避免影响幼儿园的墙面装饰，每班配备5组五项插座。

◇活动室需保留两面墙体不做门窗用，以备做活动室主题板。

当然新园筹备的标准化还有很多：比如功能室、环境理念等等的标准化。这些都因为有了可以复制的标准化而大大缩短了工期，且在不断完善的过程中，各个方面变得更加科学合理有效。

通过“5S”管理的标准化在幼儿园中的综合运用，我们越来越认识到，“5S”管理的标准化，它不仅仅是一种方式、一种方法，更是一种态度与作风，只要我们持之以恒地做下去，它将形成一种意识和文化，从而使幼儿园得到快速的发展！

四、效应论在幼儿园管理中的应用——提升管理者的逻辑素养

心理效应是社会生活当中较常见的心理现象和规律；是某种人物或事物的行为或作用，引起其他人物或事物产生相应变化的因果反应或连锁反应。同任何事物一样，它具有积极与消极两方面的意义。因此，正确地认识、了解、掌握并利用心理效应，在现代企业管理中具有非常重要的作用和意义。

幼儿园管理除了教研管理、保研管理、特色管理这些专业性特别强的管理以外，一个重要的部分就是对人的思想的管理以及对群体行为的引导。明确这其中蕴藏的规律，激发人的积极性、自觉性和主动性，让被管理者主动参与管理，是管理的终极目标，也有助于领导者冷静地决策、理智地分析，从而促进园所的和谐发展。

效应论经过古今中外多位管理研究者的总结和归纳之后，在今时今日，每一个效应都有其多角度的意义。每个效应本身理解起来并不难，关键是在于如何让效应理论指导于幼儿园的管理实践，服务于幼儿园的可持续性发展。

银座幼教在十二年的管理历程中，总结出一套与幼儿园管理息息相关的“效应论应用”。为什么说是“应用”呢？因为，这些总结是透过效应的本身，将其内在规律的价值作用迁移和转换到幼儿园管理的方方面面。这种“迁移”

和“转换”，应该是每一位幼儿园园长在实际管理中最需要的。

1.“印刻效应”——给予管理良好的开端

当人们与某物或某人接触时，会留下一个相对深刻的“第一印象”。这个“第一印象”会在对方的头脑中占据着主导地位，并对以后的认知产生影响，这种现象称为“印刻效应”，也叫“首因效应”。

它所强调的是“第一印象”的重要，和人们“先入为主”的习惯。由于人们根据最初获得的信息所形成的印象不容易改变，甚至会左右人们对后来获得的新信息的判断，因此，我们要重视印刻效应的作用。印刻效应有好的一面，也有不好的一面，我们要善用它，有意识地趋利避害。那么，我们如何利用“印刻效应”给孩子、家长、老师、同行等等留下美好的“第一印象”呢?

一个带着孩子来园进行报名咨询的家长，初次来到幼儿园，看到的是幼儿园具有文化内涵的环境；看到的是幼儿园里孩子们欢乐的笑脸；看到的是教师对孩子无微不至的呵护；看到的是咨询人员耐心的解答；看到的是从园长，到各位主任，乃至保洁员阿姨都面带微笑，友好而真诚……这样的氛围难道不会打动他的心吗? 把自己的孩子送到这样的园所，他一定是放心和安心的。

印刻效应，通常会在每个学年开学前进行强调，一般是 9 月份。九月份，是幼儿、教师及家长是否养成良好学习行为、教育行为与责任行为的关键期。俗话说“万事开头难，习惯成自然”。九月是检验教师整体素养的关键时刻，教师们忙于接待新生，还要制定各种计划和方案，因此，在这样的环境下，对教师的培养、引领和管控一定要重点突出，否则会事倍功半。

2.“微笑曲线”——深挖教育的附加值

讲到印刻效应，不得不提一下支撑印刻效应发挥作用的一个理论，那就是“微笑曲线”理论。

微笑曲线理论内涵——

（1）让被服务者微笑是我们的目标。

（2）被服务者微笑曲线的大小，代表满意程度的大小，这种满意，不是建立在硬件教育品牌的基础上，而应建立在我们软实力的发展基础上。要看到教育服务附加价值的高低，服务越细越好，越好越满意，微笑曲线便越高。

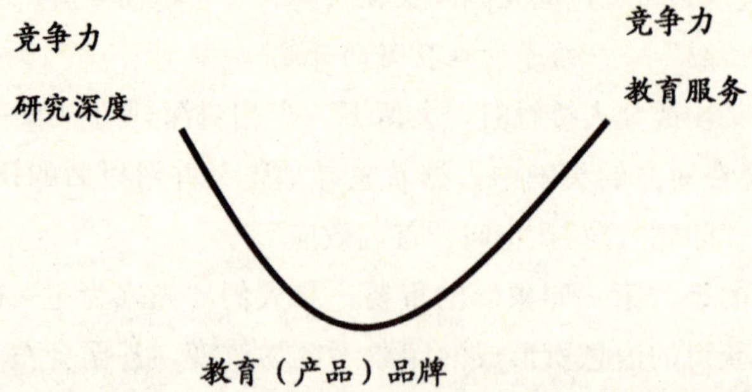

微笑曲线有两个要点，第一个是可以找出附加价值在哪里，第二个是关于竞争的型态。

我们来谈谈教育附加值的问题。家长把孩子送到幼儿园，目的是让孩子得到悉心照料的同时，接受良好的素质教育。但是，孩子在幼儿园得到的远不止这些。比如，孩子在参加“保护蛋宝宝”活动中，懂得了感恩；家长在参加“爸爸沙龙”活动中，感受到父爱的伟大与重要；“爸爸妈妈进课堂”活动中，家长朋友深切感受到幼儿教师的辛苦与不易，同时也发挥自己的职业优势，实实在在地拓展孩子们的视野。这些活动，都是具有独特创意和丰富内涵的，都是家长所不曾想到的。

这些未曾想到的、未曾要求的、未曾期许的，突然送到你的面前，让你看到的比你想象到的更美好，是不是给你一种惊喜，是不是让你大呼物超所值，是不是让你更加坚定了自己的选择？如果是，那这就是教育的附加值，也就是我们应该研究和追求的。

3.“木桶效应”——抓“短板”，助推整体力量增强

一只水桶想盛满水，必须每块木板都一样平齐且无破损，如果这只桶的木板中有一块不齐或者某块木板下面有破洞，这只桶就无法盛满水。一只水桶能盛多少水，并不取决于最长的那块木板，而是取决于最短的那块木板。这个理论被称为“木桶效应”，也可称为短板效应。一个水桶无论有多高，它盛水的高度取决于其中最短的那块木板。

木桶效应给我们的启示是，一个团队的整体力量如何，往往并不取决于能力最强的那个人，而是取决于能力最弱的那个人。因此，应该重视团队中的每一位成员。一个团队就如同一只木桶，对一个完整的木桶来说，每一块木板都是重要的，既要重视“长板”的标杆作用，也要提放“短板”的拖累

效应。如果你所处的团队中，也有一块“短板”，千万不要忽视他的存在，而应该采取相应的措施，帮助其进步和成长。

那么，如何帮助“短板”取得进步，得到成长呢？以下几种方法供参考：

（1）让“短板”正视其短。人的能力不可能完全一样，也不会一成不变。所以，无论是“短板”本身，还是其他人，都不能用一成不变的眼光看待暂时落后的“短板”。“短板”需要正视自己的短处，看到自己与他人的差距，承认这个差距，用正确的心态来看待这个事情。然后，进行适当的自我激励，以实际行动来取得进步。而作为团队的一员，也应该对“短板”进行客观的评价，并多用肯定、赞赏的方式对其进行激励，使“短板”慢慢变长，从而提高团队的总体实力。

（2）让“短板”发挥所长。不管是怎样平凡的一个人，都有其长处。在团队中，不能把“长板”和“短板”简单地对立起来，而应在团队合作的时候，将人员进行科学配置，发挥每个团队成员最大的作用。

（3）避免隐患。不能让“长板”有优越感而得意忘形。要让他知道，领先和落后都是暂时的，今天不进取，明天就可能落后于人。所以，“长板”要时刻保持进取的步伐，避免自己有朝一日沦为“短板”。

为此，我们从两个方面进行了运用。

第一，木桶效应在教师团队塑造方面的应用。

在幼儿园的管理中，木桶理论一方面可以应用于教师专业成长的培养上。新手教师往往会在团队中处于“短板”的境地。在日常的教研或者保研活动中，新手教师由于经验不足，对工作驾驭能力有限，往往在工作上力不从心。因此，幼儿园对教师的培训应该是分层分类地培训。对新手教师这个群体，要根据其成长的阶段和特点，安排适合他的培训，经常给他一些平台让他感受阶段性的成功。例如，公开课展示，让他看到自己的点滴进步，从而树立信心；让他感受到团队的温暖和对自己的支持和帮助。

对于老教师，特别是骨干教师，也就是“长板”，首先，要认识到这个群体是师资队伍中创新和引领的力量；其次，要通过多种渠道，树立其威信；比如，借助于幼儿园的宣传媒介，将骨干教师爱岗敬业、勤勉实干、乐于奉献的事迹，进行总结和传播，让他们对幼教事业的热爱和忠心成为一颗种子，感染所有教师的内心，在园所内形成一种执着于幼教事业的正能量。再次，要帮助他们实现可持续发展。一方面要给骨干教师加担子，发挥其中坚力量。比如，通过师徒帮带活动，让骨干教师带几个“徒弟”，在日常工作中给予及时的帮助和指导，最终以对徒弟进步的考量，来考核骨干教师的帮带成效。另一方面，要对骨干教师提出高标准和严要求——从教育型向专家型转变、从经验型向创新型转变，激励他们不断进取，从一个成功走向另一个成功。

第二，木桶效应在集团化办园方面的应用。

银座幼教目前拥有基地园21所，全国联盟园180余所，是集团化连锁办园的典范。在规模发展的过程中，木桶效应也有着许多的启示。

在规模战略中，如果“只低头拉车，不抬头看路”盲目扩大规模，也许是一种愚蠢的做法。而我们在关注规模发展的同时，如果借鉴了“木桶效应”——想让全国不同省份、不同层次的幼儿园都得到发展，不但要关注高品质的幼儿园，更要重点关注那些目前有困难、有问题的幼儿园。也恰恰是因为有问题幼儿园的迅速发展，才会带给我们规模发展的影响力。只有真正做大规模了，二次市场的产业链才有开发生产的意义与价值，效益也就水到渠成。

在实际应用中，对于银座幼教的180余所手拉手联盟园的管理，除了运用“目标化、流程化、标准化”的“三化管理”之外，还通过分析联盟园的加盟率、视频上线率、产品订购率等各项数据，考量其是否在跟着集团一起走的过程中有困难，有何种实际问题亟待发现和解决。发现了这样的园所之后，也就是发现了“手拉手联盟”的短板园所，立即通过专家下园现场指导，指出问题所在和解决方案。专家下园有《下园指导十到位》以及《服务流程标准化》等手册，保障短板园所接受的每一次指导和帮助都有效与有序。

4.“破窗理论”——激发团队呵护“爱文化”的心理

一个房子如果窗户破了，没有人去修补，隔不久，其他的窗户也会莫名其妙地被人打破。在一个装修豪华、窗明几净的高档酒店里，即使是想随地扔烟头的人，也会想办法找到烟灰缸。这分别是破窗理论的“落井下石”和“众星捧月”的两个侧面。

（1）品牌公信力的维护，首先要高度关注“第一扇破窗”。

公信，应该就是“公众信任”。“公信度”，就是社会公众对某种特定事物或者现象的信任程度；“公信力”是使公众信任的力量。破窗理论反映的是公众群体行动的逻辑。公信力的流失往往是从不经意的小事开始的。“第一扇破窗”常常是“公信力”丧失的起点。

公信力丧失容易建立难，要像保护眼睛一样保护它。古代有“狼来了”的寓言和“烽火戏诸侯”的悲剧，现在有奶制品业的三聚氰胺事件，以及红十字会接连出现的“郭美美”“强制捐款”和“被自愿”等等事件，这就是我们身边发生的公信力逐步丧失的案例。有人把公信力比作窗户纸，捅破了容易，修复难；有人把公信力比作“易碎品”，打碎了就粘不到一起了。公信力的提高是一个长久的积累过程，而失去则很快，要想挽回，必然要付出沉重的代价。诚信是关键！公信力要“建设”，更重要的是不“毁坏”，公信力不是可有可无的，更不是说来就来的。因此，套用一句常用的话：像保护眼睛一样保护公信力！

必须高度警觉那些看起来是偶然的、个别的、轻微的“过错”，及时去纠正和挽回，若是不闻不问、熟视无睹、反应迟钝或纠正不力，就会纵容更多的人“去打烂更多的窗户玻璃”，就极有可能演变成“千里之堤，溃于蚁穴”的恶果。

在幼儿园的管理中，既要关注家长的小意见，更要关注媒体的声音。对涨费、幼儿安全以及师德问题等极为敏感的话题，要有媒体应对预案和相应的处理程序。对媒体做好及时的安抚和公关，谨防因小失大。

(2) 塑造美好的园所文化，激发团队的“护花心理”。

破窗理论说的是环境具有强烈的暗示性和诱导性。除了第一点所阐述的“墙倒众人推”一面之外，还有另一面，就是美好的事物，众人都不忍心去做一个破坏者。这里也有一个对应的效应，那就是“护花原理”。

“护花原理”是心理学家威尔逊所讲到的。在威尔逊生活的那个城市里，有一座公共花园，每当春天繁花盛开的时候，都会有大批的游客来此驻足欣赏。然而，让人生气的是，游客中总是会有一些不自觉的摘花者，为此，公园的管理者在公园里立了许多的牌子，上面写着诸如“摘花可耻”“禁止折花”“摘了花朵，丢了修养”等类似的警示标语，然而，人们似乎对这样的牌子视若无睹，花朵还是继续被摘下了许多。后来，公园的管理者就找到了心理学家威尔逊，向他诉说了苦衷。威尔逊说：“我们何不转换一个角度来提醒人们呢?”于是，他亲手为公园写了一些警示标语，如：“花朵的自然之美，正是你心灵之美的映射”“你欣赏花的美丽，花欣赏你的高贵”“你给花朵一个花期，花朵给你一份赞美”“把花朵留在枝头，让美丽留在心灵”“上帝是花之美的缔造者，你是花之美的保护者”等。公园的管理者用这些诗一样优美动人的警示语换下了以前的牌子，奇迹般地，这个公园里的情况真的发生了变化，折花的人很快减少了，美丽的花朵在公园里安全地竞相开放。

威尔逊对这一现象的解释是：“花园的美丽，需要人们用心灵的美丽来保护和保持，同样，你欣赏了他人品格的美丽与高贵，他自然就会付之以等价的行为来回报你的欣赏。”这就是著名的“护花原理”。不难看出，“破窗理论”强调的是从外在的环境影响人，“护花原理”则强调的是从内在的心灵感化人，将这两者结合起来，一定能够达到外在美与内在美的和谐统一。

银座幼教的园所文化是“爱文化”。“爱文化”是幼儿园的灵魂，是滋养所有教师内心的“甘露”，是神圣而不可侵犯的。如果管理者对幼儿园园所文化的灌输是生硬的、强制的，以规章制度式地说，“你必须怎样怎样”“禁止怎样怎样”，必然会让教师在心理上产生抵触。相反，管理者多考虑如何让“外化”转换为“内化”，由“他律”转化为“自律”，以信任和欣赏的眼光去看待教师，那么他们必然会自发地呵护这朵“园所文化之花”。

银座幼教对“爱文化”的塑造是通过各项团队活动来实现的：“三八妇女节”的温情关怀、“五四青年节”的青春激情、“母亲节”的温馨感恩、“教师节”的价值观引领、“圣诞节”的守护彼此……每个活动都感人至深，体现出团队的温暖与幸福，真正让“爱文化”做到有情有声，潜移默化地滋润了教师的心灵。这样美好的园所文化，这样一份值得珍惜和呵护的情感，又有谁愿意去破坏呢?

“护窗”和“护花”都是一种思想，关键看管理者如何去播种这样的一颗种子，让它发芽成一个行动，进而成长成一种习惯，最终开出一种“文化之花”。

实际上，在幼儿园管理中，还有许多可应用的效应，如应用“煮蛙效应”——增强危机管理意识与危机处理能力，应用“鲶鱼效应”驱动和谐团队前进的内在张力，应用“责任稀释定律”将责任层层分解到人，应用“踢猫效应”引导教职员工学会情绪管理，应用“南风效应”让“爱”与“尊重”走进教师内心等等，都有各自独特的教育管理价值。

五、"三一体系"的价值与应用——让宏观战略落地

1."三一体系"产生的背景

2013年，幼教集团提出了"三圆一通"的发展战略。本战略作为集团"品牌战略升级"的一个阶段性具体分化目标，很明显，品牌打造让品牌升级成为核心任务。那么，在这样一个阶段就要围绕品牌优化、品质优异、品位高端来下工夫。无论从形象、内涵、境界、素养、成果都要超越过去的标准，以此让大家的大脑动起来，行动快起来。此战略主要是通过品牌战略的分化来激活大家对宏观战略的创新型运用，通过扩散性思维，深化管理行为，使分化目标自然形成，让战略更具操作性。

"品牌战略"的目的是为了全面升级，而升级的抓手就要依靠"品牌战略"的实施。"三圆一通"战略必须要依靠"品牌战略"这个分化次战略来升级。作为管理者，给自己留有空间，那便是"阶段性"。

如果追踪了阶段性，并尽可能地利用目标的分化去缩短时间的话，就等于提高了效率与效益。并且，在提高效率与效益的同时，可以不断再次调整品牌战略阶段性升级的目标，促使让"品牌战略的阶段升级"成为我们不断攀登上一个又一个新台阶的措施——不同阶段不同的升级目标，收到不同的效果。这是我们自身控制阶段性的一个强有力的措施。品牌战略的分化越细就越容易把控。

在这样一个时刻，赵春梅董事长提出了建立"三一体系"的指导思想，以使让"三圆一通"战略通过"三一体系"进入每个人的内心深处，使战略落地生根，缩短阶段性限期，提高效率，帮助每个微观战略更加细化。

2."三一体系"的全面运用

(1）层层制定"三一体系"实施方案。

当"三一体系"确立后，集团从总园长到分园园长，再到每一个中心、部室，甚至每一位老师，都根据集团的宏观战略，来制定自己的"三一体系"，以使自己的工作不仅有方向，更有抓手。

办好一所幼儿园的关键在园长，当好幼儿园的园长关键在管理，管理的好坏关键取决于素质的高低，所以说园长素质是有效做好幼儿园管理工作的前提条件。

基于这样的一个基点，园长管理中心从园长自身成长和幼儿园管理出发，分别制定了“三强一保（即：强学习、强素养、强执行、保提升）”和“三抓一促（即：抓师德建设、抓管理规范、抓队伍成长、促品牌升级）”两个“三一体系”。如下图所示。

围绕园长自身成长形成的“三一体系”框架

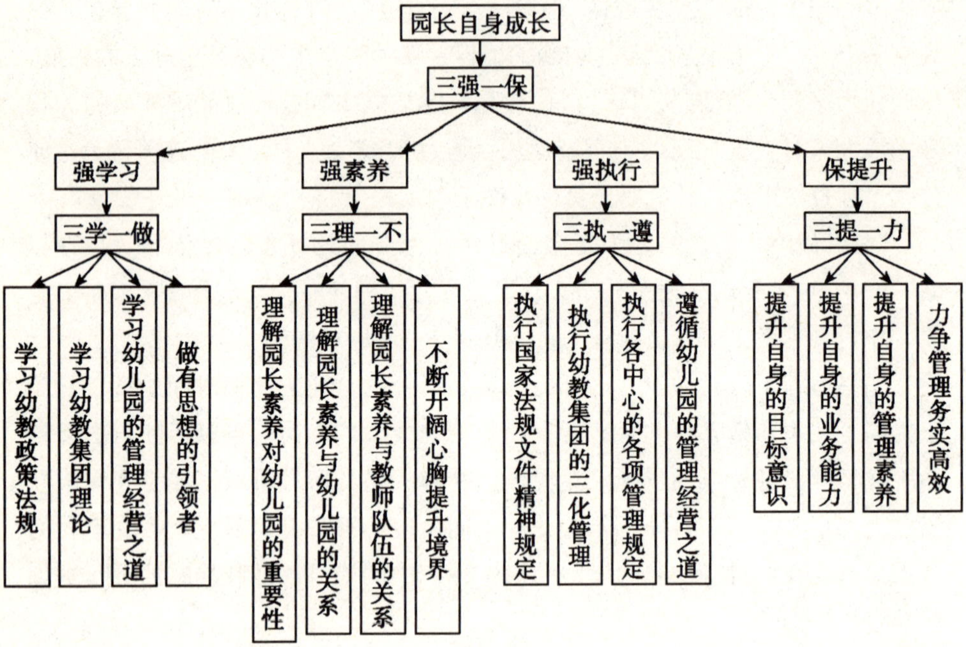

围绕幼儿园管理形成的“三一体系”框架

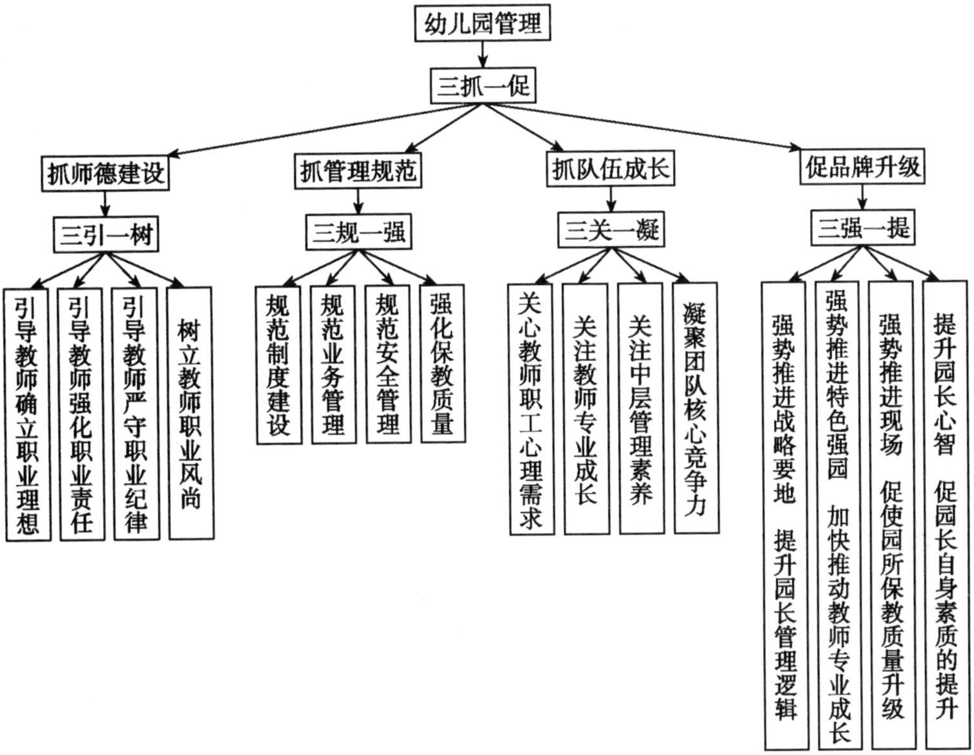

幼儿园管理中的“三抓一促”，园长管理中心旨在抛砖引玉，使各个幼儿园在制定“三一体系”时更有抓手，接下来，由各个幼儿园来制定具体的实施措施，园长管理中心为园长们做好支持。

以下是周村园的“三一体系”图，这个图中的所有内容，通过园长、主任、老师等根据自己部门的职责，制定详细的“三一体系”实施方案，并一一落实。

周村园“三一体系”图表

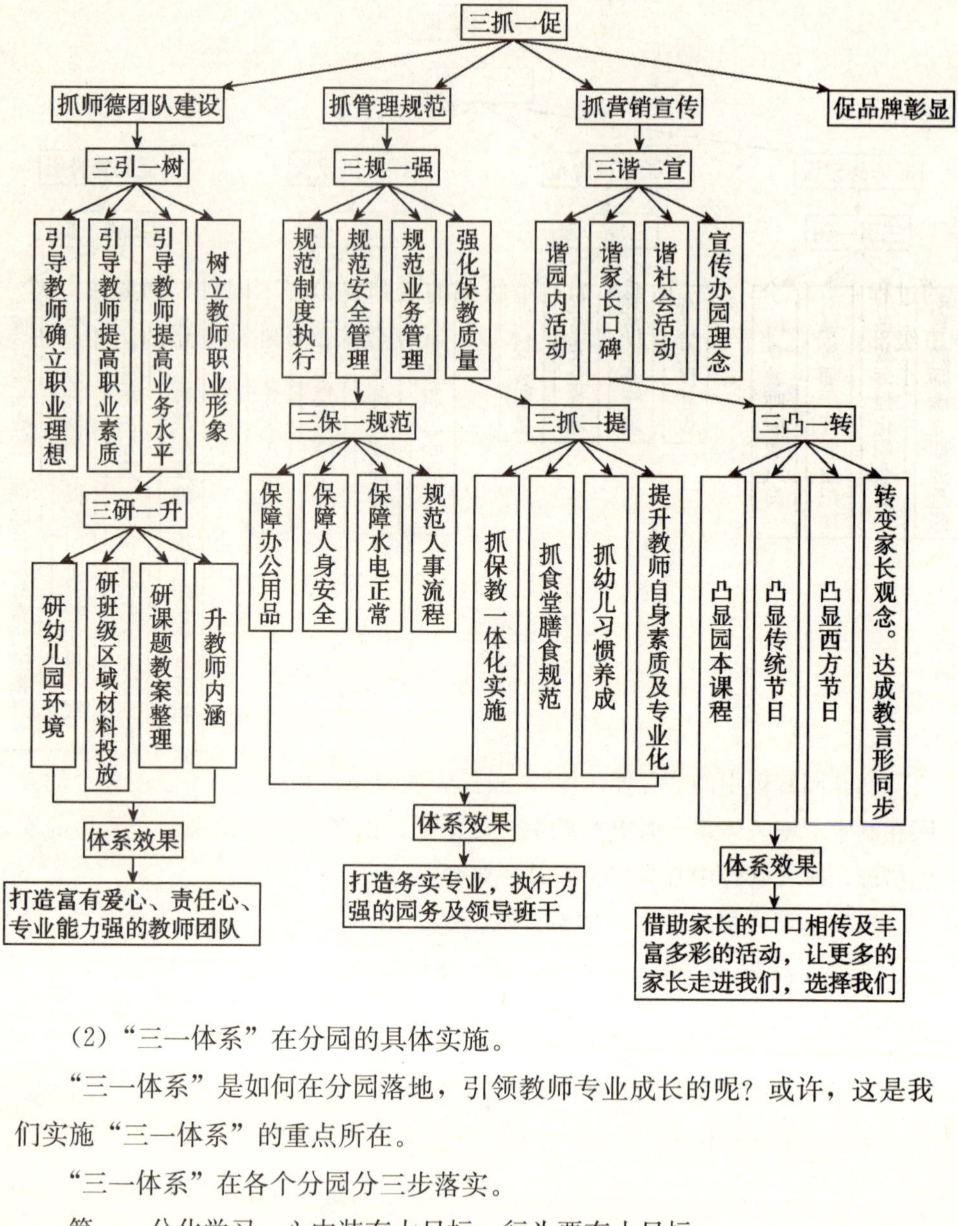

（2）“三一体系”在分园的具体实施。

“三一体系”是如何在分园落地，引领教师专业成长的呢？或许，这是我们实施“三一体系”的重点所在。

“三一体系”在各个分园分三步落实。

第一，分化学习：心中装有大目标，行为要有小目标。

各分园在学习掌握领会“三一体系”的基础上，对老师进行培训学习，在老师了解了“三一体系”的指导思想、产生的背景后，进一步明确“三一体系”旨在让每一个人清楚地明白每一学期，每一个月，每一周该围绕着什么来做。当然“三一体系”并不是教条的、一成不变的，可以灵活地变通，同样的“三”可以有不同的研究方法。接下来，层层（园长—主任—班主任—教研组长—教师个人）制定适宜的“三一体系”。

第二，落地生根：系统梳理工作的能力在不断提升。

“三一体系”方案层层确定后，各分园及时根据教育教学、管理工作的需要进行跟进督导。比如，临沂园教研主任郭黎黎在跟进英语组教师专业成长的过程中，结合“三一体系”为三个级部的老师提出了不同目标和要求。大班级部：研究差异教育在课堂中的体现；研究音乐律动在课堂中的运用；研究课程设计与目标的相对应。旨在提升让幼儿主动输出的能力，养成英语语言的默契。中班：研究单数复数的教授；研究教具如何巧妙地为目标服务；研究律动在课堂当中的灵活运用；提升专业的英文口语，避免中国式英语。小班：研究情景教学的连贯性；研究新授单词如何教授发音；研究经典游戏的创新使用；提升教师的表演能力，好老师也是好演员。

第三，开花结果：启迪思维，激发创造性。

通过“三一体系”的实施，大家的思路更清晰，思维更缜密，每个人自觉地把教育理念物化为自己的教育行为、工作的积极性和创造性都有了极大的提高。“三一体系”就像心中的一条线牵引着每一个小目标向我们的大目标迈进。

比如，年轻的袁老师：结合自身的发展目标，为自己制定了“三修一融”的“三一体系”，“三修”是修行、修省、修正，“融”就是融合。并以此制定了4个目标：

①修养德行——做让家长满意，孩子喜欢，领导认可，同事信任的好老师。

②修身反省——反思自己的教育言行，反观自己的经历和过往，反省自己的为人处世，重新定位，做最好的自己。

③遵行正道——改正自己的工作态度，变被动为主动；改进自己的工作方法，提高工作效率，打造自己的特色。

④融合吸收，加强学习，多做总结，提升经验和能力。

这些目标的达成，需通过以下实施措施和过程。

第一，以“文本”为抓手，在“写”的过程中提高自身专业素养。在这个过程中，她不仅认真地精读高美霞老师的《爬上豆蔓看自己》、应彩云老师的《孩子是天，我是云》、窦桂梅老师的《回到教育的原点》等等。此外，她还要求自己养成写随笔的习惯，记录工作中的点滴，以提高自身的专业素养。

第二，以“创新”为新起点，推动自身教学水平的提升。

对于新老师而言，模仿优秀教师的优质教学活动，可以吸收到好的经验，但也容易形成“懒惰”的教学习惯，让很多的教师失去了许多独立思考和大胆尝试的机会。而袁老师却在不断的学习中，深深地理解了应彩云老师对新老师们的建议：真正有效的模仿，是建立在既“知其然”又“知其所以然”的基础之上的。她开始慢慢脱离“模仿”的阶段，进入自己“创新和设计”的阶段，并对“教学活动设计的层次性”“教学中处理问题的灵活性”“回应幼儿的有效性”等问题进行思考，在不断的尝试中，打造属于自己的教学风格。

第三，以“教研”为平台，砺练自己的能力。

作为幼教组副组长的她，组织和参与教研活动是每周的常规工作，有主持或分享的任务她都积极承担，以此来锻炼自己，使自己在表达的时候能更清晰流畅，有条理和有重点。每次的教研主持和分享，她都会认真准备、积极分享，在倾力付出中收获着。

第四，以“阅读”为补充，滋养自己的心田。

《爱弥儿》《童年的秘密》《卡尔·威特的教育》《给教师的建议》《爱和自由》这些经典的书籍，都是她的枕边书，它们成了她的良师益友。现在的她也从懒散的自由阅读转向专业化的意志阅读。从书中获得的正能量，激励和鼓舞着她在教育的道路上走得更加从容、坚定！

在谈到“三一体系”实施的感悟时，袁老师说：“‘三一体系’在工作中成为了我最好的督导和鞭策，比起工作计划，‘三一体系’更能从内涵和源头上给予我动力，像一封自己为自己制定下的契约，更像自己对教育事业许下的承诺！”

周村园教研室主任吕璇的“三一体系”是“三研一升”，即：研幼儿园主题环境、研班级区域材料投放的有效性、研课程主题的实施。通过实行后，她说：建立“三一体系”的工作思路，让我的工作有了阶段性的细化目标，提高了效率。

比如：在开展区域研究这一点上，我采用了倒着想的方法，如果最终要达到“区域是孩子的乐园，老师成长的抓手”，那么我们就应该先达到“创设出丰富的区域、孩子能充分自主地进区域活动，以及老师能够合理地进行区域指导”的目标，如果要达到这样的效果，我们首先得通过学习、研究从最基本的区域创设开始，这样一步一步地开展区域研究。

其实在这个过程中，每一个阶段的工作都应细化到可以落地的具体目标和措施，比如第一个阶段属于模仿阶段，通过参观学习，拉出区域的原始框架。第二阶段通过培训学习，借助参考资料丰富区域内涵，提高教师自身对区域材料的研究水平，如：同一种材料的投放，针对不同的年龄段，层次和要求是不一样的。比如在投放即时装饰瓶子的工作时，小小班不适合用碎即时贴来装饰，可以换成其他的装饰材料，小、中班的幼儿在投放的时候，老师可以把即时贴撕成小块，撕出来的即时贴格外好抠，可以让孩子们顺利地操作，大班的幼儿就可以投放用剪刀剪碎的即时贴，这稍有些难度，但以此可锻炼他们解决问题和动手的能力……类似这样的问题，在老师们的集体学习和教研过程中逐渐得到解决和达成共识。第三阶段，就是让投放的材料散发生命力，只有充分保证孩子进区域活动，老师们才能发现哪些材料是孩子们真正喜欢的，哪些是需要及时调整的。

这三阶段工作的开展，目标明确，任务清晰，通过阶段性的成果展示，老师们相互竞争、相互学习、共同提升，从而达到最终要的效果：“区域是孩子的乐园，老师成长的抓手”。

通过“三一体系”的实施，我们深深地感到：“三圆一通”战略通过“三一体系”不仅进入了每个人的内心深处，还能真正或者说更好地达到“让品牌阶段性升级”的作用。

第三节　制度与流程植根于行动实践

一、制度与流程植根于行动实践的思考

在幼教集团规模化快速发展的过程中，要确保“让爱更多一点”的核心

办园理念、“办中国式幼儿园”的事业目标，以及以“创造性思维发展整合课程”为实施载体的幼儿素质教育能在各个分园不折不扣地落实，我们就需要研发一个强大的、能有效统一各分园保教行为和管理行为的系统管理工具，以使制度与流程植根于行动实践。

现代幼儿园的制度建设，已从过去的系列化制度建设转到目标化制度建设中来。维护园所发展的秩序稳定，保持园内公平公正的激励竞争，提高园所的管理效率，是现代制度追求的目的。

二、制度与流程植根于行动实践的具体实施

制度与流程的建立必须植根于行动实践才有其价值意义，这也是管理规范到位的抓手所在。幼教集团以“尊重与信任构建单位文化，以科学有力的评价奖惩引导教师共同价值观”的管理行为为准绳。自成立以来，各分园就实行集团总部领导下的幼儿园“四制”管理（即园长负责制、教师聘任制、岗位责任制、结构工资制），并通过严格的组织机构将责任、权力、考核，从园长落实到每一个人。经过十几年的不断完善，幼教集团逐步形成了《山东银座·英才幼教集团宏观调控制度》手册。同时，在此基础上完善了教研、保研、行政管理等60余项流程（流程化中已经呈现，不再赘述）。

再全面的制度，如果束之高阁，也形同虚设；再多的流程，如果不能操作，也如同废纸一堆。公平、公正，人文、有效，可复制、易操作，是我们幼教集团在制度与流程文化建设中一直追求的原则。因为只有这样，才能便于落实，并形成良好的文化氛围。为此，我们本着“制度与流程植根于行动实践”这样一个原则，跟进了制度与流程的全面落实，在这个过程中，不断地完善管理的行为和方法，以使大家在遵守制度与流程的同时，成长得更加健康和快速！

1. 跟进培训，注重实操，让制度与流程铭记在心

培训对于教师的成长来说，应该是一个有力的抓手，但是如果培训单一，便不能达到想要的结果，为此，在制度与流程的培训中，我们也采取了很多的方式，以增强其实效性。

（1）集中培训——新教师上岗前的拉网式理论性培训。

由于集团的快速发展，每年都会有新教师的加入。新教师经过“面试

——初试——复试”通过后则进入“新教师岗前培训”，本次培训，集团各级领导会对新教师进行系统的“各项基本制度与各类流程理论与实操性”培训，以便让新教师在上岗前就了解集团各项规章制度及工作流程，以便尽快地熟悉本职工作，并做好各项基本工作。

（2）提高性培训——分层次的阶段性培训。

各分园会根据本园教师对流程的掌握情况，对教师进行不同层次的阶段性的培训。这类培训旨在让不同层级的老师在原有的基础上都得到提高。比如，新教师基本流程的实用性再培训，以使教师能更加熟练地运用各流程，从而提高工作的质量；老教师对不同的流程进行深挖，如在幼儿习惯的养成、情感培养、性格塑造等方面进行深挖，以求使各项流程做得更细更全面的同时，做得更专业。

（3）实操性培训——现场观摩与实际操作相结合。

这类培训是通过现场观摩流程的实际操作后，被培训者按照流程的要求，实际进行操作，大家对其实操进行评价，以使其培训达到更好的效果。这类培训各个分园利用得比较多，大都由园长、主任或是老教师根据本园教师的薄弱环节而进行培训，这类培训，有针对性强、直观性强、易操作等特点，所以，效果也好。

（4）以赛代培——多形式的技能交流比赛。

为了使保教流程的各个环节做得更加到位，集团或是各个分园经常会开展“以赛代培”的活动。比如：削水果、叠被子、刷口杯等各类技能的交流、比赛。这类培训，要求高，范围大，通常到了集团这一级的比赛是经过了层层筛选后选拔出来的，所以，各个分园为了能选到更好的选手，日常练兵还是非常重要的，为此，真正的比赛是为了日常训练基本功，结果并不重要，重要的是促进了整个团队基本功的掌握。

（5）多元学习——加大流程学习力度，让流程成为行为自觉。

各个分园的各个教研组，开展多种形式的流程学习活动。如情景模拟、问卷、提问等形式。全园开展《流程重复的价值》的交流讨论会，并结合教师工作实践，开展《流程伴我行》有奖征文活动；在学期初进行流程观摩评比等各项活动。

2. 注重现场，及时督导，让制度与流程成为自觉

一个单位的制度与流程要想形成文化自觉，需要一个过程。或许，大家经过培训，会把制度或是各项流程背得滚瓜烂熟，但是，实际运用起来真的不是那么容易，为此，跟进现场，及时督导便是最好的方法。

督导的形式一般采用定期与随机两种形式：

定期督导：主要是各个中心根据各自计划的安排进行的督导，也有集团各个中心联合起来进行的督导。比如：集团总部各个中心，对各个分园的各项规章制度与流程落实情况，进行定期的检查、督导、考核。还有每一个中心针对各自中心对应的岗位职责及流程，都会对各个分园进行有针对性的、全面的督导、检查、考评。在督导中，各中心会及时地对每一个分园“制度和流程”的执行情况，进行及时的总结、反馈，并提出更高的要求。在反复督导的基础上，保障制度和流程落地，并使其成为大家自觉的行为。

随机督导：主要是集团总部或是各个分园，根据不同的时期、工作的侧重点不同而进行的督导。比如：新学期开始，为了使新的学期有一个良好的开端，为今后的各项规定和流程到位打下坚实的基础，所以，从新生入园开始，我们集团总部各中心人员会在各个分园进行全面的督导，各分园的园务班子，这一时期也会在各个班级中巡班督导，以使各项流程得到落实。还有，各个中心，还会不定期地联合起来，随机地对午睡、入园、离园、户外活动、加餐、区域活动、教育活动等某个环节，进行不定期的随机督导。

3. 跟进到位，执行有方，让制度与流程层层落实

相信每一个幼儿园都会有很多的规章制度，但是制度能否得到不折不扣的落实或是执行，很多的时候，却是个问题。

这里和大家分享一个《头花的故事》，希望能给予大家一点新的思路。

在教师的行为礼仪中，要求教师将头发盘起。为此，集团为每个分园定制了带网的统一头花。戴上头花就可以了，这似乎是一件简单得不能再简单

的事了，而很多年轻的老师觉得戴上头花不如扎马尾精神，戴上头花显得老气等等。

面对这个问题，幼儿园的管理者在思考：头花是形象，统一形象是一种工作的要求，必须执行！戴头花是制度，严格执行是一种工作的态度，必须推行！

头花发下去，大多数老师自然自觉地戴上了，但“我忘了”“没来得及”“在家里呢”等也成了接下来的借口。但是，大家并没有为此放弃，而是借助强调、跟进检查来执行，并坚持没有任何理由可以不戴头花！

接下来全园园务人员都在行动，并带头佩戴，严格要求自己，前前后后用了一个月的时间，从一天有三个没戴到两个到一个再到一个也没有，达到了统一形象的目的。

很多的时候，我们不是缺乏执行的标准，而是缺少坚持做好的决心！

再比如：安全工作是幼儿园工作的重中之重，如何更好地落实好集团的安全管理制度，确保幼儿的安全，是每一位分园园长尤为重视的。本着“安全工作防范在先”的原则，各分园园长从“职责细化入手，层层跟进落实”。

（1）安全责任书层层签订——各层级签订安全责任书、与新生家长签订安全责任书。

（2）安全计划层层制定——制定全园和班级安全工作计划，发挥教师主观能动性，从要我做到我要做，切实做好教师安全防护与幼儿的安全教育工作。

（3）安全工作层层落实——

对于行政部门：严格执行幼儿园的安全排查制度，做到安全排查工作跟进，管理力度强度增强。

对于教师：严格执行《幼儿园的安全教育制度》，做到时时刻刻讲安全，安全意识记心间。

对于幼儿：严格执行《幼儿生活安全教育制度》，做到多听老师教导，多读安全故事，多看安全常识。

对于家长：严格遵守《家长安全工作职责》，做到积极主动配合，严格按要求执行。

总之，跟进到位，执行有方，是制度与流程层层落实的保障。

4. 细化考核，重视评价，让制度与流程切实落地

考核评价的公平、公正，是单位文化的良好体现，更是激发教职员工热情的关键所在，为此，做好考核评价也是我们尤为关注的。

(1) 细化考核，公开、透明。

对于集团的考核细则，都会要求各分园园务会认真学习、领会，并做到认真执行。为此，每一所分园的各个部门都会认真地履行各自的职责，并要求各个部门逐一制定出本部门的考核表，每天去班级有针对性地进行检查；考核，于每周例会进行全园公布，促进教师或班级找对标，找不足，使班级各项工作有序开展。

潍坊园还在此基础上，为了"全面带动、正面激励，促进团队整体发展"，制定了"六公开，五公布"管理措施（如下表），以使管理更加公开、透明，为考核评价提供了有力的抓手，使其更具有针对性、合理性。

"六公开、五分布"管理表

周　期	内容	责任人
"六公开" 每周一例会	公开常规文案书写情况	教研室
	公开卫生常规情况、安全情况	保研室、办公室
	公开英文口语输出情况	园长、教研室、英语组
	公开各班一周服药幼儿情况	保研室
	公开各班户外活动质量	保研室、体育工作室
"五公布" 每月底	公布班级环境布置先进班	教研室
	公布英语模范班	园长、教研室、英语组
	公布出勤状元班（教师、幼儿）	保研室
	公布卫生红旗示范班	保研室

(2) 关注评价，注重合理。

评价不要评比。注重评价的合理化是每一位管理者追求的目标。但是，我们必须清楚地看到，要评价不要评比。比如，我们经常会看到各个幼儿园在对开展的某项活动而定的计划中，评价的点是：

◇教师对各项活动的热情度及在各项活动中的行为表现。

◇看幼儿的参与度，与之相关的行为、习惯是否得以很好的养成。

◇看家长对活动的满意度。

从这样的描述中，我们可以看到是评价而很少有评比的成分，为什么要这样呢?

原因有二：一是评价是针对某一个人遵守规章的评价、获得成就的评价、综合素质的评价，是单一的、个性化的评价；二是评比是几个人或者几十个人相互之间比较后的综合结果，是共性中的评比。实在地说，我们的管理中应当关注的是每一位职工的自身发展的速度、经验积累的程度和自身研修的深度，而不是与其他人比较后的差距。因此，评价应是粗线条的、有灵活空间的评价，而不仅仅是死板的条条框框。它必须有利于保护所有人的工作热情与创造激情。

为此，我们也经常安排关于“幼儿园如何做好教职工的评价”“园长刚性管理和柔性管理”等的案例谈论，更好地把握各项考核的到位，促进园所管理的规范，提升园长的管理技巧。

三、制度与流程植根于行动实践的作用

幼教集团的制度与流程细化，可谓纵横交错，覆盖面广，几乎与每一位教职员工都息息相关。那么，这么多的制度流程，我们下了这么大的气力来推进，到底有哪些作用呢?

我想来自一线实际操作的不同层面的反馈更具说服力，下面是不同层面的教师、中层管理者、分园园长对于集团制度与流程管理实施的反馈和感悟：

1. 不同层面的教师们认为——

(1) 流程是让工作思路更加明晰的标准。在每天繁忙的工作中，我们最需要的是清晰的工作思路，这样我们才能忙中有序，而流程的成立就像一个标杆帮助我们解决这一难题。无论教师的新老程度，大家在同一个流程标准中工作，效率和质量是双重保障。

(2) 流程是突破自我的法宝。当我们有了清晰的工作思路并有条不紊地进行工作的时候，对于教师来说，我们更想的是突破自我，让自己做得更好一些，我们会在平时的工作中寻求方法和经验，每位老师都像一位研究者，为了自己的进步去钻研。

(3) 流程是创新工作的基点。我们拥有了以上两点的基础，接下来我们的挑战就是创新，创新是经验和方法的积累加智慧的结合体，对于每位力求

上进的老师来说，当自己拥有了丰富的经验和得当的方法后，一定会驶向下一站的挑战。

在不停的创新与自我突破中，工作更有抓手，班级工作更得心应手。

2. 中层管理者认为——

“没有规矩不成方圆”，制度、流程是我们大家都要共同遵守的准则，用以指导、制约我们的行为，保障规范化的管理。作为中层，制度与流程在约束大家的过程中，对中层也是一种很好的约束，它对每一个行为起到了自觉的约束作用。流程更让我们在管理中找到了很好的抓手，在管理的过程中有了标准。制度对我们的行为起到制约的作用，对我们管理起到很好的调控作用，对园所文明建设起到保障作用，对幼儿园的管理起到“依法治园”的作用。

流程使我们的管理经验规范化、系统化、科学化。让流程成为幼儿园各部门之间建立统一性、相互监督的抓手，让标准的流程化提高我们的竞争力。

有了制度的保障，流程化的深入和细致，才能够提高幼儿园的品质，提高我们的品牌效应。

3. 分园园长感到——

制度与流程的规范和到位，不仅让各层级别的教师、员工、管理者找到了各自工作、研究的抓手，还保障了每一个幼儿园的管理品质。通过对“制度与流程文化”的研究，达到了“维护幼儿、教职工的合法权益，规范和修炼教职工的道德行为，鼓励和调动教职工的积极性，体现管理的有序和品质”的目的。这不仅为实现“以人为本”的管理打下了坚实的基础，还对“让爱更多一点”的核心价值观理念的深挖提供了有力的保障。

如果说制度让大家明白了自由中的规则，而流程则告诉大家如何将规则贯彻到底。应该说，制度和流程对于集团品质的保障起到了良好的作用。

在集团化管理实践中，我们感悟到，任何管理工具的开发和应用首先是规范管理，让做管理的人快捷上手、轻松上路，接着要让管理者在使用管理工具的过程中带领团队不断琢磨体悟管理工具自身所蕴涵的逻辑，并以此提升团队的逻辑思考力，最终达到打造高绩效团队的目的。有魅力的管理一定是系统的、有张力的，“制度与流程文化”的研究魅力就在于它能大大适应规模化发展的需求并能保障复制的品质。

如果说“制度和流程文化”的研究，对于集团的品质保障起到了良好的作用，那么，“教研—保研—家园共育研究的一体化结合”对于幼儿的身心健康和谐发展，又起到了什么作用呢？

第二章　厚德载物就要植根于“研”

——教研—保研—家园共育研究的一体化结合

效法“地道”就是要厚德载物，厚德载物是“人道”而非“地道”。厚与载是一个循序渐进的过程，“地道”是一个完美的追求。在很多时候，当我们对自己的“德”很自负时，恰恰已经离“地道”越来越远了。

孩子是有个体差异的，就如同地形有高低不平，土壤有肥沃贫瘠之分。农夫不会为了土壤贫瘠而不耕作，教师也不能为了幼儿个体差异的存在而放弃对其进行有针对性的教育，而要以厚德对待每一个孩子，无论是什么样的孩子都要给予无条件的包容和宽忍，以深厚的德泽育人利物，为孩子一生的学习兴趣与成功动力奠定坚实的基础，提高孩子的生活质量！这就是银座幼教人植根于幼儿未来发展通过“研究”而努力做到的。

“研”，一方面需要专业的能力，再者更是一种专业的态度。身在幼教领域却不懂得幼儿教育，人在江湖却不明了生态、世态和心态的关系，做人做事又谈何贡献呢?

在银座幼教，专业的人干专业的事，将“研”的态度和能力植根在了幼儿成长的方方面面。

教研——即教育研究，是在现代教育思想指导下，以教育理论为依据，用教育科学方法对学科教育领域的实践和理论进行有意识的探索活动。在幼教集团，教研是动力更是行动的指南，我们有面向教师专业技能、教育技能指导的细则、有针对孩子素质发展每个细节的指导、也有同理念下英汉两类的教研资源等等。

保研——这个将保育与健康研究相融合的概念，是新时期提出的新目标。围绕“健康”及幼儿身心和谐发展，以幼教集团健康管理中心为首，22位专业医务保健人员和二十余位保研主任共同组成了强大的卫生保健管理团队。每个分园设立专门的保研室（而不是保健室或卫生室），其定位就是保育研究。这意味着：

第一，医务保健人员的工作职责与要求必须体现专业性、权威性和创造性，在实际工作中研究幼儿卫生保健与其综合健康紧密结合的关系、实施方法和途径。

第二，进一步将健康概念扩大化，以儿童“生理健康、心理健康、社会性适应健康、道德健康”为新目标，将儿童的身心、学习、营养、运动、生长发育等诸多因素，以量化指标的形式进行展示、记录、分析和评价。

第三，贯彻保教结合是幼儿园教育遵循的原则，对幼儿实施体、智、德、美诸方面全面发展的教育，以幼儿健康发展为中心，科学规范管理、实施保教结合，以保为基础，保研主任带动教职工以保育研究为动力，全力推动保教并重、保教同步。

家园共育研究——当前，我们把目标转向教育好孩子、服务好家长的同时，先给家长“洗脑子”“纠行为”，让家庭与幼儿园达成真正的教育者同盟，即家长与幼儿园共同完成孩子的教育，在孩了的教育过程中并不是家庭抑或是幼儿园单方面地进行教育工作。《幼儿园教育指导纲要（试行）》中指出：“家庭是幼儿园重要的合作伙伴，应本着尊重、平等、合作的原则，争取家长的理解、支持和主动参与，并积极支持、帮助家长提高教育能力。”而幼儿园家长工作的出发点就在于充分利用家长资源，实现家园互动合作共育。

“教研、保研、家园共育研究的一体化结合”，所追求的就是教育资源的融合与共享，其凸显了幼儿园教育与其他教育的不同。

第一节　教研植根于研究幼儿

教研的根本目的，是解决教师理念、方法、实践以及教育智慧的问题，而这些，都应建立在教师对儿童的理解和研究基础上。因此，我们认为，教研要引导教师更深入地研究幼儿、了解幼儿，这是一个方向。

华师大李季媚老师曾经说过：幼儿有很多问题值得我们好好研究。比如，在对生活世界与知识世界的探究过程中，幼儿怎样获得体验？怎样产生思想？怎样进行探究？怎样形成自己的概念、行为习惯、生活态度？每个幼儿以怎样的过程在形成自我？这些都值得去关注、去研究。虽然我们看不到幼儿产生思想、形成概念的过程，但能看到他在思想作用下的行为，所以我们要努力通过他的行为、言语、作品了解他的思想。

一、体验式教研活动，注重研究幼儿的真实感受和情感体验

我们总说要重视幼儿的经验，但是我们总是把备教材、学科教学看得很重，这实际上是轻视幼儿的经验、不认同幼儿经验的意义的一种表现。这说明我们的观念还没有真正转变过来。有的教师看见幼儿的有些行为不去研究、解读，有的即使解读了也是误解幼儿，这就说明教师缺乏理解幼儿行为的意识与能力。不研究幼儿，就会导致教学不是以幼儿的“学”为中心，而是以“教”为中心，效果并不好。因此，园本教研应该引导教师去理解幼儿行为的意义、经验的意义。教师应该成为观察、记录、解读幼儿学习过程和发展过程的专家，而不能完全依赖教学。我们一定要将园本教研植根于研究幼儿，才可能谈得上怎么去教育幼儿，才可能谈得上我们的方法正确。

基于以上的思考，我们的教研活动更专注于研究幼儿，研究幼儿的学习，幼儿的游戏，幼儿的发展，研究幼儿的真实感受和情感体验。为此，我们组织老师们走进幼儿游戏的现场，走进幼儿活动的区域，将自己转变角色成为一名幼儿，亲自操作幼儿的游戏材料，体验幼儿的活动过程，从而深入地了解幼儿的学习特点和发展规律，以此给幼儿提供更适宜的支持和帮助。例如：围绕“建构区游戏”的有效开展，我们组织老师们进行了体验式系列大教研

活动，收到了很好的效果。

这次教研活动，我们仅集团范围内就组织了三次，在方案的形成过程中，我们从植根于研究幼儿的真实感受和情感体验出发，从教研目标的确定、活动的准备以及实施过程都做了认真的思考，最终形成了每一次教研的完整方案。每一次教研活动结束后，大家都会进行认真的总结反思，根据大家的反馈，来重新调整、完善下一次的活动方案，以使在层层递进的体验式大教研中，让老师们切实找到给幼儿提供更适宜的支持和帮助的方法。

记得朱家雄老师说过这样一句话：教师和教师一起教研，是萝卜烧萝卜；教师和专家一起教研，是萝卜烧肉。为了达到“萝卜烧肉”的味道，我们集团也聘请了各个专业的专家作为集团的顾问，给予指导和引领。连续三次的体验式大教研活动我们也特别邀请了山东省著名学前教育专家、山东女子学院的董旭花教授进行了全程参与，她每次都给予了专业的提升和引领，大家都深感受益匪浅。

以下是三次“建构游戏体验式系列教研活动”的实录。

第一次“建构游戏体验式教研活动”——亲身体验，感知游戏特点，激发创造意识。

在日常工作中我们发现：老师们对区域游戏活动的研究和思考不像对集体教学那样充分和细致，导致老师们在区域环境创设、活动材料投放以及幼儿游戏特点、教师有效指导等方面都存在很多困惑和问题。特别是建构区活动，容易出现幼儿随意游戏，缺乏计划和合作；或是教师干涉过多，限制幼儿自主创作等现象。这不仅不能充分体现建构游戏的培养价值，还从某些方面限制了孩子们的学习和发展。因此，我们迫切需要回归到教育的原点去思考区域、研究区域，真正关注幼儿的主体性发展和创造性思维的培养，以建构区域游戏为突破口，带动老师们的研究精神和创造意识。

基于老师们对建构游戏的了解比较浅显，对投放辅助材料和基本的搭建技能都存在许多困惑的现实情况下，我们制定了第一次教研活动的目标：

（1）加强教师对建构游戏的理解，掌握不同年龄段幼儿建构技能的特点；

（2）通过分组搭建掌握建构游戏的步骤和流程，亲身体验搭建的快乐，了解建构活动与幼儿能力发展的关系和独特性；

（3）提高老师对建构游戏活动的重视，改善本班级的建构区游戏环境。

教研活动前，我们把六个班级的建构区全部材料分别摆放在多功能厅六个不同的位置，老师分成六组，进行分组搭建。要想教师们能巧妙指导，我们的教师必须懂建构、会建构。为此，让老师们也当一次小孩，玩玩积木，搭搭楼房，通过角色换位，提高教师的建构专业技能，对建构游戏的价值有更深入的思考，为教师的后期游戏指导奠定基础。这种实践操练，让老师们明确了搭建前、中、后的目标要点，更能从孩子的角度出发重新诠释幼儿行为，体验和理解孩子在游戏中的一些想法与做法，提高教师的观察、分析、指导能力，也让老师们亲身感受建构游戏的快乐。

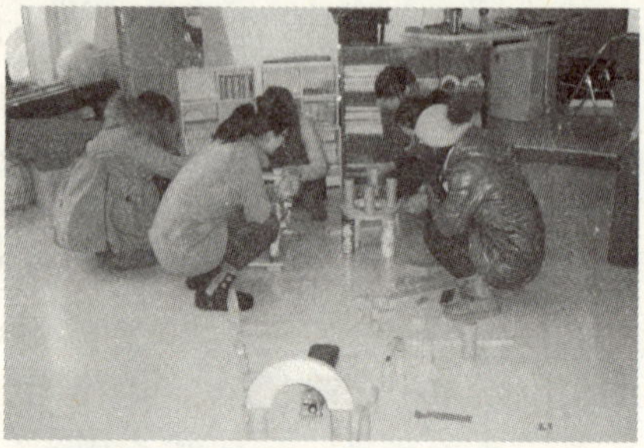

分组搭建的要求是，利用现有材料，在 30 分钟的时间内完成搭建。

经过 30 分钟的搭建，每组都呈现出了搭建的作品，接下来就是大家集中讨论、逐一分析，为每一组的搭建作品进行评价的环节了。每组派一名代表向大家解说：

（1）介绍作品主题是什么。

（2）你在搭建时，使用了什么建构技能？

参加教研的老师们为各组搭建的作品分出等级（A、B、C、D），并说明分出等级的原因和理由。在评价的过程中，引领教师学习如何分析建构作品，在开放的赏析中，老师们各抒己见、沟通见解、分享感悟。同时梳理总结了最为基本和常用的搭建技能，如平铺、垒高、围封和架空。这让老师们对孩子应该掌握什么样的搭建技能心中有数了。

董教授为每一个搭建作品进行了详细的解析，小结梳理了大家的发言，并结合一个A级的作品“立交桥”，总结搭建技能有哪些：

这组搭建的立交桥是三层的，有穿越、拐弯、直角、上下、隧道等，建构水平比较高。

在教师操作体验过后，抛出新问题，引发新思考：

◇不同年龄段幼儿具备怎样的搭建技能？

◇常见的搭建技能有哪些？

◇同样一种搭建技能能变化出多少种形式？

◇不同搭建技能综合运用的效果；

◇不同搭建技能适用于哪种建筑主题的搭建上？

◇各种搭建技能的难易程度对比。

带着问题，老师们继续探讨，在探讨的过程中，老师们更加明晰每一个建构技能难易程度的大小，每一个年龄阶段的孩子能掌握什么样的建构技能，同一种材料不同的摆放方式所产生的搭建效果怎样，适合运用在什么主题的搭建活动中，辅助的搭建材料还可以提供什么，这所有的问题和困惑，都在问题的探讨中迎刃而解了。老师进一步明了：建构活动与幼儿认知水平相关度非常高；建构活动是一种益智游戏。

在这个探讨的过程中，进一步明确了建构游戏活动的步骤：

◇小组讨论、确定主题；

◇搜集寻找资料，了解建筑风格建筑特点；

◇讨论构思建筑计划和方案；

◇分工协作，进行搭建；

◇作品完整呈现。

这是一个完整的建构游戏的流程，为老师们今后能有效地指导建构游戏提出了可参考的法则。

解决了这么多困惑，明晰了这么多技能，了解了这么多经验，是时候好好验证和应用一下了。第二次的分组搭建活动，为大家提供了平台。搭建的要求与第一次相同，利用现有材料，在30分钟的时间内完成搭建。

第二次搭建，老师们的思路明显清晰了，组员们都不忙着动手，而是凑在一起确定主题，明确了要搭建什么之后，开始找素材资料、分析设计、分工合作，搭建的过程中，老师们也很灵活地把刚学到的技能应用在搭建作品中。呈现出的作品明显比第一次搭建的水平高出很多。

作品呈现出来后，依然是为各组作品做出评价的环节。评价的形式有：

◇自我评价、同伴评价、专家点评。

老师们围绕主题、特色、搭建技能、材料使用、创新等方面进行了交流分享。老师们都深切地感受到，搭建作品的美观和创意都需要建构技能作支持，只有熟练掌握了各项搭建技能，才能得心应手地呈现搭建主题。建构游戏是实操性很强的活动，老师作为孩子们学习活动的支

持者、合作者和引导者，不能光靠语言引导，还要通过自己的言传身教去影响孩子们，这就需要老师们不断提高自身的建构专业技能，本次教研给了老师们“练手”的机会。

接下来，是讨论分享：

（1）经过两轮操作后，你对建构游戏的感受是什么？

（2）在建构游戏中，教师的作用大不大？体现在哪里？

经过以上问题的讨论分享，我们进行了整体总结。

（1）教师在幼儿建构游戏中的作用：游戏前——提供适宜丰富的材料，布置区域环境。游戏中——引导运用材料，帮助确立主题，引导分工。游戏后——点评赏析作品，帮助幼儿梳理提高。

（2）对建构游戏材料的认识：材料的主体是积木，插塑玩具不能代替。还需要辅助材料，如薯片桶、易拉罐、奶粉桶、硬纸板等。

（3）对建构游戏过程、建构游戏功能及建构游戏中创造性体现的认识：建构游戏是智力游戏，做的过程是思维发展的过程，也是很好的认知过程，建构技能更是综合能力的体现，老师应该重视建构游戏的开展，这里面也有孩子们创造性的体现，如主题如何呈现，材料的创造性运用，综合技能的运用。同时也提高了孩子思维变通和解决问题的能力。

在整个教研的过程中，每一位老师都参与其中，体验着建构游戏的快乐，体验着专业成长的自信。没有滔滔不绝的大道理，没有念念有词的大理论，没有正襟危坐的聆听学习，轻松愉快的体验式教研让我们收获和感悟了很多。小区域里玩出大智慧，相信区域游戏会推动孩子们的主体性发展，同时也提高老师们的观察和研究能力。

第二次“建构游戏体验式教研活动”——观察记录，了解幼儿行为，分析年龄特点。

上一次的教研活动，让老师们在亲身体验中对“建构游戏”有了全面的了解，但对于“幼儿建构游戏”各年龄段的特点把握，大家还是觉得有些困惑，为此，我们进行了第二次教研。本次的教研目标我们定为：

（1）通过分组观摩幼儿建构游戏，帮助教师了解各年龄阶段幼儿建构游戏的特点。

（2）了解建构活动不仅是操作更是智力游戏；并了解幼儿各年龄段建构游戏发展总目标。

（3）提高老师对建构游戏活动中幼儿的观察记录能力，并认真思考如何有效指导。

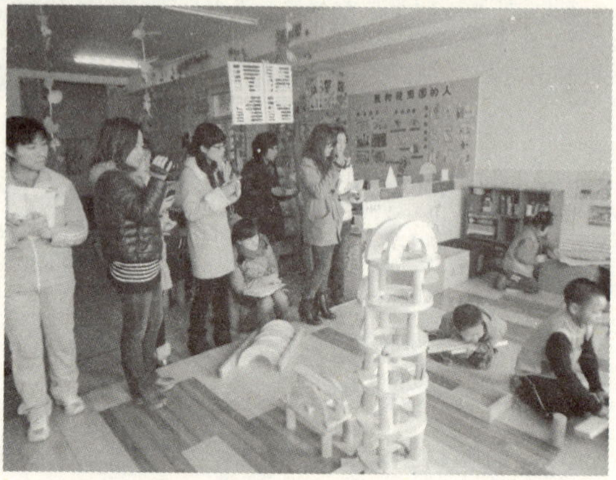

在这次的教研活动过程中，我们让老师们带着“看环境、材料的投放；看幼儿对材料的操作情况；看孩子语言交流和交往合作情况；看作品的呈现；看孩子们对游戏规则的遵守情况；看老师的介入方式对孩子的影响”等预设的问题，进班观看幼儿建构游戏40分钟，并提出了“进入班级中不要随意走动；拍照时不要开闪光灯；不介入幼儿活动；认真观察并作详细记录”的要求。

了解幼儿最有效的途径之一就是观察，但并不是每一位老师都会观察，知道观察什么，预设的问题帮助老师们清晰了要关注的点，提出的四点要求排除了影响观察的不良因素，保证了观察的准确性。

观摩结束，老师们按照级部顺序，将所观察内容书写在大纸上由小组代表进行总结分享，在分享的过程中，主持人会根据教师代表的分享进行追问，在追问中寻求答案。以下是本次教研活动中对各个级部幼儿建构游戏特点与指导的总结梳理。

1. 小班级部

小班幼儿建构游戏的特点：

◇材料选择的盲目性和简单性；

◇结构技能简单（铺长和垒高）；

◇易中断，坚持性差；

◇主建构无计划性。

小班幼儿建构游戏的指导：

◇引导幼儿认识结构材料，有意识提供范例；

◇提供幼儿合适的结构游戏场地和足够的结构元件，建立最初的建构游戏的常规；

◇指导幼儿学习结构技能，并鼓励幼儿独立建构简单的物体；

◇有意识地让幼儿命名，慢慢帮助幼儿明确建构的目的性，使主题渐渐稳定；

◇教会幼儿整理玩具的简单方法，让他们参与整理玩具的工作；

◇提供适合小班幼儿的结构玩具——小积木、大型轻质积木、辅助材料（小动物玩具、交通工具模型、平面板、小筐等）。

2. 中班级部

中班幼儿建构游戏的特点：

◇能根据建构物体的特性来选择材料；

◇建构技能主要以“架空”为主（叠高和架空是中班幼儿的两种主要动作）；

◇愿意与同伴交流，坚持性增强；

◇有建构主题，但易变化。

中班幼儿建构游戏的指导：

◇丰富幼儿的生活经验；

◇培养幼儿设计结构方案，学习有目的地选材，学会看平面图；

◇组织小型集体建构活动（2—4 人），教会他们共同讨论、分工合作；

◇组织幼儿进行评议和分享活动，鼓励幼儿发表意见，肯定幼儿的创意，促进其结构水平和创造性思维的发展；

◇选择适合中班幼儿的材料——大中小积木、平面板、辅助材料（人偶、小动物玩具，交通工具模型、废旧材料、橡皮泥等）。

3. 大班级部

大班幼儿建构游戏的特点：

◇建构的目的性、计划性和持久性增强；

◇能合作选取丰富多样的材料进行建构；

◇建构技能日趋成熟；

◇能根据游戏情节需要，不断产生新的建构主题。

大班幼儿建构游戏的指导：

◇培养独立建构的能力，并要求按计划、有顺序地进行构造；

◇在进行主题建构时，鼓励幼儿表现细节和特征，会选用合适的材料表现构思；

◇在欣赏自己和他人作品的过程中，逐步发展自我评价与评价他人的能力；

◇鼓励幼儿集体进行建构活动，共同确定建构方案，确定规则，分工合作，开展建构游戏；

◇提供适合大班的建构游戏材料——各种积木、积塑，各种形状、需要精细动作的小型积木、平面板、辅助材料（各种材料、各种形状与大小）。

最后，董教授带领大家整体梳理了各年龄段建构游戏发展总目标，包括：知识技能、语言与社会、活动常规，又分析了各年龄段幼儿建构游戏的特点，引领着老师们深入全面地了解了“建构游戏”以及幼儿特点，让老师们在班级的实践工作中变得更底气十足，有条不紊了。

第三次“建构游戏体验式教研活动”——观察实录，分析教师行为，提高有效指导水平。

基于对建构区活动的技能技巧以及各年龄段幼儿发展水平较全面的了解，我们把第三次研训活动的重点确定为教师的有效指导。《蒙台梭利幼儿教育科学方法》一书中就提到：“教师的指导要把握时机，恰如其分，避免做直接纠正、肯定或否定回答，以免抑制和代替儿童独立思考。同时，教师必须仔细观察儿童在使用教具过程中对教具材料的种种反应：难度、花费的时间、进度、兴趣等等。”因此，如何让孩子们在老师的指导、关怀、鼓励、启发、诱导和帮助下，从建构游戏中获得实际知识和经验，从而促进他们身心的协调发展，是我们本次教研活动的主要任务。

为此，我们本次教研的目标为：

（1）通过分组观摩幼儿建构游戏，帮助教师了解建构游戏过程中老师的指导方式与时机。

（2）通过观察、梳理了解如何观察孩子的区域活动，如何有效地进行指导。

（3）提高老师对建构游戏活动中对幼儿的观察记录能力，并认真思考如何有效指导。

在活动开始，我们首先强调了进班观察的内容为：“看环境、区域材料的丰富性，区域里有几个孩子；选定观察的对象；观察教师指导的时机、指导的对象、指导的方式：是语言指导还是提供材料；观察指导的效果如

何；本次进班老师为观察者，不对孩子进行任何的影响或指导”。

然后大家进班观摩后，进行分组讨论，老师们运用图片、录像、大纸呈现等，向大家介绍本组观察的情况，以及自己对教师指导的评价和建议。

最后，主持人给予总结梳理：教师如何有效指导？

1. 导入部分的指导

◇帮助孩子确定建构主题：可以预设、可以自由选择；

◇帮助孩子提取已有经验，以及可能涉及的搭建技能；

◇提示孩子可以利用的资源：图库、提示；

◇提示孩子分工合作以及注意的事项。

2. 过程中的指导

◇语言指导：建议、询问、引导讨论；

◇直接动作示范；

◇提供材料：建议使用材料、替换材料；

◇支持伙伴互助（个别幼儿的引领）。

3. 结束部分的指导

◇引导幼儿欣赏分享作品；

◇关于“问题”讨论：讨论的内容包括——材料选择的使用、动作技能、合作交往、创意、创造性。

通过这样一个体验式系列教研活动，老师们围绕建构区游戏的开展进行了层层深入的体验和研讨，并以此为载体梳理了区域游戏开展的基本流程和模式。如通过第一次研讨，老师们对建构游戏有了更准确的理解，掌握了不同年龄段幼儿建构技能的特点以及建构游戏的基本步骤和流程，并亲身体验了搭建的快乐，了解了建构活动与幼儿能力发展的关系和独特性。第二次研讨，帮助教师了解了各年龄阶段幼儿建构游戏的特点，并明确了各年龄段幼儿建构区游戏的发展目标，从而提高了老师在建构游戏活动中观察记录的能力，并为第三次对“有效指导”的研讨奠定了基础。第三次研讨，老师们了解了建构游戏过程中正确的指导方式与时机，知道了应该如何观察孩子的区域活动，如何有效地进行指导等等。这种步步递进、层层深入的研讨方式，不仅教给了老师们一种做研究的方法和思维模式，更提高了老师们善于研究，善于思考的能力。

另外，玩中学、做中学，在体验中获得知识，在游戏中寻找答案，不仅是幼儿学习的特点，也是老师们做研究的一种有效方式。互动体验式研讨最大限度地激发了老师们参与研讨的积极性和热情，当老师们都变换角色成为小朋友的时候，他们成为了游戏和研究的主人，成为了教研活动真正的参与者和积极的思考者。大家兴致勃勃、兴趣盎然，积极思考、大胆尝试、热烈讨论、互相倾听，研讨的气氛热烈而快乐。这样的教研活动，不仅提高了教师的专业能力，更让老师们体会到了做研究的乐趣。

二、“磨课”式教研活动，注重研究幼儿的学习过程与教师的有效教学

教师总是有自己的教学目标的，但这不等于幼儿的目标；教师也总是有自己预设的教学过程的，但这不等于幼儿学习的过程。如教师让幼儿捏橡皮泥，目标是为了发展幼儿的小肌肉、审美创造能力等，但幼儿是不知道教师的目标的，他自己玩自己的，觉得好玩，想捏一个他喜欢的东西。由此可见，幼儿自己的目标其实是跟教师的目标不一样的。又如，教师设计了既定的教学步骤，希望幼儿一步一步按照老师的思路展开学习，但幼儿却总是按照自己的兴趣、节奏来进入状态。怎么才能将教师的目标与幼儿的目标建立联系呢？怎样才能将教师的“教”和幼儿的“学”紧密联系起来呢，这就需要教师深入地研究幼儿，研究目标，研究过程。

为了更好地研究幼儿是如何学，教师应如何教，特别是研究如何制定合理的教学目标，有效实施教学策略，以达成幼儿快乐地“学”的目的，我们围绕集体教学开展了一系列“磨课”式教研活动。通过对教学活动的反复研究、反复思考、反复实践、反复琢磨、反复改进，最终达到最理想的教学效果。

1. 跟进式磨课——师徒结对

所谓跟进式磨课，就是围绕一节课，由某位老师执教，在“师傅”参与指导下，采取多种形式，反复深入地研究、探讨，再由这位老师多次重上，以期执教老师教学业务的快速提高。“师徒结对”是我们幼儿园教师互帮互学的一种形式，而“磨课”是师徒互帮互学最合适的形式，对青年教师的成长很有好处。在磨课的过程中，“师傅”是专业引领者的角色，全程参与，根据执教教师的特点，为教学活动提意见、出点子。

当然，“师傅”的专业引领也要适度，不要以自己的教学特色去束缚“徒弟”，应该给“徒弟”教学个性的自由伸展，努力把执教者的个性与自己的教学智慧有机结合。因此，如何把握好这个“适度”也是“师傅”需要去琢磨的。同时，作为师傅，需要有扎实的专业水平，并且要不断地学习，更新自己的教育理念，提高自己的教学水平，否则，师傅的水平低下或停滞不前，都会导致受引领者在教育教学能力上处于低水平的徘徊。实践证明，“磨课”对“师傅”的专业引领和“徒弟”的专业成长的确存在着不可忽视的促进作用。

2. 交流式磨课——教研组一课多研

我们把教研组的一课多研称之为“交流式磨课”，一课多研就是教研组内不同的教师进行同一内容的教学，对于同一内容，发挥教研组成员个人教学风格，博采众长，在交流讨论、观念碰撞中提高教师的教学水平。如，中班活动《风中的树叶》，课前研讨时，这个活动的主要领域定位就颇有争议，有的教师认为应该定位在以科学领域为主，引导幼儿感受并探究各种树叶的特点和变化，而有的教师认为应该是艺术领域为主，让幼儿利用树叶进行艺术创作。既然大家的意见不同，那就根据执教教师的个人理解进行教学。以科学领域教学见长的老师将此教学内容设计成了一节科学活动，重点引导幼儿发现、探究树叶的特点和变化，整个活动突出了科学探究的理念，幼儿参与树叶探究的积极性很高。而以艺术教学见长的老师，将教学重点定位在了利用树叶进行拓印、绘画、粘贴等艺术创作上，他为孩子们提供了各种各样的树叶，鼓励幼儿大胆想象，大胆创作，孩子们创作出了各种美丽的树叶粘贴画，创作兴趣浓厚。虽然是同一个教学内容，但不同的教师所呈现的教学风味截然不同。这样的磨课为教研组全体教师提供了互相学习的机会，教师之间能够进行最大限度的相互交流与对话。

在这种同课异构的磨课过程中，我们把关注点集中在对教学行为的研讨上，分析不同的教学行为对幼儿产生的不同影响，每次磨课后找出核心问题，并针对核心问题提出解决的方案，以此作为下一次磨课的研讨重点。

3. 集体式磨课——锻造精品课

这种磨课一般是在公开课和评优课时常用，先由执教者初步确定教学目标和教学过程的设计，邀请专家、骨干教师、相关教师等前来听试教课，每次说课试教后，进一步修改，以执教老师为主，其他教师一起再次共同修改教学设计，反复推敲，完善教学思路。这种集众人教学智慧，打造相对完美的教学活动的磨课方式，我们称之为“集体式磨课”。在这种磨课中，参与磨课活动的所有教师各抒己见，融合专家的指导意见，将目标定位在“精工出细活”上，把课磨成“精品课”。

如我们的张颜萍老师在参加全省优质课评选的过程中，抽到的教学活动是省编教材小班活动《颜色对对碰》，面对这样一个活动，我们就组织老师们开展了“集体式磨课”，对教学目标、教学步骤、教学方法进行了反复推敲，反复琢磨。

首先，我们调整了原有教材中的教学目标。原目标为：1. 初步感知两种颜色配色后会发生变化；2. 积极关注周围生活中有色彩的物品。我们调整后的目标为：1. 能积极参与颜色游戏，体验颜色变化带来的乐趣。2. 充分感知并初步了解两种颜色混合后发生的变化。3. 尝试对颜色印画进行创意想象。

为什么要做调整呢？我们认为，让孩子获得快乐应该是整个教育活动的核心和贯穿始终的目标，这要比让孩子掌握什么概念、学会什么知识重要得多，有价值得多。因此，目标第一条就是围绕孩子的积极参与和快乐体验提出的。另外，在颜色配色这一知识点方面，我们追求的是“充分感知”和“初步了解”，很明显，把幼儿运用多种感官去观察、操作、感知作为重点，而把对于颜色变化的概念作为初步了解的层次，加以弱化，不强求必须掌握。第三，玩颜色的最高层次，是对颜色的运用和表征，尤其是个性化的创意表征，这也是提升孩子技能和经验的一个步骤。因此，在前两个目标基础上，我们又增加了第三个目标，但界定为“尝试”，也就表明了这一目标的地位，是延伸和次之目标，不做强调。目标中的“充分感知”“初步了解”“尝试……”实际上也在表明，目标是有主次先后之分的，教师在驾驭和把握的时候应如何分层实现。

其次，我们重新设计了教学过程，注重了教学的层次性，关注了从孩子的已有经验到新经验的获得。在整节课的设计上，我们注重了颜色建构的三个层次：

第一层：三原色的认知，侧重于生活中的三原色（当然，“三原色”这一概念是不必让幼儿知道的，他们只需认知红、黄、蓝三色而已）。即清水变出颜色，说说生活中还有什么东西是这个颜色的。

第二层：三原色变三间色的游戏体验，即换瓶盖变颜色。

第三层：颜色的运用和表征，即颜色印画、创意想象。

经过了集体的智慧和共同的努力，最终张颜萍老师在全省优质课评选活动中荣获了一等奖的好成绩，成为了实实在在的精品课。

总之，反思“磨课”式教研活动，我们感到，它除了外显于“成功的一节课”外，隐性的影响更为珍贵。磨课给教师们提供了一个深入互动交流的平台，给予教师一个充分展示自我和锻炼的机会。整个教研组在互相协作的过程中，形成了一种务实、民主、自由、和谐的教研氛围，从这一点说，磨课是落实教研工作，提升教研工作深度的最好的平台。同时，磨课让教师及时反思教师应该如何教，孩子又是如何学习的，引导教师发现问题、研讨问题、解决问题，潜移默化地将幼儿园教育理论转化成行动成果，提升了教师专业素养，磨出了教师的创新精神。

三、观察记录研究，注重研究解读幼儿行为和作品

教研活动不仅关注幼儿在教学中出现的行为，还要关注研讨幼儿的自发行为。皮亚杰曾经说过，幼儿的创造性往往发生在其自发活动中，而不太会发生在高结构性活动中。因此，研究幼儿绝不是一件简单的事情。首先，要树立正确的观念，相信孩子的行为是有意义的，孩子的任何游戏行为、随机行为、涂鸦作品都不是在那儿乱玩、瞎玩、乱涂、乱画，那其实都是幼儿心理变化的外在表现，是幼儿用肢体语言、绘画语言来认识世界、表达世界的特殊方式。如果我们的教师认为幼儿的那些行为和作品没有什么意义，甚至

看不懂、不理解，那他就不会仔细地去观察、研究幼儿，更不用说去理解、解读儿童了。当然，除了观念上要重视以外，老师们还要运用一些适宜、有效的研究方法，去学会如何观察幼儿、记录幼儿行为，观察幼儿作品并进行专业解读。

1. 观察记录

（1）在教学活动中记录下幼儿的表现。

这种记录文字可多可少，多到可以记录整个活动的过程，少到只要一句话。教师可以在观察的基础上，及时记录下幼儿的能力差异或是某个方面的特点等等。这些现场的记录是最真实的，教师可以根据记录的情况对幼儿进行有针对性的教育，也可以生成新的教学内容。对于某些方面能力弱的幼儿可以让他们在区域活动或者生成活动中提高能力，教师进行个别指导。

下面，我们一起来看看百花园张家军老师对生成教育活动《可爱的刺猬》所做的活动实录：

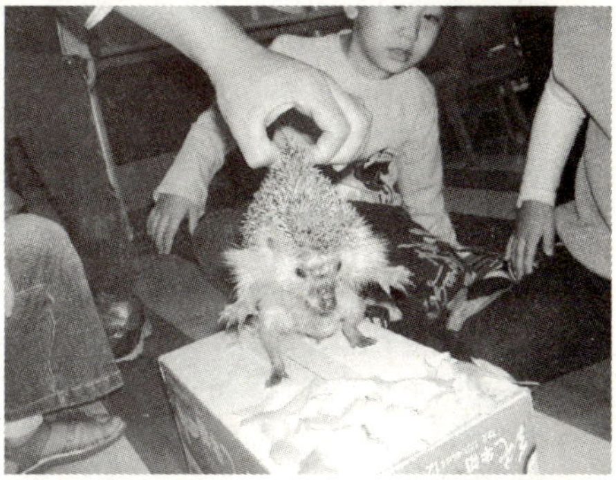

一早，我发现保安小张带来一只小刺猬，猜想孩子们一定会非常感兴趣，于是就生成了这节《可爱的刺猬》的教学活动。

我提前给孩子们做了思想动员：“今天我们请来了一位神秘的客人，这个客人啊肯定有很多小朋友没有真正见过。”孩子们迫不及待地一个劲儿地问：“谁啊？谁啊？”我说：“你们猜一猜，一种小动物，个子虽不大，浑身是武器，见敌缩成团，看你奈我何。”大班的小朋友还真是很聪明，一猜便猜到了是刺猬。当我把刺猬拿出来后，孩子们兴奋地大声嚷嚷起来：“刺猬，刺猬……”他们有的很兴奋，有的还有些害怕。当看到我用手抓着刺猬时，还提醒我：“小心扎到手。”

我对孩子们说：“小刺猬只会扎伤

害它的人，不会扎到我们的。小刺猬迷路了，今天我们要好好照顾它，晚上我们就把它送回家。小朋友们有没有想和小刺猬亲密接触的啊？请举手。”哈哈！这一下可炸开了锅，孩子们一个个嚷着“我！我！我！”都跃跃欲试。首先过来的是张鲍一诺，这个小女孩有些内向不爱说话，

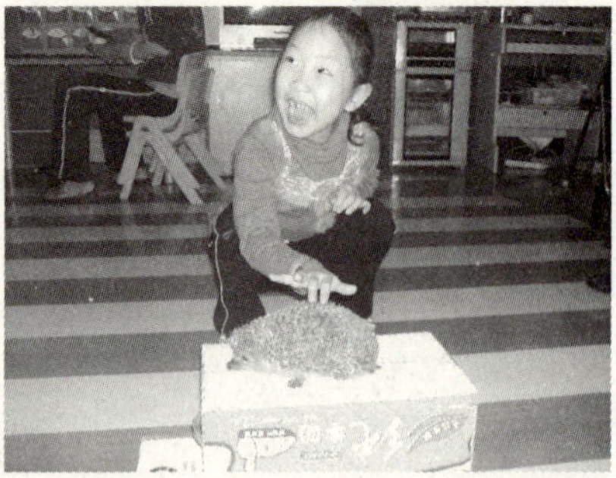

可当她摸着小刺猬时，却表现得非常勇敢。她一边摸着小刺猬一边说：“小刺猬你别跑，我不害怕你。”接下来每个小朋友都来尝试与小刺猬零距离接触，孩子们太棒了！

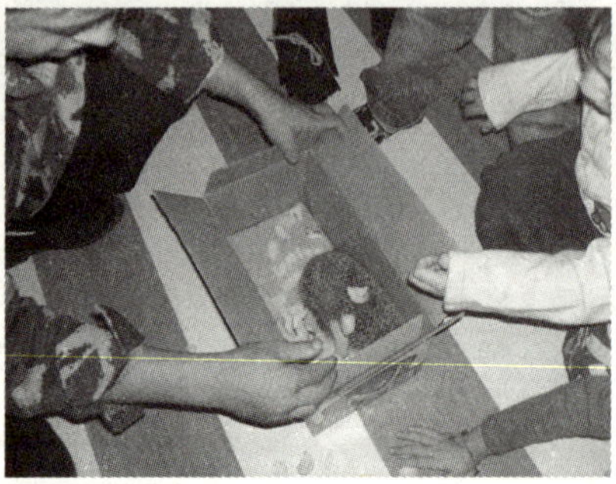

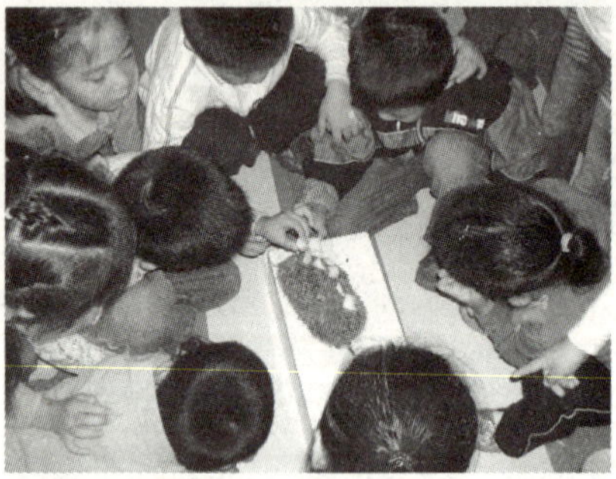

从孩子们的表情和眼神里，可以看到孩子们是多么的高兴和兴奋！孩子们建议给小刺猬背一些水果回家吃，于是我们去找来了一些苹果送给了小刺猬，孩子们兴奋极了。

小刺猬要休息了，我们给小刺猬找来了一个小箱子，把它放了进去。孩子们对小刺猬说：“小刺猬你好好睡一觉”“小刺猬我们会把你送回家的”“小刺猬你别害怕，我们会陪着你的”……孩子们天真的语言和笑容让我感受到

他们内心的爱和善良，更让我相信，他们是一群多么天真、活泼、有爱心的宝贝们啊。

抓住这次机会，孩子们还给小刺猬画了“形象照”：

孩子们画中的小刺猬都是那么美丽和五彩斑斓，他们不仅用流畅的线条来表现刺猬的刺，还在刺上用各种线条及图形进行装饰，将小刺猬生动地展示在我们面前。我想：这或许就是孩子从内心已经产生了对小刺猬喜爱的感情的缘故吧！

从这些记录中，我们看到的就如张老师最后的总结：“一日生活皆教育”，生活中的教育是无形无痕的真正的教育。这次随机性的生成活动让孩子们与小动物进行了亲密接触，消除了恐惧、胆怯的心理，增强了爱护小动物的情感，活动积极有效。

(2) 在一日生活中记录孩子的行为习惯。

幼儿的行为习惯需要逐渐养成。对于班级中一些孩子的不良行为习惯，教师可以及时记录下来。然后教师有针对性地对幼儿进行随机教育，帮助幼儿逐渐养成良好的行为和习惯。

下面，我们来看看赵立燕老师对志志小朋友的个案观察记录。

情境描述 1：每次户外活动中，志志玩得特别高兴，但是在小朋友站好队准备回去的时候，志志却因为玩不够而哭闹不止。

情境描述 2：气球飘到了地上，志志捡起来，我拿过来放在一边，志志趴在地上大哭起来，这时，宋老师过来了，志志马上爬起来向他跑去，很委屈地看着气球的方向，宋老师把气球给他后，他马上又换上了笑脸。

分析：志志这样的表现在班级内也经常出现，最常见的便是毫不顾忌地趴在地上就哭，事事必须合意，如果一旦未能满足他的需求，则哭闹不止；志志非常大胆，不管在户外还是室内，对于任何一样感兴趣的物品，都是先玩，缺乏安全意识。注意力不集中，规则意识淡薄，爱撒娇，对道理不能够理解，不能够很好地控制自己的行为和动作。

培养计划：

①和家长进行沟通，引导家长用鼓励的方式与幼儿交流。

②在志志每次哭闹后，坚持和他讲道理，帮助志志更好地理解道理。

③老师教育取得一致，正确地引导志志。

幼儿变化：经过一段时间的引导后，志志现在出现趴在地上哭闹的情况正在逐渐减少，而且集中注意力方面有了很大的进步，尤其是在集体活动中能够主动参与并基本能坚持上完一节活动了！同时规则意识也有了提高，户外活动结束时，能主动收玩具并和小朋友一起站队回教室。

本阶段总结反思：经过一段时间的引导，志志正在慢慢进步着，而且通过我们的观察发现，志志并不是不明白道理，而是之前很少有人和他讲道理，才导致他遇事任性的不良习惯。在这一培养阶段，我们也慢慢获取了家长的支持，家长在反馈中说“现在志志回来也会说道理了，看来这孩子还是懂道理的”，相信有了家长的支持，志志肯定会有更大的进步！

(3) 在游戏活动中记录孩子的发展特点。

在幼儿区域游戏过程中，教师观察幼儿的游戏行为，并及时记录下来。这种观察记录是最为普遍，也是最重要的一类观察记录。这类观察记录一般包括三个方面内容，一是记录幼儿游戏行为产生的场景、地点以及活动内容；二是抓拍或者实录下幼儿的真实行为表现以及语言表征；三是对幼儿的行为表现或者语言表征进行专业解读和分析，以及阐述对教师教育行为的启发和指导意义。

比如，袁慧婷老师在一次“搭高架桥”的建构区活动中，提出了以下的目标要求：

◇能根据自己已有的生活经验和想象设计，搭建出桥梁。

◇在搭建的过程中，学习、运用和巩固形、比例、对称、力等相关概念，发展空间知觉。

◇会根据搭建主题需要，创造性选择和使用辅助材料（如：交通标志、车辆、薯片桶等材料），不断丰富，完善搭建主题。

◇在搭建活动中会与同伴协商合作，喜欢参加建构活动。

为了很好地落实本次活动的目标要求，她记录了大乐、烁烁、琪琪、张一、林林、卡卡六位小朋友《搭高架桥》的整个过程：

第一天：凌乱的积木四散在地，断断续续的桥梁被架了起来，孩子们已经掌握了“连接式垒高”这一搭建桥梁的基本技能，用薯片桶、牛奶罐、圆柱形积木在路面搭建起一条条高架桥，在桥的转弯处还用了拱形的积木搭建出转向连接。因为空间有限，很快平铺延展开的大桥影响了孩子们单独的搭建活动，争吵现象也随之而来。有的孩子开始指责对方说：你占的地方太多了，往那边一点！我出面调解，请孩子们一起合作，把每个人单独搭建的桥面用积木连接起来，变成一座大桥。我的提议被孩子们采纳，他们开始寻找合适长度的木板来进行连接。一小会儿的时间，桥就连接好了，呈现出两个比较规则的长方形。大乐想在一个路段上建一个隧道，于是找了一个小拱形积木放在桥面上，由于路面比较窄，拱形开口比较大，尝试失败。见大乐有点想放弃，我走近了问：“大乐，你是想建隧道吗?”大乐回应是。我说：“这个主意太棒了！”

 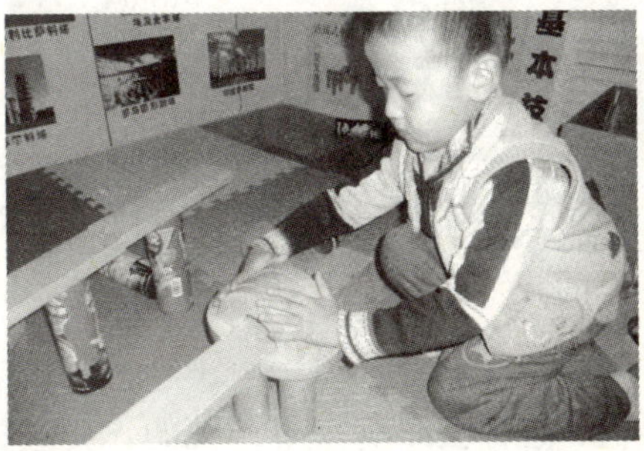

大乐又找了其他拱形积木尝试搭建隧道，但还是失败，路面与拱形之间的缝隙太小，连一辆小车也开不过去。我对大乐说：“好像需要其他材料来帮

忙。”大乐又找了两个圆柱形摆放在桥面两边，再次把拱形积木垒在上面，前后观察后，大乐说：“隧道还是矮了一点。”我回应说“是矮了一点，怎样才能更高一点呢”，大乐很聪明地选用了两个半圆形放在桥面两边，这样高度就与桥面一样了，隧道搭建成功。大乐的脸上也露出了喜悦的表情，我也竖起了大拇指鼓励他。接着，我又提醒大乐说：隧道好像有点短。大乐一下搬来了好多大小相同的拱形积木，这下可以说是完美了！烁烁也把隧道的交通提示标志摆放在一边。

卡卡拿起刚投放不久的小汽车开始在路面上行驶，张一看到后提醒大家说：“桥还没有上桥口和下桥口呢。”五个小伙伴又开始了搭建斜坡的工作。大乐用饮料罐和中等长度的木板组合实验了几次，发现行不通就把饮料罐放下了，又找来了比饮料罐矮小一些的圆柱形积木进行尝试，这次成功了。其他的几个宝贝也都是用搭斜坡的方式搭建了上桥口和下桥口，这个问题解决了。

第二天：吃完早饭后，五位“建桥工人”又陆续进入“工地”，熟知交通标志的张一开始为桥梁添加交通标志，他先把标志直接摆放在地面上，但桥是有一定高度的，张一感觉到不太合适，又把标志直接放到了路面上，我告诉他：这样会影响汽车行驶的，交通标志大多都是摆放在路边的。他思考了一会，拿来了一个圆柱形放在路边，把标志摆了上去，又再次攻克了一个小小的技术难题。

大乐进入区域后，有了比较大的手笔，新增加了一段桥面，因为用的支撑的柱子高度不同，产生了一个高度的落差，烁烁也发现了这个问题，告诉大乐说："车到这里会翻车坠毁的！"大乐在用各种三角形、小方形的积木进行组合尝试，这个时候张一拿着前方施工的标志过来了，很正式地把标志竖到了路边。经过多次尝试，大乐用几个大三角形搭建了一个小下坡，这样就可以通车了，张一也把前方施工的标志撤走了。

此时的大桥已经初具规模了，孩子们开始拿着车在桥上行驶，在隧道里穿梭……因为走动，卡卡不小心弄倒了一小段桥面，大家都很气愤地指责卡卡，卡卡一下子安静下来，脸上挂满了难过的表情，大桥开通的高兴劲也不见了。我再次介入，请孩子们原谅卡卡，帮助卡卡一起恢复桥面。过了一会，见孩子们都闲下来，我又请他们用塑料拼插玩具在桥周围建一些花坛和绿化带，孩子们又忙碌起来。琪琪发挥女孩的优势，为大桥装饰了各种造型的绿化带，摆放的过程中很注意形式的美感。这边琪琪摆得正起劲，那边男孩子们也有了新点子，烁烁拿着加油站的牌子号召大家说："我们建个加油站吧！"大乐和张一都说好。说干就干，很快，一个用积木搭建的加油站就成型了。

接着又建了旁边的停车场，每一个车位都用长条积木围了起来，摆放得很整齐。停车场建好后，孩子们就把车子都停到了停车场里，只有张一不同意，说："路上都没有车了。"说完就又从停车场开出了几辆车子。后来，他们还摆弄了一会儿标志，设立了直行道、左拐、安全出口和红绿灯。

同时，袁老师还对本活动做了以下解读分析：

区域活动因其具有相对宽松的活动气氛、灵活多样的活动形式，因而能满足幼儿多方面、多层次发展的需要，是幼儿自我学习、自我探索、自我发现、自我完善的活动。本学期，我们班也将区域活动作为各项教育教学活动的重点，我也在创建和指导区域游戏的过程中不断探索和调整。

从选择建构的主题来看：我们班在开展了"疯狂的小鸟""美丽的房子"这些搭建主题活动之后，又迎来了孩子很感兴趣的"高架桥"这一搭建主题。为了支持孩子们的搭建活动，我和宝贝们一起收集了许多车辆模型，还制作了许多交通标志牌，并向孩子们介绍了桥梁的构造，同时引导幼儿欣赏了许多世界著名的大桥。经过一段时间的摸索和学习，孩子们对搭建桥梁已经有了充分的感知。此时组织孩子进行有关桥梁主题的搭建是可行的，孩子们有此方面的能力、经验基础，对这一建构活动充满了兴趣。

从幼儿建构的水平来看，经过一学期建构活动的开展，孩子们已经基本能够熟练掌握搭建的基本技能。孩子们可以根据学习、生活的经验进行大胆创造，同伴之间也可以相互合作，并能自己想办法解决一些问题。基本能达成区域活动前预设的目标。

再来说说不足之处：虽然我有观察意识，也能发现一些问题，及时引导孩子们，但局部观察还不够细致，科学观察的能力还有待进一步提高。如：我对于几位能力比较强的幼儿关注和指导得比较多，但并没发现有一位小朋友经常游离在外，造成了局部观察的盲点。教师应该讲究观察策略，要打开视角，尽可能地减少盲点。教师的观察活动有连续性和目的性，而不是停留在随意观察的水平上；同时有准备地进入观察，就可以使教师在观察的过程中有的放矢，降低盲点的发生率。

在区角墙面环境中投放更加错综复杂的桥梁图片，让孩子们欣赏和讨论。材料方面，提供更为广泛的生活中的标志，如：禁止超车、Y形交叉等标志，在拓宽孩子们标志知识面的同时，也会在搭建过程中启发孩子们的创意。在每次搭建活动后，认真点评孩子们的活动和建构作品，将建构过程中好的方法和经验及时总结和梳理，提高孩子们的搭建技能。

孩子们在不断的尝试和操作中，渐渐地能搭建出转向更多变、更为错综复杂的桥梁，孩子们还能轻松地搭建出有上、中、下三个不同高度的桥梁，交错穿插在一起。从最初搭建单车道的桥梁，到后来可以搭建出多个车道的桥梁，这也说明孩子们覆盖垒高、架空等技能都已经掌握得比较娴熟了。

通过这样的记录和解读分析，我们不仅能看到幼儿的发展特点，还能从中看到教师的教育行为在孩子的发展中所起的作用，从而更加有效地引导教师教育技能的提高。

2. 作品分析

除了观察记录之外，我们还要求老师对幼儿的作品进行专业分析和解读。作品分析一般包含三个方面内容：

一是倾听并记录幼儿自己对作品的解读和介绍。二是老师结合幼儿的解读，观察画面，捕捉信息，从而分析和解读幼儿作品中传递的一种内心活动过程或者内心语言。三是教师针对上面两方面内容，反思自己的教育行为，以及确定因材施教的教育方法和策略。

比如，百花园的梁雪婷老师，在给孩子们讲完绘本故事《爱心树》后，孩子们便根据自己的理解，画出了以下的作品，同时，老师一一作了分析和解读。

作品名称：爱心树

幼儿姓名：刘子涵

年龄：五岁

记录人：梁雪婷

幼儿解读：（子涵指着树旁的小朋友说）“这是我，我也爱大树妈妈，我想给树妈妈穿上彩虹般绚丽颜色的衣服。树妈妈有了这样漂亮的衣服，大家就会喜欢她，又会回到她的身边和她说话，她就不会感到难过了。”

作品分析：在孩子的作品中，我们发现了孩子小小的心灵所给予我们的无限温暖，同时，她在向我们传达爱，在一颗大的爱心和一颗小的爱心上，我们同样可以感受孩子与妈妈之间爱与被爱的渴求与给予。

从本组作品分析中，我们可以看出，前半部分是“倾听并记录幼儿自己对作品的解读和介绍”，后半部分则是“老师根据幼儿的作品介绍进行的作品分析和解读”。

在作品分析过程中，我们特别强调老师要结合幼儿的解读，认真观察画面，仔细捕捉信息，从而分析和解读幼儿作品中传递的一种内心活动过程或者内心语言。

作品名称：蝴蝶

幼儿姓名：果果

年龄：三岁半

记录人：石雪

作品分析及反思：蝴蝶在孩子眼中是一种美丽的小昆虫，平时我们只能看到蝴蝶在花园里飞来飞去，可是想捉住却不那么容易。现在让幼儿把蝴蝶画在纸上，对于小班的孩子来说不是一件容易的事情。画蝴蝶的难点是对称，我们总是把孩子想成一片空白，特别是对于小班的幼儿，我们总觉得如果绘画的技巧不反复强调他们就不能够记住。可是果果似乎本来就明白什么是“对称”，她说“我知道小蝴蝶的左右两边要一样”。原来她是这样清楚蝴蝶的结构，我真的很震惊！其实，老师总是用自己的眼光去教给孩子该注意些什么或者怎样画，殊不知在孩子的世界里，这些事物他们已经反复观察反复研究了无数遍，当老师希望孩子用画笔来表现蝴蝶的时候，他们就会将自己脑子里的所见所想自然而然地画出来，这就是孩子心里的蝴蝶，也是孩子笔下的蝴蝶，我觉得真的很棒。

幼儿作品分析的终极目标，是要求教师反思教育行为，确定更适宜有效的教育方法和策略，从而提供更科学的教育。

作品名称：爬山

幼儿姓名：菲菲

年龄：五岁

记录人：石雪

幼儿解读：星期天我和然然哥哥还有亮亮弟弟去南部山区玩了，我们在山坡上比赛跑步，看谁先跑到山顶。然然哥哥跑得最快，我和弟弟都追不上他，可是弟弟因为没有得到第一名所以哭了。老师追问：你哭了吗？菲菲：我没有哭，因为我让着弟弟了，妈妈还表扬了我。

作品分析及反思：菲菲这幅画的整幅画面都是快乐的元素，咧嘴笑的太阳、眯眯笑的云彩、因为胜利而笑的哥哥、得到表扬而高兴的自己，唯独那个输掉比赛的弟弟耷拉着嘴角，他也是作品的亮点，和其他事物的情绪色彩相反。孩子的绘画作品可以反映出其内心的真实想法，菲菲虽然没有获得赛跑的胜利，但是她会因为自己得到大人的认可而掩盖比赛的失落感，再说，菲菲说她故意让给弟弟，也表现出她爱幼的良好品德，同时还具有不错的心理素质。这幅作品生动有趣，是幼儿内心的真实写照。将生活中发生的小故事用绘画的方式及时记录下来是个很好的想法，这不是老师布置的命题绘画，也不是临摹写真，而是最真实的生活记录，如果能够把值得记下的事情都用画画的方式来表现，一定能攒下不少的点滴记录，这将是件多么有意义的事情啊。

实施教育，观察先行。唯有通过观察与分析，才能真正了解孩子的内在需求与个别差异，以决定如何协调环境，并采用积极乐观的态度来配合幼儿成长的需要。观察是幼儿教师走进幼儿心灵的主要手段，写好观察记录和作品分析是幼儿教师分析幼儿行为、解读幼儿心灵的重要通道，同时也是幼儿教师更好地了解孩子的重要途径。我们的老师就是这样在走近孩子、逐渐读懂孩子的过程中，更加喜欢孩子，爱孩子，也正是这样的走近和读懂，使得我们的核心价值观“让爱更多一点”得以很好地落地。

不论是“体验式教研活动”，还是“磨课式教研活动”或是“观察记录研究”，追求的都是同一个核心价值，即教研的“务实与高效”。也只有达到这样一个要求，教研才能真正解决教师教育实践中的问题，也才能真正起到促进教师专业成长的作用。经过多年对园本教研的实践与研究，对于“务实与高效”园本教研的组织开展，我们感觉应该做到以下几点：

（1）园本教研必须自下而上与自上而下相结合，体现研究的主体性。

教研主题的产生不应来源于某位专家提出的学术理论，也不应是哪位领导提出的目标要求，它必须自下而上，来源于教师日常工作中的实际问题和困难，是老师真真切切急需解决的问题，这样就把研究变成了教师的个人需要，让教师成为了研究的主人，变“要我研究”为“我要研究”，大大提高了教师的主体地位，调动了教师参与研究的热情和积极性。

（2）园本教研必须走进现场，关注事实，体现研究的实践性和时效性。

园本教研应该带教师走进一种常态下的教育现场，为教师提供一个个鲜活的教育过程和场景，没有刻意的准备，更不应该是表演式的展示，而是一种生活化、生态化、常态化的真实反映，让教师更多的不是假想、空谈，而是看孩子的表现，看自己的行为，听同伴的提问，听幼儿的回应。让教师带着实践中的真实感受来研究，再带着研究的意识在实践中大胆尝试。把研究的成果真正转化为日常的工作要求，真正实施起来，让教研的收获和价值获得最大化的发挥。

（3）园本教研必须关注自我反思、同伴互助、专业引领的结合，体现研究的开放性和民主性。

一个有效的园本教研必须具有三种力量做保证：自我反思、同伴互助、专业引领。自我反思，是开展园本教研的基础和前提；同伴互助，是园本教研的标志和灵魂；而专业引领，是理论对实践的指导，是理论和实践关系的重建，是园本教研具有深刻性和持续性的关键。要想达到三种力量的相互作用，首先要改变教研主任一锤定音、权威性下结论式的教研方式；其次要将教研的主动权交给教研组长和每位教师，做到开放与民主。只有这样，才能保证教师的自我反思，群体间的同伴互助，以及主任组长的专业引领三者适时、适宜结合，才能达到最佳的研究效果，才能使自主研究成为幼儿园乃至每一位教师的需要，让老师们共同经历，感受专业引领的过程，让专业引领为幼儿园的自主发展服务。

（4）教研方式和教研手段必须灵活运用，体现研究的有效性。

针对不同的教研主题、教研群体，教研活动应该采用不同的教研手段和方式。例如利用录像回放，重点定格的方式；或是现场观看，实地观摩的形式；还有进行即兴展示，模拟课堂，现场辩论等等，可谓是丰富多样，行之有效。这些不拘一格的教研形式，可以为老师们营造更加轻松愉悦的氛围，提供更加真实的素材和现场，并扩展教师的思路，丰富教研话题。

总之，园本教研作为教师专业化培养的重要手段，作为研究幼儿的重要手段，也作为植根教育的重要载体，已越来越多地被老师们重视与应用，我们也将不断地深入实践，积极反思，努力提高园本教研的有效性，深入研究幼儿的成长规律，最大程度地提升教师的专业化水平，促进保教质量的提升，促进幼儿的全面发展。

第二节　保研植根平衡发展

何为平衡？平衡有多种含义，物理学认为平衡是对立的各方面的数量或质量上相等或相抵，两个或两个以上的力作用于一个物体上，各个力互相抵消，使物体处于相对静止的状态；在哲学领域，平衡意味着矛盾是相对的统一。

祖国医学中医论这样看待平衡健康：“生命在于平衡，失衡就会生病，以致丧生”。随着现代医学模式从单纯的生物医学转换为生物、心理、社会医学，健康也随之改变。

世界卫生组织对健康的定义是：生理、心理及社会适应三方面全部良好的一种状态，而不仅仅是没有生病或体质健壮。由于受到外界各种因素的影响，造成人的心理失衡、身体疾病、社会适应能力下降，从而产生不健康的状态。科学界新提出平衡就是健康，反言之：当失去平衡，人就失去健康。这个过程不是一成不变的，需要经常地调整纠正，保持平衡。

集团自建立以来就以保教一体化、保健整体化和保研个性化的三个特点为抓手，首创了平衡课程。在平衡即健康、平衡即和谐的新理念下，保研植根平衡发展则成为幼儿园正常运转的生命线，因此，在保研植根平衡发展中，我们通过“管理制度的研究与运用，彰显保健整体化，为幼儿的平衡发展奠定基础；保育流程的研究与运用，突出保教一体化，为幼儿的平衡发展提供保障；幼儿平衡发展，植根于研究的运用，实现研究的个性化”三个方面进行了不断的探索、寻求、集整，让孩子得到了身心健康和谐的发展。

一、管理制度的研究与运用，彰显保健整体化，为幼儿平衡发展奠定基础

卫生保健是幼儿园保育工作的核心，儿童的安全、健康、幼儿园的发展与卫生保健工作密不可分，做好卫生保健工作才能确保幼儿健康成长，促进幼儿园的发展。教育部部长袁贵仁讲：“生命不保，谈何教育?”

幼教集团建园十二年来，始终围绕“让爱更多一点”的办园理念，以《母婴保健法》《托儿所幼儿园卫生保健管理办法》等法律法规为准绳，以保护、促进儿童的健康成长为首要任务。把幼儿合理膳食、疾病防控、适度运动、习惯的培养、心理健康、健康教育等作为管理的主要内容和出发点，保育研究为工作推动力。用“爱”经营卫生保健工作，规范了教师的保育行为，促进了幼儿身心和谐发展。

任何一种行为都是某种制度下的行为，为实现教师自主地工作，健康管理中心对卫生保健工作精梳细理建立了26项卫生保健制度，要求每项制度要有落实计划、措施、反思，有行为就要有行为的痕迹，注重了落实过程——资料积累——评价。在制度的管理与运用中，执行幼儿缺勤追踪制度；实施关于晨检·全日健康观察管理制度实践的探讨；研究晨检·全日观察与“晨检卡”的相关性；研究晨检·全日观察与“记录”的相关性；研究一日三次全日观察具体内容的五个方面来说明保健整体化的特点。

1. 幼儿缺勤追踪制度使用的探讨，是保健工作整体化的基石

幼儿缺勤是非常普遍和正常的现象，但是缺勤原因有多种，为了保证在园幼儿的健康和安全，我们实施了“关于幼儿缺勤原因的追踪制度的探讨”，并在日常工作中加以检查督导。

（1）幼儿缺勤追踪制度所关注的核心内容。

①了解幼儿缺勤的真正原因，提前预防各种传染病在幼儿园的发生，并做好及时的处理和消毒；为了安全管理，及早了解坐班车幼儿是否乘坐了班车。

②积极做好家园联系、家园互动，对缺勤的幼儿及时电话咨询缺勤原因，

缺勤追踪制度要求教师在每天早晨9:30之前与家长联系，并做好登记。

③做好制度与记录的管理与运用——在园幼儿缺勤记录与交接班记录要有联系和逻辑关系，不仅体现真实性还要体现出延续性。

（2）幼儿缺勤追踪制度管理机制。

针对幼儿缺勤追踪制度的要求，我们研究出一系列便于检查和考核的管理机制，便于教师了解幼儿缺勤状况，查找原因。在具体管理中，通过缺勤与记录的关系、缺勤原因的统计与分析，以及科学便捷的信息化管理等多种手段纵向或横向地管理幼儿缺勤制度。

①及时填写《班级幼儿缺勤原因记录》表。班级幼儿缺勤记录的填写，能第一时间帮助教师了解幼儿缺勤的原因，对保证幼儿身体的安全和预防传染病在幼儿园的流行起到了关键性作用。

班级幼儿缺勤原因记录表

日期	儿童姓名	性别	年龄	联系时间	对话人	缺勤原因	长期缺勤（时间大于5天）	联系人姓名

备注：为避免对长期请假幼儿的重复记录，特将连续请假5天以上者在相应栏注明×日至×日请假一周或者×日至×日请假几周即可。

②认真书写《班级晨检·全日观察交接班记录表》。晨检·全日观察交接班记录的使用，与缺勤记录有着一定的逻辑关系，两者之间的人数要相辅相成，在人数的统计与管理方面，是有具体时间限制要求的。缺勤记录人数统计与交接班记录中的实到人数在9:30以前确定并填写。

③按时分析《在园儿童出勤统计分析表》。通过“在园儿童出勤统计分析表”纵向分析和判断一学年幼儿整体出勤情况，分析缺勤原因。这有效地降

低了缺勤率，提高了出勤率。

在园儿童出勤统计分析表

年份	月份	在园总人数	应出勤日数	出勤情况			缺勤原因分析				
				应出勤人次数	实际出勤人次数	出勤率	缺勤人次数	因病	因事	寒暑假	其他
	9月										
	10月										
	11月										
	12月										
	1月										
	2月										
	3月										
	4月										
	5月										
	6月										
	7月										
	8月										

④利用信息化手段具体了解各分园儿童出勤情况：统一规范化管理，利用OA办公平台的信息化管理，全面监管各个分园幼儿出勤状况。

儿童出勤天数统计列表

月份	主题名称	幼儿出勤状态分布表	幼儿出勤情况汇总表	分园幼儿出勤统计表
2014－02	广纳精髓求发展	详细	详细	
2014－01	逻辑运行增时效	详细	详细	
2013－12	家园同盟求超越	详细	详细	
2013－11	系统整合保贯通	详细	详细	百花园 阳光园 黄金园 银座园 潍坊园 临沂园 青岛园 凤凰城 邹平园 泰山园 庆云园 临淄园 周村园 丰奥园
2013－10	规范管理强植根	详细	详细	百花园 阳光园 黄金园 潍坊园 临沂园 青岛园 凤凰城 邹平园 泰山园 庆云园 临淄园 周村园

2013—09	理念深挖捉升级	详细	详细	百花园　阳光园　黄金园　潍坊园　临沂园　青岛园　凤凰城　邹平园　泰山园　庆云园　临淄园　大学城　周村园
2013—08	模式细分促升级	详细	详细	百花园　阳光园　黄金园　潍坊园　临沂园　青岛园　凤凰城　泰山园　庆云园　临淄园　大学城　周村园
2013—07	资源整合强逻辑	详细	详细	百花园　阳光园　黄金园　银座园　潍坊园　临沂园　青岛园　凤凰城　泰山园　庆云园　临淄园　大学城　周村园

儿童出勤天数统计表

园所：百花园　　　　　　　　　　　　　　　　时间：2013—11

序号	班级	人数	应出勤	实出勤	出勤率
1	大一班	26	546	516	94.51
2	大二班	30	630	598	94.92
3	大三班	30	630	565	89.68
4	大四班	28	588	574	97.62
5	大五班	25	525	507	96.57
6	中一班	29	609	582	95.57
7	中二班	28	588	518	88.1
8	中三班	26	546	501	91.76
9	中四班	27	567	516	91.01
10	小一班	25	525	472	89.9
合计		274	5754	5349	92.96

保育工作动态管理月报表

园所：邹平园　　　　　　　　　　　　　　　　月报时间：2014 年 1 月 2 日

<table>
<tr><th rowspan="2">在园幼儿总数</th><th rowspan="2">班额</th><th colspan="2">职工情况</th><th>当月幼儿入园情况</th><th colspan="2">当月幼儿退园情况</th><th colspan="2">当月幼儿休园情况</th><th rowspan="2">实际出勤率</th><th colspan="2">传染病</th><th colspan="2">意外损伤</th><th colspan="2">卫生宣教</th><th colspan="2">培　训</th></tr>
<tr><th>总数</th><th>卫生保健人数</th><th>入园数</th><th>退园数</th><th>%</th><th>体园人数</th><th>%</th><th>发病人数</th><th>%</th><th>人数</th><th>%</th><th>期数</th><th>人数</th><th>期数</th><th>人数</th></tr>
<tr><td>514</td><td>18</td><td>103</td><td>3</td><td>0</td><td>2</td><td>0.39</td><td>2</td><td>0.39</td><td>90.63</td><td>0</td><td>0</td><td>1</td><td>0.19</td><td>2</td><td>54</td><td>2</td><td>54</td></tr>
</table>

2. 晨检·全日健康观察管理制度实践的探讨，是保健工作整体化的途径

晨检·全日健康观察制度是幼教集团保健医生和班级教师的常规性工作，

在日常操作中，我们结合《规范》要求，研究了具体可行的管理制度和方法，在执行过程中及时观察、记录，为保证此项工作的规范化、常态化，我们在实践中逐渐探讨出以下具体内容：

（1）认真做好晨检，保健人员对儿童进行全日健康观察，每日深入班级巡视3次，内容包括核对幼儿药物、饮食、睡眠、大小便、精神状况、情绪等，并做好观察及处理记录。

（2）每班配备体温计，遇不舒服幼儿及时测量体温，如有异常，立即报告保研室、通知家长，送幼儿到医院诊治。

（3）班级教师对情绪不佳的幼儿，重点记录观察其情绪、食欲、睡眠等情况，全天予以特别的关注，及时疏导，并按时、准确地填写“幼儿全日观察记录表”。

3. 研究晨检·全日观察与“晨检卡”的相关性，是保健工作整体化的关键

研究晨检·全日观察与“晨检卡”的相关性对维护幼儿健康起着重要作用，通过以下两方面做简单说明。

（1）保健医生发放晨检卡——自2001年建园来，就以“晨检卡”为突破口（绿卡为健康幼儿，黄卡为需要多加关注幼儿、红卡为服药幼儿，需重点关注），保健医生在晨检时根据幼儿健康状况，发放晨检卡，并以晨检卡为依据开展全日健康观察。

（2）幼儿放置晨检卡，教师观察——晨检卡是象征当天幼儿身体健康状况的显性标志，通过红、黄、绿三卡的放置，班级教师能及时了解本班幼儿的健康情况，有无服药幼儿、服药幼儿有几人，有无需要多加关注的幼儿等等，为不同幼儿提供更有针对性的保育服务。

二、保育流程的研究与运用，突出保教一体化，为幼儿的平衡发展提供保障

健康管理中心根据幼儿园的保育管理工作，制定了32项保育工作流程，这些流程涵盖了从入园、服药、进餐、加餐、户外活动、安全、传染病防控、卫生消毒、体弱儿管理、食堂管理等保育工作的全部内容，有利于规范教师的保育工作行为，保证幼儿身心健康和谐的发展。

1. 保育流程的研究与有效运用，为做好“保教一体化”提供了抓手

保育工作流程是教师做好一日保育工作的基础。流程的落实需要专业支

撑，教师在操作中渗透着保和教的专业知识与技能，保育工作流程的落实，打造了一批批保教结合的教师队伍，同时，教师在流程操作中规范了自己的行为，并起到有效言传身教的作用。古人言：“其身正、不令而行，其身不正、虽令不从”，教师标准行为和规范最终物化为幼儿良好的行为习惯。流程的制定是做好各项保育工作动态的管理措施，规范了幼儿一日生活保育工作，有效地提高了保育质量。

例如，进餐工作流程：我们不仅对“餐前准备、搬椅子、洗手、餐前教育、分餐、进餐、观察进餐、餐后卫生”的先后环节进行明确的规定，还将每个环节在进行科学合理诠释的基础上，对各个环节中教师要掌握的要点进行了认真的解读，同时也将管理的关注点进行了详细的阐述，这样不仅很好地为教师掌握流程提供了抓手，还为管理者的督导提供了有效的标准，更重要的是，保障了幼儿愉快地进餐。

就如同李春刚老师说的：《保研流程不可少》。

记得刚实习第一次接触“保研”这个词的时候，在我脑海里出现的就是“专门研究怎样保护幼儿的”，因为里面有保健大夫，它就是孩子摔着碰着后进行简单治疗的地方，把保研看成了医务室。但是随着我毕业来到银座·英才幼儿园后，我才真正认识到保研不单是对孩子们发生的一些事情进行初步的治疗，还包括幼儿园生活的方方面面。诸如督导老师对一日工作流程的实施、幼儿食谱的制定、关注园内体弱幼儿、对外招生宣传等。

我曾经想象过，一个幼儿园如果没有了保研流程这一块会怎么样，如果没有了保研流程，幼儿园的工作就会处于瘫痪并且是极度危险的状态，因为没有流程来指导，老师们就像无头的苍蝇一样，更何况孩子。

有些老师会认为保研流程的实施是枯燥的、无味的，因为每天都在做同样的事情，可它却是幼儿园工作中最基本、最重要的，也是最最需要班级三位老师相互配合才能完成的工作。通过这两年的实践，我得出了一个经验，并总结成了一首打油诗：若要老师配合好，工作流程最重要，宁可提前5分钟，莫要临时抱佛脚。

例如：按照作息时间表，我们在9:40吃加餐，如果生活英语老师在9:40之前没有准备好水果，势必会造成幼儿其他活动时间的后延，造成环节之间出现漏洞，使主班老师的计划不能够顺利实施。

所以说，每位幼教老师必须把所有的流程熟记于心，在熟记于心的基础上相互配合，不断学习和研究，流程才能真正地让教师和孩子受益。

应该说，幼教集团保育工作流程的研究和运用取得了很好的效果，不仅承办了济南市教委召开的“济南市托幼机构卫生保健工作现场会”，将我们的保育工作向全市进行推广，还为济南市教委以集团保育流程为蓝本拍摄了“济南市幼儿园一日流程管理规范”，获得了山东省教育厅“特色教育活动”一等奖，在全国民办教育协会学前教育专业委员会大会上进行了交流。

2. 保育流程的深入研究，保障了“保教一体化”的有效落地

保育流程的运用与研发一直是以儿童为核心，以现场为试点的。在日常的管理中，总能发现被忽视的细节，并存在随意的现象。为强化流程的可操作性和有效性，我们围绕流程标准化开展了“以研促保”的活动。

比如，百花园将“保教一体化”作为自己特色深挖的一个点，一直以来，都非常关注“保教一体化”的研究，有的班级在结合“入园与离园”这两个环节的研究中，将“如何把有效的教育融入到幼儿的一日生活，使幼儿能在宽松、和谐的环境中快乐地学习”作为重点，通过对流程的细化、摸索和实践，他们总结出以下几点心得。

第一，入园。中班幼儿活泼好动，爱玩、会玩，入园环节是幼儿在园一日生活的最初环节，现代教育都提倡一个轻松自然的环境氛围，这是幼儿健康快乐成长的前提。

第二，离园。这往往是最容易被老师忽视的环节。幼儿也容易浮躁、兴奋……为更好地利用离园时间，他们为幼儿提供了安静的玩具或是老师带着幼儿一起说唱儿歌，讲故事等，收到了不错的效果。并且，他们找到以下具体措施确保离园的有序。

（1）玩具有序收放是前提：通过各种方式来让幼儿养成“让玩具回家”的习惯。

（2）关注个别幼儿是关键：特别关注个别幼儿，并进行适宜的有针对性的教育。

（3）多设区域为孩子拓宽游戏空间：离园前 20 分钟组织幼儿开展多样的小区域活动。

（4）安静有序是保障：离园前的活动应以安静为主，让幼儿安静地去做

自己喜欢的事情。

有了以上措施，很好地解决了幼儿离园前浮躁的现象，确保了安全。重视保育管理，重视流程实施，提高了我们的工作效率，培养了幼儿良好的习惯。

三、幼儿的平衡发展，植根于研究的运用，实现了研究的个性化

集团建园十余年，由专家团队组成的一支专业性强、踏实务实的卫生保健管理团队，不仅完成常规卫生保健工作，还在心理、动静、环境、营养等方面给予关注与研究，形成了一套比较完备的个性化体系。

1. 心理平衡发展，关注幼儿心理健康

俗话说：情绪是平衡的指挥棒，精神崩溃，导致身体崩溃。生气和忧郁可使人生病。长期以来，父母对幼儿的物质生活、知识学习比较重视，却往往忽视幼儿的心理健康。《幼儿园教育指导纲要（试行）》中明确指出："幼儿园必须把保护幼儿的生命和促进幼儿的健康放在工作的首位。树立正确的健康观念，在重视幼儿身体健康的同时，要高度重视幼儿的心理健康。"3至6岁是幼儿心理发展和人格形成的重要时期，也是幼儿社会化的初始阶段。在幼儿阶段出现问题，会对幼儿今后发展有着长远的影响。

因此，我们借助"帮助新生幼儿度过分离焦虑期"、"心情卡"的有效使用、"幼儿心理偏异个案"的研究来促进幼儿心理健康发展。

（1）如何帮助幼儿度过分离焦虑期？

每一年新生入园时，总会出现分离焦虑的现象。可爱的孩子们刚刚离开父母的怀抱，他们或是不安、紧张，或是哭闹、不吃不喝，看了甚是让人心疼。

为此，幼教集团本着"为孩子健康成长保驾护航"的原则，每年都会围绕着新生入园开展各种活动，以使各分园精细服务，关注每一位幼儿、科学引导每一位幼儿的家长，用实际行动帮助幼儿尽快适应崭新的幼儿园环境。

①"如何帮助幼儿度过入园焦虑期"的大型新生家长会，引导家长正确看待幼儿入园的问题，引导家长正确的教育观。

②借助"幼儿情况调查问卷"全面详细了解幼儿的生活习惯和性格特点，教师有针对性地给予照顾。

③教师研讨"新生入园焦虑的原因和对策"，尽快掌握幼儿状况，帮助幼

儿尽快度过分离焦虑期。

比如，在谈到《怎样缩短幼儿入园焦虑期》的时候，一位老师感到，幼儿入园焦虑的成因主要有以下两个方面：一是对于陌生环境的一种本能的不安全感和害怕感；二是对父母的依恋行为。首先我们要了解什么是幼儿的分离焦虑情绪，再引导家长怎样面对，怎样配合幼儿园。

幼儿园教师要注意的方面。

第一，尽快与幼儿建立良好、融洽、亲切、安全的依恋关系。

首先，尽快了解熟悉每一个幼儿的性格特点，才能保证应对性格各异的幼儿；其次，爱孩子要让孩子感受得到，经常抱抱他、摸摸他、领着他，这些小动作一定能孩子尽快地喜欢上你。

第二，注重培养幼儿的适应能力。

分离焦虑产生的原因还与幼儿的生活能力相关。刚入幼儿园很多事情还不会自己做呢，有些小朋友就很有顾虑，所以，精心呵护孩子、细致观察孩子、耐心引导孩子就成了教师学期初的重头戏，只有你全心全意地付出了，孩子们的变化才会显而易见。

家长需配合的方面：

第一，与孩子沟通，让他知道上幼儿园是长大的表现。

在入园前的一段时间里，家长要向孩子输入“上幼儿园、长大了”的信息，让他对幼儿园充满好奇与期待。

第二，与孩子沟通，要掌握技巧和方法。

针对新入园的幼儿，正面谈话的内容一定要多。比如：今天，妈妈知道你和×××玩秋千了，真开心啊；妈妈知道×××老师喂你吃饭了，她像妈妈一样疼你呀……以此鼓励幼儿逐渐喜欢幼儿园、依赖老师。对孩子不愿上幼儿园而提出的种种要求，一定要保持原则，能满足的尽量满足，并要兑现，不能答应的要求一定要给孩子讲清道理并果断否定。

第三，送幼儿入园要义无反顾、持之以恒。

只要孩子身体健健康康不生病，就一定坚持送孩子入园。坚决、坚持、鼓励是家长在面对幼儿入园前期的六字法宝。

幼儿是否顺利入园，关键是家园共同努力的结果，我们也会秉承着这样的思路为一批批幼儿保驾护航！

分离焦虑作为幼儿入园的一种现象，一直是我们关注和重视的，我们用爱心、耐心、关心去关注每一位幼儿，用科学的策略家园携手去积极应对，不仅缩短和缓解了幼儿的入园分离焦虑，使幼儿很快地适应了幼儿园生活，还得到了家长的高度认可。

（2）幼儿心理疏导的探讨——心情卡的有效使用。

学前期是儿童情绪情感发展的重要时期。作为早期经验的重要内容，幼儿在生活中获得的各种情绪情感体验对成年以后心理生活的健康及人格的完善程度都有至关重要的影响。关注幼儿健康就要关注幼儿的心理发展和情绪变化，所以，幼教集团从建园初就要求各分园设立“心情驿站”，将其作为一项常规工作，关注幼儿心理健康。

为此，每位小朋友早上入园时，都要按照自己的心情，在“心情驿站”中选择不同的表情娃娃，来表达自己的心情。比如：高兴时放“笑脸”，心情不好时放“哭脸”，老师根据表情娃娃来观察幼儿，对放“哭脸”的幼儿进行及时有效的心理疏导，使孩子们在快乐中健康成长。使用心情卡，便于老师第一时间辨别、疏导情绪波动幼儿的状况，帮助幼儿心情愉悦地投入到一日生活和学习中。

在心情卡的有效使用中，我们也依据幼儿来园状态和持心情卡状况，跟进分析幼儿情绪不愉快的原因，探讨如何安抚情绪、如何家园共育，及时记录、追问，研究幼儿持“心情卡”的状况。

幼儿“哭脸”心情卡追问记录表

园所	班级	幼儿姓名	性别	负责教师	持“哭脸”心情卡连续天数	填表日期
不高兴原因（幼儿自述）						
不高兴原因（家长表述）						
不高兴原因（教师调查）						
教师安抚过程记录						
家长配合过程记录						
效果记录						

(3) 幼儿心理偏异个案的干预。

关注幼儿心理问题用问卷的形式，对571名在园儿童家长进行了“卫生保健知识和养育行为调查”。调查内容包括啃指甲、吸吮手指、咬嘴唇、口吃、咬被角、暴躁、偏食、胆怯、攻击行为等20项。

调查结果：571名幼儿中发现有症状的占40%，存在单项症状占48%，两项并存占24%，三项占12%，四项占10%。

对结果分析后，我们制定了“心理偏异幼儿个案”的干预流程，即通过班级发现特殊幼儿表现——保健医生与家长联系找原因——制定干预的实施措施——老师每月做观察记录，结案。

①建立心理偏异幼儿个案。

心理偏异幼儿个案

幼儿园名称：________

班　　级：________

幼儿姓名：________

建档：　　年　　月　　日

山东银座·英才幼儿园（集团）

×××幼儿行为、情绪过度紧张焦虑

表现：×××小朋友是一名新入园的幼儿，由于对幼儿园环境不熟悉，爸爸妈妈就让孩子抱着一个棉花套，寻求心理安慰，在这期间老师与家长交流发现：孩子在家也如此，每天早晨找不到自己的棉花套就会哭闹不止，直到找到为止。

②实施措施。

首先，家长方面。

◇在家中，家长多与孩子交流，告诉孩子幼儿园的好朋友都很喜欢你，让孩子每一天都盼着去幼儿园学习、玩耍。

◇家长通过教师反馈，了解孩子在幼儿园的进步，及时表扬孩子。

其次，教师方面。

◇教师对其讲述幼儿园的小朋友很喜欢她，幼儿园有好多的书、玩具等，增加她对幼儿园的好感，让她喜欢来幼儿园。

◇对×××做得对的事情及时表扬，使她建立自信，更加喜欢幼儿园。

◇多组织吸引她的活动，分散其对棉花套的注意力，让小家伙动起来从而忘记棉花套。

◇老师经常讲一些棉花套的危害，比如让孩子生病、住院等。

③观察记录。

◇2011 年 9 月。

×××离不开棉花套，但是她已经知道棉花套很脏，经常抱着会生病，自己在玩耍之余也会把它放在一边，但是必须在自己的视线之内。

◇2011 年 10 月。

本月进步很大，日常生活中她可以离开棉花套了，认真地听老师上课，但是在午休和吃饭时还必须带着自己的最爱——棉花套。

◇2011 年 11 月。

进入十一月，×××已经很好地适应了幼儿园的生活，每天都高高兴兴地来幼儿园，与爸爸妈妈说再见，与老师说的第一句话也不再是“我要棉花套”，而是“老师早上好”！

儿童心理偏异个案的研究让我们得到的启示是：对儿童各种心理问题的鉴别和判断、对各种问卷及量表的编制与使用，都需要考察其不同的理论背景和对儿童心理问题的不同定位。因此，在鉴别儿童心理健康状况时，应注意选取那些适合于儿童情况的，且能指导儿童心理健康的教育行为。无论怎样的偏异行为，都需要保健人员、教师、家长的专业、耐心、关注、鼓励、坚持和不放弃！

2. 动静结合，推动幼儿平衡发展

内经上说“久卧伤气，久坐伤肉”，健康要做到有张有弛、动静结合、动静平衡。所以说，在一个场景中有静无动，那是死气沉沉毫无生气，相反有动无静，会给人一种躁动、烦乱的感觉，只有动静结合才能创造一种和谐、淡雅的意境。遵循动静结合的原则，我们集团严格制定合理的幼儿“一日生活作息”制度、通过“幼儿适度运动的探讨，幼儿感统失调的研究”、保教一体化的开展以及儿歌的巧妙运用等，使幼儿在动静平衡发展中寻得更好的发展与进步。

（1）合理运用幼儿一日生活作息制度，为幼儿平衡发展提供依据。

《托儿所幼儿园卫生保健工作规范》指出：托幼机构应当根据各年龄段儿童的生理、心理特点，结合本地区的地理位置、季节变化和本托幼机构的实际情况，制订幼儿合理的一日生活作息制度。

一日作息时间安排中，要确保在园孩子每日保证不少于 2 小时的户外活动时间，让孩子在动静结合中寻得平衡发展。

幼儿适宜的体育运动和锻炼，促使运动与幼儿身体的发展相平衡，是我们坚持户外运动的核心。根据幼儿运动系统、神经系统及全身各器官生理特点，严格督导检查幼儿户外活动的时间和活动效果，确保达到有效运动、增强体质的目标。

所以，我们坚持组织各个分园保研室制定切实可行的户外活动检查表，跟进户外活动的开展，以此达到督促、监督和管理的效果。

(2) 幼儿适度运动的探讨，感统失调的研究，为幼儿平衡发展提供研究的依据。

大脑将从身体各器官传来的感觉信息进行多次组织分析、综合处理、做出正确决策，使整个机体和谐有效地运作称为感觉统合（Sensory Inegrative Dysfunction，SID）。感觉统合失调包括：视觉统合障碍、听觉语言障碍、触觉统合障碍、前庭平衡障碍、身体运动协调障碍。

随着社会文明的提高，孩子越来越缺乏生活空间和运动、舒适的生活环境，失去了许多应有的锻炼机会，如摇篮、怀抱、童车代替了正常的坐、立、爬、行，使孩子的生长发育过程受到了阻碍，儿童感觉统合失调的发病率越来越高，导致儿童学习困难、行为障碍、情绪异常。

本次调查采用流行病学研究现况调查整群抽样的方法，用感觉统合评定量表调查了幼教集团在山东省不同地区具有代表性的 11 所幼儿园 2077 名 3—5 岁幼儿。调查结果发现，轻度感觉统合失调率为 16.95%，重度感觉统合失调率为 4.62%，轻重度感觉统合失调率为 21.57%。男孩和女孩感觉统合失调率分别为 24.41%和 18.30%，各项轻度和重度感觉统合失调率的年龄和性别分布有着显著的差异性。

在学前教育机构开展感觉统合训练及宣教极为重要。儿童感觉统合功能是与生俱来的，并处于不断的发展过程中，学前教育阶段儿童感觉统合功能处于最原始、最基本的状态，2—6 岁是感觉统合训练的最佳阶段。感觉统合失调幼儿如果在托幼机构得不到及时矫正，到学龄期以及青春期后，将会较多出现学习困难、情绪障碍、行为异常等问题。

为此，幼教集团制定了训练感觉统合失调的系列活动方案，为平衡课程提供了有力的依据，为幼儿的身心健康和谐发展打下了良好的基础。

（3）保育儿歌的研究与运用，为动静平衡发展提供素材。

幼儿的成长总是和儿歌相伴相随。它既是幼儿情感教育的需要，也是幼儿启迪心智的需要；既是幼儿训练语言的需要，还是培养幼儿养成好习惯的需要。为此，结合幼儿的年龄特点和幼儿园教育的特殊性，我们创编了大量浅显明快、通俗易懂、口语化，且有节奏感的保育儿歌来迎合幼儿的口味，切入幼儿的心灵，在保育中彰显教育的痕迹，在教育中又有保育的缩影。

比如，洗手是幼儿在园做得最多的一项事情，可怎样保证洗手的质量，既洗得干净能防病又不弄湿袖子？尤其是小班、小小班的孩子他们在洗手时总会出现经常弄湿衣袖和地面、不会控制水流的大小、不会用正确的洗手方法、没有关水龙头的意识等各种各样的状况，为此我们就创编了《洗手歌》。

小朋友，来洗手。卷起袖，淋湿手。
抹上肥皂搓呀搓，
清清水里冲一冲，再用毛巾擦干净。

针对中大班幼儿洗手时马虎，不专心（经常沾一下水即好）以及洗手时贪图玩耍，常常伴着打闹（交往的一种形式、玩水的兴趣）的特点，健康管理中心联合艺术团共同创编《洗手操》，通过这种形式鼓励幼儿专心洗手，寓教于乐。

除此之外，我们还研究创编了站队儿歌、穿脱衣服和鞋子的儿歌、叠衣服儿歌、上下楼梯儿歌、户外活动儿歌、离园儿歌等等。也正如老师们所说：保育儿歌作为教育的一种载体，是保教结合的“结晶”，它为综合培养幼儿的良好习惯、促进语言发展、提高认知能力和品德发挥了举足轻重的作用。

3. 营养平衡发展，是植根幼儿健康的基础

在幼儿健康发展的过程中，保证营养平衡发展是重中之重的工作。要调五味，不偏食，使营养平衡，促进其均衡生长发育。膳食是保证儿童正常生长发育的物质基础，生长发育是儿童期独特的生理现象。幼儿园每一个幼儿像一颗发芽的种子，生机勃勃，如何使每棵幼苗健康地成长，在这个过程中，

我们根据《中国居民膳食营养素参考摄入量》标准，针对 2.5 至 6 岁儿童每个年龄阶段的生长发育规律及生理特点、季节不同，编写了符合幼儿生长发育的《幼儿四季营养食谱》。

比如，春季是传染病的高发季节，应增强幼儿抗病能力。膳食中应供给富含矿物质和维生素的食物。同时，春季幼儿容易出现精神不振、睡眠不足的现象，除了加强户外活动外，需保证糖类的供给，维持其神经系统的需要。但是要注意限制过多超量的甜食，牛、羊肉属温热，应少食。

食谱制定根据春季幼儿生理及营养的特点，遵循春季养阳，重在养肝。春季肝旺之季，要省酸增甘。多食用性味甘平，富蛋白质、糖类、维生素、矿物质的食品，如瘦肉、禽蛋、牛奶、鱼虾、牛肉、鸡肉、豆类、芝麻、花生、鸡肝、血类、虾皮、新鲜果蔬等，满足春季幼儿生长迅速的特点，提高其抗病能力的目的。

《幼儿四季营养食谱》中，各类营养素的含量分别达到了：蛋白质占总热量的 12%－15%、脂肪占总热量的 25%－30%、碳水化合物占总热量的 50%－60%、钙元素占标准供给量的 90%。这使得所有提供的热量和各种营养素都能满足幼儿肌体需要，同时，还保持了各种营养素之间的平衡。实用几年来，收到很好的效果。

4. 环境平衡发展，是植根幼儿健康的保障

保护适宜人类生活的大环境，创造适宜人们生活的小环境，人与环境失衡，会使人生病或丧生。良好健康的环境就犹如一株成长的幼苗离不开新鲜的空气、充足的阳光和清澈的水一般，作为一名幼教工作者如何为幼儿创造这样的环境？我们认为“5S”管理背景下的优质环境和有效预防传染病、确保幼儿健康的环境是确保环境平衡的两大抓手。

（1）保育工作“5S”标准化管理，为幼儿的平衡发展营造了良好的氛围。

幼教集团的保育工作通过保育工作流程化和“5S”标准化的管理，培养了教职工和幼儿良好行为习惯的养成，极大地提高了工作效率和保教质量。健康管理中心始终以孩子身心健康和谐发展为核心，来考虑保育工作的精细和精准，经过努力又将“5S”标准化管理与保育工作流程进行了结合，通过对物、事和人分别进行定人、定置、定责管理，在进一步促进保教一体化落地的基础上，为幼儿的平衡发展营造了良好的氛围。

比如：户外活动流程“5S”标准化管理主要由主班老师和配班老师负责：定置、定责、定物管理，按照以下11个环节逐一组织。

1. 活动前准备 → 2. 安全教育 → 3. 带队伍 → 4. 安全预测 → 5. 活动要求 → 6. 活动组织 → 7. 活动放松 → 8. 整队点数 → 9. 活动评价 → 10. 返回教室 → 11. 喝水入厕、整理活动

以上11个环节中，我们对老师的管理要求进行了非常详细的诠释，还将其位置和责任进行了要求。比如，第4个环节——安全预测。

位置——活动场地，幼儿要在视线之内。

定责——检查活动场地，清除场地不安全因素，检查大型玩具是否安全。

再比如，第6个环节——活动组织。

位置——幼儿活动中时间，让所有幼儿都在教师视线之内，保证安全。

定责——首先是准备活动，仔细观察幼儿活动时的精神、身体各方面的变化，照顾幼儿随时穿脱衣服，给出汗多的孩子及时擦汗，特别照顾体弱儿。

并制定了注意点：幼儿安全放在首位，认真落实每个环节的规定，确保幼儿安全。

（2）创设合理有效预防传染病的环境，为幼儿健康成长保驾护航。

由于幼儿园是传染病易感人群集中地场所，是传染病易发的集聚场所，是传染病爆发和流行的场所，传染病的发生又有季节性的特点，所以关注健康，预防为主是幼儿园卫生保健工作的核心。《托儿所幼儿园卫生保健工作规范》也明确指出：“托幼机构卫生保健的主要任务是贯彻预防为主的工作方针，为集体儿童创造良好的生活环境，预防控制传染病，降低常见病的发病率，保障儿童的身心健康”。

为此，幼教集团始终把卫生保健工作放在幼儿园工作的首位，赵春梅董事长指出，“卫生保健在幼儿园的作用是不可取代的”。从建园以来，我们就

招贤纳士，组成了一支专职卫生保健队伍，用专业呵护儿童健康。

除集团总部设有健康管理中心外，各分园还设有保研室，保研室要求有专职的保健医生，以园长为第一责任人，共同与保研主任管理幼儿园的卫生保健工作，责任明确、分工到人，通过完善的传染病管理制度、传染病应急预案、即时性培训与诸多行之有效的预防措施为幼儿健康成长护航。

比如，手足口病流行期间，幼教集团将“普及有关手足口病的预防知识，提高全体教师的自我防范意识；完善传染病的信息监测报告网络；做到早发现、早报告、早隔离、早治疗；建立快速反应机制”，作为预防手足口传染病的管理目标，制定预防手足口病传播应急预案。

此预案由总园长任组长总负责，全面指挥其工作；副总园长及专家任副组长，随时掌握疫情，督导各个分园的消毒、隔离等；各成员负责做好各种宣传工作，随时检查督导各分园日常卫生消毒工作。

5. 阴阳平衡发展，是植根幼儿成长、深入研究的举措

万物均有阴阳属性，一旦阴阳失调，人就会生病。幼儿期更是生长发育的关键期，其生长发育状况是反映健康的一面镜子，也是家长和幼儿园所关注的问题。由于合理的幼儿动态健康管理体系存在着这样三个方面的重要问题：

◇从出生到青年是人生生长发育的重要时期，儿童时期的生长发育对一生的影响很大，定期体格发育检查、健康检查十分必要，若发现不正常，要找出原因并及早纠正。

◇对托幼机构的儿童进行比较，找出问题，利于儿童的发展。

◇对于临床疾病，生长发育指标是诊断的重要指标之一。如：生长紊乱、发育迟缓、内分泌疾病、先天心脏病等。

所以在阴阳平衡发展，植根幼儿成长，进行深入研究方面，我们着手从幼儿的动态健康管理体系和肥胖儿管理做起。

（1）合理的幼儿动态健康管理体系。

体重、身高是代表幼儿生长发育营养状况的两个指标，横向监测在园儿童群体发育状况，每三个月测量一次体重，半年测量一次身高，每年进行一次全面的综合性查体，包括视力、常规血化验、乙肝五项等，并进行综合评价。

儿童健康检查记录

序号	姓名	性别	出生日期	体格检查日期：____年____月____日			评价					视力		健康检查日期：____年____月____日			评价					视力		血色蛋白			龋齿颗数	听力	
				实际年龄	体重	身高	正常	肥胖	消瘦	低体重	发育迟缓	左	右	实际年龄	体重	身高	正常	肥胖	消瘦	低体重	发育迟缓	左	右	g	轻度贫血	中度贫血		左	右

纵向监测每个幼儿，入园建立健康档案，通过定期、连续对身高和体重的测量，观察分析其身高和体重的增长情况。常用生长发育监测图，根据不同性别的各年龄组正常儿童的体格生长（体重或身高）调查资料标记在身高、体重图上，制成参考曲线。将定期和系统测量所得的个体儿童的体格测量值画在相应的曲线图上，然后进行评估，还可以看出其生长趋势。如某个儿童的体重曲线持续与图中参考标准曲线平行，他的体重生长速度就是正常。如儿童体重下降或增长过快，应分析原因，及时干预。保健医生将每次测量体重、身高数据绘制在小儿生长监测图上，与标准曲线比较。把几次测量的数据连接起来为该儿童生长曲线图，动态观察小儿生长发育状况。

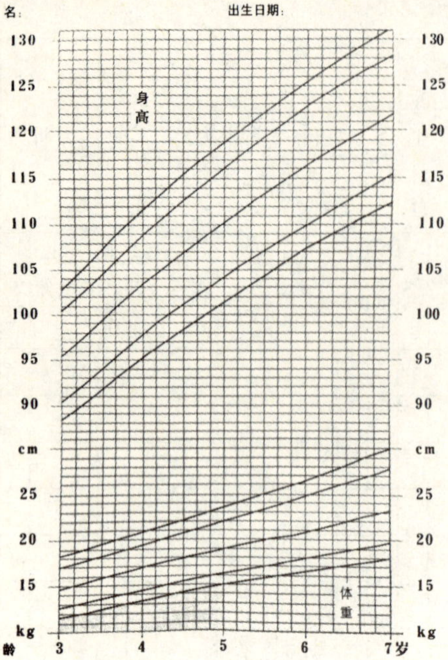

3－6 岁男孩身高、体重曲线

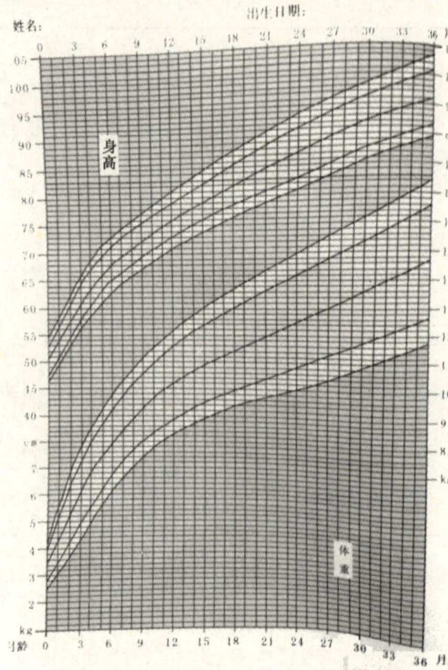

0—36 个月男孩身高、体重曲线

集团健康管理中心曾随机抽样部分幼儿身高、体重测量值与世界卫生组织（WHO）0—7 岁儿童身高、体重标准作比较，发现我园各年龄组幼儿的均值均大于 WHO 标准。

（2）肥胖儿干预。

近几年来随着生活水平的提高，多样化的食品充斥着人们的生活，高脂肪、高蛋白、高热量的食物，再加上一些不良的生活习惯，使儿童出现了营养过剩、体重超标或肥胖的问题，并且肥胖发生率正在不断增加。

肥胖对于儿童危害甚大，因肥胖的外观而造成小儿精神障碍产生自卑感，社交能力差，由于肥胖使肺脏、心脏等脏器负荷加大，影响心肺的功能，容易产生脂肪肝、高血压等疾病，并对日后成年人肥胖症、高血压、冠心病、糖尿病等疾病的发生产生密切关系。为此，肥胖儿干预势在必行，且越早进行效果越好。

幼教集团用综合评价的方法（年龄/体重、年龄/身高、身高/体重），体块指数（BMA 大于 25 为肥胖）进行评价，实施肥胖儿专案管理。

肥胖儿专案管理步骤：

第一，问卷调查阶段：发放“家长喂养知识及幼儿饮食行为调查问卷”，分析肥胖原因。

第二，教师与家长统一认识阶段。

第三，肥胖儿管理阶段。

◇对单纯性肥胖儿童建立肥胖儿管理档案，进行专案管理。

肥胖儿管理专案

幼儿园名称：________

班　　级：________

幼 儿 姓 名：________

建档：　　年　　月　　日

山东银座·英才幼儿园（集团）

◇饮食习惯的行为干预，如：进餐习惯、进食量等。

◇运动干预，增加活动量，如：跑步、做操、散步等活动。

◇与家长密切联系，家园达成共识，确保“干预”有力进行。

◇每月测量体重、腰围、身高一次，进行评价。（测量时间固定）

保育研究促进了幼儿身心和谐发展，促进了教师专业化的成长，提升了幼儿园保教工作的质量。应该说，建园以来，植根于幼儿的平衡发展，在强有力的专业团队的指导下，我们用“心”关注、用“爱”经营，使保研工作不断深入，有效地提高了保教质量。

第三节　植根于共识与同盟，家园共育显合力

随着社会的不断发展，家庭经济情况发生了很大的变化，出现了“全职妈妈”“高学历妈妈”，这说明家长越来越重视孩子的早期教育，但是家庭的教育状况同时也呈现出不同的情况，即有的家长非常关注孩子的成长，但她们的教育方法不科学不得当，还有的家长事业心强工作太忙，认为教育孩子是幼儿园的事。其实，幼儿园和家庭犹如一车两轮，只有同步调、同方向，才能有效促进孩子的身心发展。

相信，大家谁都不怀疑家园共育的重要性，也在尝试一些具体的做法。但在实施中，有时候会觉得效果差强人意。分析原因：一是由于我们的主观意识：以幼儿园教育为中心，一味要求家长的配合，缺乏了解家长的真正需求；二是家园共育的参与形式单一：家长会、开放日、运动会等，家长大多是被动参与，忽略了家长在主动参与教育中的作用；三是家长有意识地做好和幼儿园的合作，却缺乏对幼儿园教育的理念、方法、内容及形式的了解，导致幼儿园在家园共育工作中付出了很多，实效性却很差的结果。

多年来，幼教集团在不断实施—反思—再实施中，各个分园都积累了很多家园共育同盟达成的一些做法，并取得了很好的效果。

一、植根于共识与同盟，做好科学育儿的引领，夯实家园共育的根基

说到科学育儿的引领，有很多的方式，各类家长会的有效开展，应该说是科学育儿引领的重要形式之一。我们通过不同形式，不同类型、不同层次的各类家长会，让家长掌握科学的育儿知识和方法，引领家长走出教育孩子的困惑和误区，夯实家园共育同盟达成的基石。

为此，幼教集团的每个分园，都会定期地召开全体家长会、班级家长会，新的学年开始，还要召开新生家长会，三月份召开幼小衔接家长会等等，以便做好全面的科学引领，达成共识与同盟。除此之外，我们各个分园还将家长学校或家长沙龙作为植根于共识与同盟，有效引领家长科学育儿的很好抓手。家长学校和家长沙龙的开展，除了关注全体外，也注重了幼儿、家长的个别（或是个案）问题的解决。

比如：百花园在家长学校成立一个学期后，尝试开展有主题的系列性的沙龙活动，旨在将曾经涉及过的家园共育的话题内容，更为具体且有针对性地进行交流，如：健康的身体，积极的心态和良好的习惯培养等。通过家长学校核心成员的会议讨论，她们确定首先围绕“积极心态之语言的魔力”这个板块组织活动，并预设了三个小主题“如何讲故事，孩子喜欢听?”“《如何说孩子才会听》读书会”“讲话魔力，与专家交流”。就这样，一个月一次活动，沙龙面向对此类问题感兴趣的家长朋友，小范围地开展起来了。

值得一提的是，这些活动的开展，幼儿园都充分调动和发挥了家长尤其是家长学校核心成员的能动性，每次沙龙从策划准备到主持组织，都是主要

负责的家长来亲力亲为，幼儿园则安排擅长此话题的优秀教师进行协助，共同完成。

比如第一次沙龙“如何讲故事孩子喜欢听”，就是有关亲子绘本阅读经验的一次分享交流，由家长学校其中一位副校长善水妈妈主要负责，在绘本教学上很有经验的首席尹老师配合组织。善水妈妈很用心地考虑活动的形式，梳理沙龙前调查的问题，并在与尹老师的多次沟通后认真书写方案，在语文教研室工作的她，在活动的组织和主持上也是得心应手、游刃有余，因为擅长因为兴趣使然，善水妈妈非常积极地承担着这份“重任”；对尹老师而言，绘本阅读的话题也正是她所擅长且感兴趣的，与家长们做主题交流，既是宝贵经验的一种家园传递，对骨干教师来说，也是一种认可和锻炼。

第二次“《如何说孩子才会听》读书会”沙龙后，园长和两次都来参加活动的平安妈妈聊起来，平安妈妈说，“每个家长在说的时候我都觉得很有启发，虽然孩子各不相同，但是家长们谈的都是自己亲身实践过的经验，让我感同身受，在我们班级的群里我试图写出感受与大家分享，但是我觉得还是得自己来，今天我班的某某妈妈就是听了我这样说才过来的。”

什么是“让爱更多一点”，怎样做才是“让爱更多一点”，家长园长老师都需要先丰盈自己，才能让孩子在被爱中学会爱。家长学校家长沙龙是家园沟通的一个小小平台，在这里以点带面，慢慢影响更多的人自愿参与主动学习，努力丰盈自我。

如果说，百花园的沙龙是由幼儿园、园长来发起的，那么，在这里还想和大家分享一下，阳光园大大班开展的班级家长沙龙活动：

随着孩子们进入大大班，家长关注的许多问题也具有普遍性。如：幼小衔接方面，大大班的课程是否有相应的调整？怎样提高孩子的运算能力和识字量，轻松应对小学的面试？如何控制孩子玩电脑看动画片的时间？怎样给孩子建立规则？怎样提高孩子的自信心？怎样帮助孩子养成自觉完成作业的习惯等等。

家长们的需求让他们有了开设班级“家长沙龙”的想法，于是，她们和家长共同约定每周四晚五点二十分是她们沙龙的时间，每周都会设定一个主题。

主题的确立，是通过调查问卷的方式，在班级 QQ 群里发放并征集，通过问卷调查，她们了解了家长们最关心和困惑的问题，沙龙的活动内容也是围绕着这些问题展开的。

比如：《如何为孩子建立规则》《如何帮助幼儿顺利升入小学》《家庭关系对孩子的影响》《和孩子共享精神生活》《让孩子创造自己》《儿童的基本心理需求》《接纳孩子的情绪》……

沙龙的前半段时间是共性问题的解疑答惑和主题相关内容的培训分享，后半段是畅聊时间，互相了解孩子在园和在家的表现。

她们还会和家长一起赏读寓意深刻的绘本，如《方格子老虎》《布朗家的天才宝贝》，分享正能量的文章；如《上帝让我牵一只蜗牛去散步》《论孩子》等等教育书籍的推荐和共读，让她们吸收智慧的理念和方法。围绕孩子，大家有说不完的话题。为了保证沙龙的效果，她们每次邀请小范围的家长来参加，人数控制在10名以内，以使在沙龙中能有更细致深入的沟通。

这样的沙龙活动，让她们最有幸福感和成就感的是看到家长和孩子的改变。在一次家长沙龙活动后，小Y妈妈说："我发现孩子身上的问题都是父母造成的，要想改变孩子，自己就要先做出改变。"袁老师说："你真这样想，我们的目的就达到了，教育的本质是教育者的自身修行。"小T妈妈说："袁老师你推荐我读李跃儿的书，我读了，她的幼儿园也是爱的教育理念，她认为爱不是教育的一部分，而是教育的前提。我发现好的幼儿园都以爱为教育理念，庆幸选了咱们园。"

"家长沙龙"为老师和家长搭建了沟通的新桥梁，渐渐地，沟通的氛围更亲近了，像朋友之间的倾诉和交谈；渐渐地，教育的共识更一致了，像同盟军一样。

二、植根于共识与同盟，提高有效的家园沟通能力，促进家园共育的和谐

有效的家园沟通能力是统一家园教育观念，增进家园交流的必要途径。

家长群体是一个复杂、多元的群体，在年龄、性别、性格、职业和文化背景等方面存在差异，不仅不能用单一、雷同的方法来沟通，还要注意家园沟通的有效，有效的家园沟通，是促进家园共育达成的关键。黄金园邓群园长针对不同的家长采取不同的沟通策略也值得和大家分享。

她说：园长是有幼儿教育经验的行家里手，做好家长工作要知己知彼。对家长群体的差异，可进行全体类型细分和分析，这样能帮助老师们更有针对性地采取措施，满足家长个性化的需求。

对家长个性化的分析和沟通策略——

1. 祖辈家长的沟通

类型特点：现代生活节奏加快，社会竞争日趋激烈，父母们将养育和教育孩子的重任交给了祖辈家长，退休后的老人们有时间、有精力，乐意为孩子帮忙，中国老人有“隔辈疼”的心理，他们很关注孩子的身体健康，对孩子的生活照顾很细心，容易包办代替。由于祖辈家长的年龄长于园长，加之他们既非常在意别人对他们的尊重，又常常不理睬人。

沟通策略：在面对祖辈家长时可采取的策略：从细节中让祖辈家长感受到尊重，如：主动打招呼，表达对祖辈家长的热情：××爷爷好！××奶奶来接孩子了；参加园里活动，特地给祖辈家长准备高背的座椅；园里信息因担心祖辈家长不能及时收到，特地嘱咐提醒家长；需要家长签字时主动代签等，会使祖辈家长感受和体验到我们对他们的尊重、关心。这样自然拉近了彼此间的距离，有利于建立良好的情感关系。

实例：有一位挑剔的有文化的奶奶，在家长群体中颇有影响力。我们每次对她热情招呼，嘘寒问暖，对她反馈的问题及时回复、不厌其烦地解释或是及时地采纳她的意见，慢慢地，她感受到了我们的真诚和责任心，感受到对她的尊重和重视，在得知幼儿园遇到难题时，她用自己的号召力主动向家长解释，帮助幼儿园解除误会。家园关系更加和谐。

2. 高学历家长沟通

类型特点：高学历的家长，事业有成、自信心强，善于学习，对教育理

念尤其当下倡导的教育观念相当熟悉。如：李跃儿的《谁拿走了孩子的幸福》、孙瑞雪的《爱与自由》《捕捉儿童敏感期》，周弘和杨瑞清校长提出的赏识教育……他们深受当下教育观念的影响并运用于孩子的教育中，因此沟通前一定要做好准备。

沟通策略：这类家长的理解力和反思能力很强，也很有自尊心，因此不要直接告知答案，用讨论商讨的方式与其进行沟通对话。利用与家长的关注点契合的地方入手，容易让家长接受和认同。适时使用专业术语、引经据典结合幼儿园理念和实际做法进行交流，让其感受到一定的专业性。

实例：有的家长关注孩子自信心的培养而忽略日常生活自理能力的培养，用孩子在自我服务中表现出的自信和成功来说服家长的策略很容易让家长信服并接受幼儿园的教育理念，从而达成共识。

3. 低学历家长沟通

类型特点：文化层次较低的家长，有的不自信，认为自己不成功，不能让孩子“重蹈覆辙”，想管却不知道怎么管，对幼儿园或社会上的专家很依赖、很被动，注重教育的知识量的积累和孩子外在的表现，容易走极端或陷入误区；有的家长没有意识到幼儿教育的重要性，对孩子放任，认为只要进了幼儿园这个保险箱，自己的任务就完成了；也有的家长学历低但教育水平并不低。

沟通策略：面对这种类型家长，首先要热情主动地与家长交流，给家长多一些的关注、鼓励和帮助，用浅显易懂的语言和具体的指导办法，多用口头交流和面对面的沟通，多告知其孩子的闪光点和优势，这样的策略易于家长理解和接受。

4. 积极参与型家长

类型特点：这类家长对孩子在幼儿园的生活非常关心，会主动与教师交流孩子的最新发展情况，愿意配合教师的工作，知道家园共育会更好地促进孩子的发展。

沟通策略：此类家长作为家委会候选人。

实例：乐尊爸爸在入园初期就表现出对园里组织的活动及班级环境装饰积极配合，并经常提出一些建设性意见及方案供我们老师参考，经过一段时间的细致观察，老师一致推选乐尊爸爸为家委会成员，我们多次对乐尊爸爸进行引导及沟通，指导其如何发挥家委的作用。近期园里组织的圣诞及元旦晚会的活动中，乐尊爸爸发挥家委带头作用，组织并号召各位家长参与配合老师的工作，影响了更多的家长积极参与到幼儿园活动中。

5. 放心撒手型家长

类型特点：这类家长认为，孩子既然已经上了幼儿园，教育问题就交给老师了，自己可以撒手不管了，相信老师会帮自己带好孩子的。

实施方案：我们请这些家长积极参与园里的活动，让他们感受到有了家长的积极参与，孩子的发展会更加健康、快乐。

实例：泳泳小朋友的爸爸妈妈自己开公司并且每天只顾忙公司的事情，无暇顾及孩子，都是由老人接送孩子。他们认为花了这么多钱上幼儿园，孩子就完全交给老师了，做父母的义务尽到了。殊不知，泳泳小朋友性格孤僻，不愿意与小朋友交流，更不愿意参加集体活动，究其原因，是因为家长并没有参与到孩子的生活中，爷爷奶奶的想法和教育观已经落伍了。在经过和孩子妈妈耐心的沟通后，我们将孩子在园的真实表现告知家长，孩子妈妈突然意识到对孩子的疏于照顾，觉得自己挣再多钱也都是为了孩子，毅然把公司的事情交给爸爸，自己来照顾孩子。经过妈妈一段时间的陪伴，孩子进步很大。在我们的引导下，孩子妈妈也积极来园参加活动，也使她感受到有了她的积极参与，孩子的发展会更加健康、快乐。

6. 茫然无措型家长

类型特点：这类家长很想参与幼儿园的活动，想了解孩子在幼儿园的发展情况，但是却不知道怎样参与。

实施方案：我们通过各种方式与其进行及时的沟通，如面谈，家园吧上交流等，使家长更加了解我们园，改变了自己的观念。

实例：在感恩节活动中，我们通过亲子游戏、小朋友之间抱一抱、帮助爸爸妈妈做事情等活动来增进亲子之间的感情，通过活动孩子们也学会了感恩父母、感恩身边的人。家长经过这个活动更进一步体会到我们组织活动的目的和意义了；感受到了参与活动对孩子情感的影响。通过一次次的活动，家长看到孩子们特别开心，很愿意来幼儿园，也意识到家长参与到活动中对孩子的情感目标养成是多么重要！孩子们开心了，也调动了家长的积极性，同时他们也非常期待下一次活动的开展。

7. 谨慎担心型家长

类型特点：这类家长具备一定的育儿知识，对孩子的教育有自己的想法，很想参与班级的各项活动，但是每天看到教师忙碌地工作，又怕给老师添麻烦。

实施方案：我们要主动与他们交流，沟通情感，建立信任，消除家长的顾虑。

实例：这种类型的家长比较多，我们会抓住家长会的有利时机，把我们幼儿园的各项流程，老师是怎样精心照顾孩子等一一地讲给家长听，让家长放心。如，我们是如何消毒，孩子一天喝几杯水，什么时间段喝等。涵涵妈妈就是其中的一位谨慎型家长，她心思细腻，每次来接孩子时欲言又止，我们看到她这种状态，知道她还不是很了解和信任我们，这时我们会主动和她多交流，谈孩子在园的情况，平时多关注她关心的事情，多讲述她关心的事情，并且对孩子在园的情况及时给与鼓励和肯定；同时投其所好，我们知道涵涵妈妈对孩子阅读绘本比较感兴趣，在园里组织绘本阅读活动时我们邀请她来参加并讲解绘本。涵涵妈妈特别高兴，还说下次有这种活动一定还要来。由于参加了这次绘本活动，她对园里组织的活动变得特别积极，元旦活动时帮助小朋友选元旦演出服，圣诞节活动时还和宝烨妈妈精心包装圣诞礼物，送给班里小朋友。

另外，家长群体还可分爸爸、妈妈、保姆、不同年龄段的幼儿家长、离异家庭、特殊需求的家长、全职家长等家长群体。对于不同的家长群体，可采取不同的沟通策略，以达到家园教育理念、教育行为和教育要求的统一。

应该说，无论是老师还是园长，大家都用爱与责任构建了有效沟通的桥梁，用真诚与专业达成家园共育的同盟者。

三、植根于共识与同盟，给予家长体悟幼教的机会，推动家园共育的达成

对于家园共育的达成，我们认为再也没有比家长的亲自体验得来的感悟更有说服力，为此，每一个幼儿园都会开展“家长进课堂”活动，让家长把自己的才能、专长奉献给孩子的同时，体验一回做“幼儿教师”的“感觉”；还会让家长定期来幼儿园做义工，有的分园有的班级的班主任还让所有的家长一个都不落地到班级里做一次义工。说到这里，想和大家分享一下凤凰城

园一位年轻的英语教师芮阳的“一次机缘”，他说：

万圣节半日活动如约而至，因为前期的准备和通知工作做得比较充分，家长朋友都能按照我们的计划参与到本次活动中来，不光是孩子，连家长都玩得不亦乐乎，这样看来，我们的活动就算是圆满了，可是出人意料的精彩还在后面，在家长们与孩子挥手作别的时候，有3位热心的妈妈自告奋勇要加入到大一班的团队中来，说是想体验一下老师的工作，看着她们眼中期盼的目光，机不可失失不再来。对，就利用这次机会让她们圆一回老师梦。

在班级老师的指点下，妈妈们迅速投入到了日常工作中，她们拼尽全力上演着一幕幕认真负责的剧目，同时也因为“经验不足”，把自己搞得手忙脚乱、瞻前顾不了后，模仿老师们秀一把也有搞砸的时候。仅仅从午饭的餐前准备到孩子们整理完毕、上床午休这几个环节的操作，就让妈妈团们从当初的斗志昂扬中败下阵来，叫苦不迭。“不行不行，这活儿我们还真干不了，我们在家照顾自己一个娃还行，一下子照顾这么些，真是不容易啊！”……这时，当家长的体会到了我们工作的努力和艰辛。

我以为这次小小的体验活动就此画上了一个句号，不曾想，这三位妈妈回到家第一时间就在班级QQ群里大肆宣扬起了今天的工作，历数各种不易和辛苦，同时也开始大叹老师们真是不容易。这样，有了一回老师角色的体验，当家长的，开始站到我们这一边，帮我们说话。

这次妈妈团的义工体验活动，就像丢进池塘里的一颗小石子，在QQ群里荡起层层涟漪，更多的家长朋友主动申请要加入到下次的家长义工活动中来，一个月一次的家长义工难以满足众多家长参与的需求，我们在慎重考虑后，决定不定期安排家长进班体验，让更多的家长朋友走进我们，理解我们。

随着一次次家长义工的参与，在繁忙中我们的工作又向前迈进了一大步，不仅孩子们各方面的能力得到稳步发展，老师、家长也和孩子们一起进步了。

感怀机缘来得不早不晚，恰好就在我们需要的那一刻来到。

有了这样的体验，便有了共识与同盟的良好基础，家园共育又怎能不形成合力呢？

应该说，幼教集团在家园共育研究方面，通过有针对性的不同形式的观念引领及家长亲身体验等，逐渐形成了家园和谐的氛围，实现了教育资源的融合与共享，从而达成了教育者同盟，在相互督促、共同成长中让孩子们的身心得到了健康和谐的发展！

“教研—保研—家园共育研究的一体化结合”，既尊重了幼儿身心发展和学习的规律，又在保教一体化、推动家园教育者同盟的达成方面，起到了重要作用，为“幼儿—教师—家长的一体化发展”注入了更多的活力。下面，我们一起来看看“幼儿—教师—家长的一体化发展”。

第三章　厚德载物就要植根于“本”

——幼儿—教师—家长的一体化发展

不以“载物”为导向的“厚德”是伪道德，不以“幼儿成长”为目的的教育是假教育。沧海桑田，有多少人因“幼教梦”还在耕耘着幼教事业，物欲横流，又有多少人借着“哈佛”和“牛顿”的旗号在混淆着家长们的视听。中国确实需要一面幼教的大旗，但上面写的绝对不该是“哈佛”或“牛顿”，而该是“办中国式幼儿园”。

厚德载物就是要植根于“本”，植根于中国人的本，用中国的文化和民族精神培育出中国人的人才。在张扬孩子的个性、扩散孩子的思维和规范孩子的行为中切实关注到“幼儿—教师—家长的一体化发展”。

“幼儿—教师—家长的一体化发展”反映了四个层面的内涵。

第一，促进幼儿健康发展的前提是教师与家长先健康、先发展。

第二，保证幼儿和谐发展的条件是家长与教师观念同步、方法同步。

第三，在这个一体化发展中，每个个体的发展都影响与制约着其他两方的发展，正所谓“教学相长”融入其中。

第四，它表明幼儿教育的终极价值，是在促进幼儿全面素质提高的同时，促进家庭与社会的进步。

幼儿：对幼儿的生长发育的监测应当是科学的，对幼儿发展的综合评价应当是全面的，因为这正是他们成长中的真实需要。

教师：这个幼儿教育中的主导，其观念、行为直接影响着办园质量与教育品质。幼儿园把“美誉度”与“忠诚度”的传播重任，重重地压在了她们的身上。因此，提高教师的职业技能，规范教师的职业行为，完善教师的职业道德，强化教师的职业信念就显得尤为关键。

家长：不管家长教育子女的方法对与否，都不可能重来。我们实行“幼儿—教师—家长的一体化发展”，说到底，就是不让家长为自己的教育方法深感遗憾，最终转移迁怒幼儿园，而是让他们客观实际地看待自己教育子女的得与失。因此，家长便成了我们研究的主题。

“幼儿—教师—家长的一体化发展”，所追求的就是相互督促、共同成长。

第一节　幼儿植根性教育与目标达成

教育是对一个人实施适应社会发展的生存能力的教育，是认知能力教育与综合能力教育的总和，对于幼儿园来讲，真正的教育就是从孩子们的人生初期就教给他们掌握学习的方法，学会做人、学会做事、学会思考、学会自我约束。心理学家研究表明：一个人的成功80%是情商的作为，而20%是智商的结果。在未来激烈的社会竞争中，综合素质的高低将是决定孩子们能否在社会立足、立稳足、立好足的不二法则。为了对孩子们的未来负责、一生负责，坚持素质教育、坚定不移地抛开功利化的“量”的教育、坚持“质”的教育的幼儿教育信念，是集团创办以来一直坚持的教育原则。

为此，我们认为，作为植根性的幼儿教育，就是要在儿童早期个性、习惯、态度、情感等形成的时候，把理念文化尽早地、潜移默化地渗透给孩子、教师与家长。植根，就是要“坚持终身受益的理念”，“坚持以儿童发展为本的理念”，“坚持尊重儿童科学认知的理念”。

为了使幼儿植根性教育与目标得到很好的达成，幼教集团多年来坚持了以下各种实施途径和策略。

一、张扬儿童个性——让孩子的创造力更多一点

张扬儿童个性，保持儿童天性，了解每个孩子的个体差异，尊重每个孩子的与众不同，接纳每个孩子的一百种语言，让每一个孩子都有机会表达与表现，让每一个孩子都具有鲜明的个性特点，让每一个孩子都成长得像他自己，让孩子的创造力更多一点，更与众不同，这就是我们认同的教育，这就是爱与自由、平等与尊重的真正含义。因此，我们努力为幼儿提供丰富的情境，创造多元互动的平台，给予他们更多的自由、开放、自主的活动机会，让孩子们的需求得以满足，从而个性得以张扬。

1. 张扬儿童个性，就要让孩子成为幼儿园的形象代言人

孩子是幼儿园永远的形象代言人。在八九月份升班季，我们组织丰富多彩的升班系列活动，请大班的小朋友担任主持，和弟弟妹妹们分享升班的喜悦；在教师节当天的活动中，我们请小朋友当主持人，让他们表达出自己的心声；在各种节日到来时，我们请小朋友在大厅接待我们的来宾。让孩子们通过一次次自信地展现自己，来体验成果，获得自信。

2. 张扬儿童个性，就要让孩子一个都不少地成为舞台的主人

在幼教集团组织的各种演出或联欢活动中，我们始终遵循一个宗旨，那就是“一个都不能少”，让所有的孩子都有机会登上舞台，成为舞台的主人。不管是刚刚入园几个月的小小班宝宝，还是刚从外园转过来的新生；不管孩子们的动作是否标准、歌声是否动听、舞姿是否优美，都不会影响老师们给予孩子们的热切鼓励和真诚的赞美。

3. 张扬儿童个性，就要让每个孩子都能成为最好的自己

多元智能理论告诉我们，每个人都具有八种不同的智能要素，在这些智能要素当中，有的智能要素占优势地位，有的智能要素却是弱势地位。我们的教育要做的，就是要发现孩子们的优势智能，给他们提供足够的机会和刺激，让优势智能得以提高和发挥。因此，集体园本课程体系中，开设有各类特色课程，包括英语、舞蹈、声乐、美术、表演、体育等，尽可能地为不同兴趣爱好、秉性天赋的孩子提供适合于自己的发展领域和学习平台，让每个孩子都在不同程度、不同领域方面获得成长和发展，让孩子成为最好的自己。

如对于善于模仿、喜欢阅读、擅长表演的孩子们来说，绘本儿童剧无疑就是他们体味文学、施展才华的最好舞台。

对于热爱艺术、喜欢舞蹈、善于用肢体语言感受美、表现美的孩子们，舞蹈表演实现了他们的艺术创作和舞台梦。

对于那些喜欢英语、善于交往、口语表达流利的孩子们，英语童话剧给了他们最好的语言交流和表达的机会。

而热爱运动、喜欢锻炼、乐于合作的男孩子们，小小篮球俱乐部的小篮球运动以及丰富多彩具有挑战性的特色户外体育活动，为他们提供了广阔的赛场和锻炼的机会。

4. 张扬儿童个性，就要让每个孩子成为自己成长的主人

充分接纳孩子们的个性，给予孩子们足够的信任和尊重，让孩子们自己决定自己的生活，让孩子们自己选择想参与的活动，让孩子们成为自己真正的主人，这是我们幼儿教师能给予孩子们最大的快乐，更是给予他们的最深沉的爱与自由。

如在每年的八月最后一周，是孩子们升班的时间，为了让孩子们顺利升

到新班级并喜欢和适应新班级的生活；为培养孩子们良好的适应能力和沟通能力；更为给孩子们一个自主、自由的体验机会和锻炼的平台，我们设计组织了“快乐升班季”主题活动，充分发挥孩子们的主观能动性，给予孩子们足够的空间和自由，让他们自己设计活动，迎接新生活，真正成为自己成长的主人。

围绕升班活动，我们开展了以下五个小主题活动以及相关内容：

（1）快乐升班——我升班了我自豪。

①升班教育。组织与老师的告别会，在会上老师向孩子们传递正能量，让每个孩子知道，虽然老师离开了，但是老师永远爱他们，老师还会看着他们慢慢地成长。同时，告诉孩子们，即将要升入中班或大班，会结交更多的朋友，学习更多的知识，要给弟弟妹妹做榜样，从而培养孩子们的自豪感。最后，孩子们与老师抱一抱，亲一亲，说一句甜甜的话，表达对老师的感谢，接受老师妈妈的祝福。

②升班仪式。组织全体幼儿举行隆重的升班仪式，由园长妈妈亲自讲话，送出祝福，并为每一个班级的孩子们进行授牌。当孩子们拿到自己新班级的班牌时，都非常激动和兴奋，同时，我们请孩子们说出自己又长大一岁，又升入高一级班级的喜悦心情和感受，以及升班之后的希望和期待，鼓励幼儿表达出自己的美好愿望。我们还请大年龄的孩子们为小弟弟小妹妹们送祝福，小年龄的孩子们表一下决心。当然，在这样一个升班仪式上，我们也不忘安排小朋友担任小小主持人，以体现以幼儿为主体，而他们也表现得非常优秀。

（2）快乐相识——我的朋友我喜欢。

①我的老师。进入新班级，老师带领孩子们进行丰富的游戏活动，给孩

子们讲故事、表演节目等，让孩子们尽快认识自己，并鼓励他们用自己的方式让新老师记住自己。然后，老师们请幼儿用手中的画笔，画出新老师的样子，从而建立与老师们的亲密感情。

②我的名片。请孩子们向同伴介绍自己，让大家尽快地认识自己、喜欢自己，然后，鼓励孩子们为自己制作一张精美的名片，上面有自画像、双语名字、班级等，最后，老师把全班孩子的名片以及"我的老师"的绘画作品在班级门口进行展示，让孩子们体会新班级、新朋友、新伙伴带来的喜悦。

(3) 快乐游戏——我的玩具我分享。

请小朋友带自己最喜欢的玩具来幼儿园，与小伙伴们分享，在分享中感受同伴的友谊，体验分享的乐趣。同时，为了培养孩子们的交往能力、沟通能力，我们还组织平行班的幼儿串班互动，班与班之间分享玩具，一起游戏，更加提高了孩子们的游戏兴趣，增强了欢乐的气氛和分享的意义。

(4) 快乐生活——我的生活我做主。

为鼓励孩子们大胆表达，张扬个性，自主游戏，老师把半日活动的内容、形式、组织的权利完全给予了孩子们，由孩子们来设计游戏形式，提出游戏创意，自由自主自发地开展自己喜欢的游戏活动，老师只负责给予支持、帮助和辅助。于是，孩子们纷纷成为了真正的小主人，他们自发组织起了形式各异、丰富多彩的室内外游戏活动，如室内游戏击鼓传花、词语接龙、抢椅子、音乐游戏等；户外游戏如：好玩的水枪、好玩的光斑、好玩的踏板车等。孩子们在游戏中感受到了与同伴游戏的快乐，更体验了个性张扬的乐趣。

（5）快乐装扮——我的小家我添彩。

游戏中孩子们是自己的主人，那么在新班级新环境的创设上，我们同样让孩子成为小主人。我们鼓励孩子们与老师、家长、同伴讨论并制定班级环境的主题、形式和材料，然后分组对班级环境进行装饰，并动手制作各种玩具、手工作品等来装饰环境。当孩子们看到自己亲手布置的美丽、整洁的班级时，真正体会到了被尊重、被理解、被信任的感觉，也充分体验到个性张扬、自主自由的欢乐。

让孩子们成为自己成长的主人，不仅体现在成为环境的主人、游戏的主人，还体现在让孩子们成为学习的主人。如在大班主题《我是中国人》中，孩子们将自己打扮起来，登上舞台进行表演。他们还装扮成各个少数民族的样子，在大厅里通过展板向家长和小朋友们介绍各民族的风土人情，俨然成为了一个个小导游，成为了学习活动的小主人。

张扬儿童个性，守护孩子的天性，让每一个孩子都有机会和权利表达与表现自我，让每一个孩子保持自己独有的良好个性，这才是自由、平等、公平教育的真正含义。幼教集团为孩子提供了广阔的表达、表现的平台，以使每一个孩子的个性在这个平台上得到充分的张扬，在张扬中使孩子的创造力得到良好的发展。

二、扩散儿童思维——让孩子的想象力更丰富一点

想象力是创造发明的基础。有了大胆的创想，科学才不断发展，有了丰富的想象，时代才不断前进。爱因斯坦说过：想象力比知识更重要，因为知识是有限的，而想象力概括着世界上的一切，推动着进步，并且是知识进化的源泉。严格地说，想象力是科学研究的实在因素。可见，想象力对人类社会的发展是何等重要。进入信息时代的今天，创造性想象的培养，已成为教育中不可忽视的重要课题。

为此，幼教集团长期以来，在“关注素质教育，关注全脑教育，关注全人教育，关注完整思维教育”的过程中，不仅强调在开发儿童智力（观察力、注意力、记忆力、想象力、思维力等）的过程中，突出“思维力”的核心作用；更强调教师要了解幼儿创造性思维特点，关注幼儿创造性思维表现，并

采取多种手段，扩散幼儿思维，让幼儿的想象力更丰富一点。

1. 围绕创思主题，培养幼儿想象力

在创思课程主题的实施过程中，老师们为调动幼儿学习的积极性、主动性，为引发幼儿充分的思维扩散，开展“头脑风暴”活动，鼓励幼儿围绕预设活动和二级主题，大胆想象，积极思考，进行延伸和扩展，培养了孩子们的想象力和创造性。

如：在大班主题《一轮又一轮》活动中，老师带领幼儿思考：除了主题中提到的一年四季是一轮又一轮之外，还有哪些事物也是一轮又一轮的？孩子们展开想象的翅膀，充分挖掘已有经验，进行了大胆富有创意的表达与表征。以下这些图片便是孩子们对《一轮又一轮》创意活动的表达与表征。

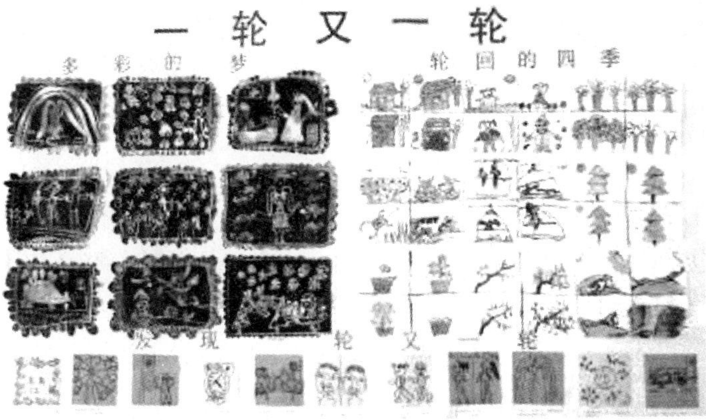

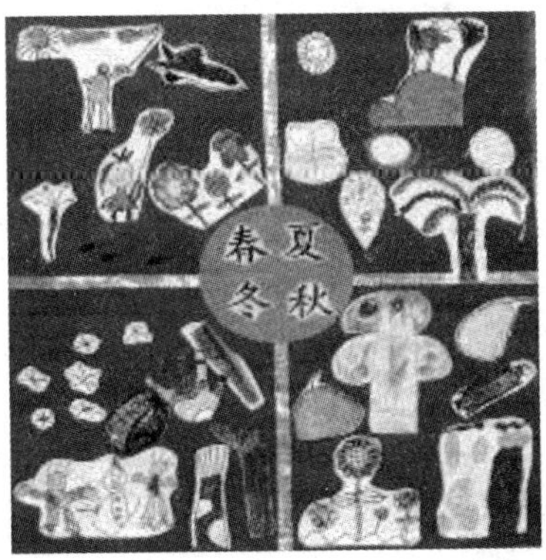

孩子们在对“一轮又一轮”的话题展开充分的讨论和丰富的表征之后，突然发现，在一轮又一轮的白天和黑夜过程中，他们对白天发生的事情已经非常了解，但夜晚又是什么样子的呢？夜晚又会发生什么新奇的事情呢？于是，从“一轮又一轮”的话题，孩子们又扩散出了“夜晚的故事”这样的新话题。孩子们发现，原来夜晚的星空是如此的美丽；夜晚的城市万家灯火，是那样的神奇；夜晚还有很多叔叔阿姨坚守在工作岗位，辛苦地为大家服务；夜晚还有很多小动物有着稀奇古怪的睡觉方式；还有很多美丽的鲜花是在夜晚悄悄地开放……

2. 借助艺术课程，激发幼儿想象力

《3—6 岁儿童学习与发展指南》中指出，幼儿艺术领域学习的关键在于充分创造条件和机会，在大自然和社会文化生活中萌发幼儿对美的感受和体验，丰富其想象力和创造力，引导幼儿学会用心灵去感受和发现美，用自己的方式去表现和创造美。

为实现艺术教育的目标，集团开设了各类艺术专业课程，如声乐、舞蹈、美术等。在艺术教育过程中，我们始终坚信，幼儿对事物的感受和理解不同于成人，他们表达自己认识和情感的方式也有别于成人。幼儿独特的笔触、动作和语言往往蕴含着丰富的想象和情感，成人应对幼儿的艺术表现给予充分的理解和尊重，不能用自己的审美标准去评判幼儿，更不能为追求结果的“完美”而对幼儿进行千篇一律的训练，以免扼杀其想象与创造的萌芽。

以集团美术教育“爱心小鱼”为例。

幼儿园的主题环境与三层楼的景观特色相结合，具有独创的园所主题文化内涵。其中，很多是幼儿的作品和创意的呈现。在幼儿园的一楼环境中，孕育了万事万物的大海景观，拥有迷离斑斓的色彩，逼真的海洋生物造型。经过主题文化的物化，体现出教师“母爱宏阔，深沉如海”的胸怀，幼儿园的老师爱幼儿，像大海妈妈一样呵护着每一条小鱼。基于这样的创设根本，幼儿用不同的方式表达出不一样造型和美感的各种各样的小鱼。在材料上，脱离原始的手绘、粘贴、剪纸等方式，用其他更新颖巧妙的方式让幼儿进行创作。

保丽龙心形切合一层母爱的主题，扭扭棒的使用，使幼儿更灵活地创造出想要表达的形态。而幼儿在创设小鱼的过程中，也大胆地尝试各种造型和结构，创设出千姿百态的“爱心鱼”。这些小鱼，没有一条是重复的、一致的。每个幼儿都有自己的想法：或者尖尖的鱼鳍，或者半圆状的鱼鳍，或者满身的刺儿，或者有美丽的花纹……无论何种造型、结构，都体现了幼儿独特的表现力和创造力。这类制作适合大班幼儿来完成。

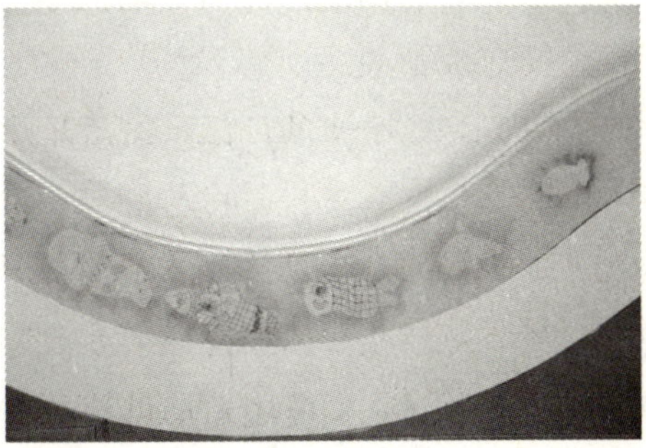

除了制作“爱心鱼”，幼儿还用喷喷笔制作了在大海里游动的小鱼。这个创意更多的是让幼儿用美丽的花纹装饰各种小鱼。为了制作出小鱼在海里游动的效果，先用幼儿的剪纸小鱼遮挡，然后用喷喷笔在剪纸小鱼边缘喷出颜色，拿掉剪纸后，幼儿再在鱼的形态上添画美丽的花纹。同样，每个幼儿都给自己的小鱼穿上漂亮的衣服，用基本的装饰手法进行了添画，小鱼的表情都是不同的：有眯着眼的、有调皮地笑着的，每位幼儿都赋予了小鱼一条生命。这类制作适合中班以上的幼儿完成。

幼儿对神秘的海底世界永远充满着好奇心和探求的欲望。描绘海底世界是幼儿的梦想。基于幼儿的年龄特点和绘画能力，引导幼儿线描画海底世界可以通过这样的方式：认识了海洋生物的基本形态之后，让幼儿发挥创造，把海洋生物进行美化，很多感情细腻的幼儿喜欢这样作画。他们笔下的海洋生物是如此的美丽和神秘。

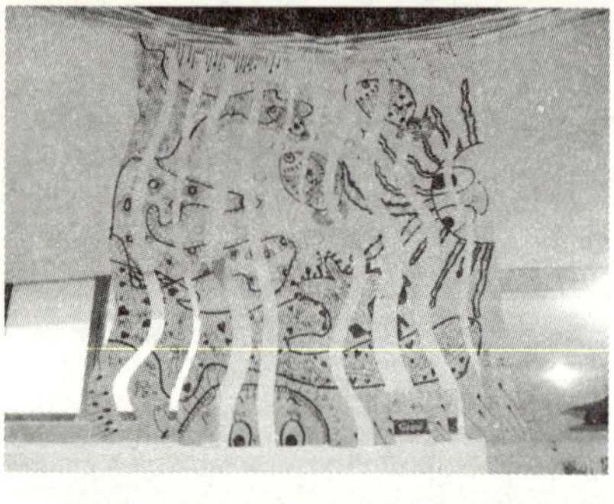

小鱼还可以怎样做？只要拥有智慧，就有数不尽的创意。习惯了橡皮泥塑造小鱼，幼儿可在教师的引导下制作纸浆小鱼。小手指对不同的材质、质感的体验，让幼儿体验了从未有过的乐趣。粉碎机粉碎出来的碎纸屑，被幼儿添加上乳胶，就变成魔力的“泥浆”了！不同形状的小鱼在幼儿的小手中诞生了。待纸浆小鱼晾干，再用水粉色上色，它的效果和橡皮泥是不同的哦。

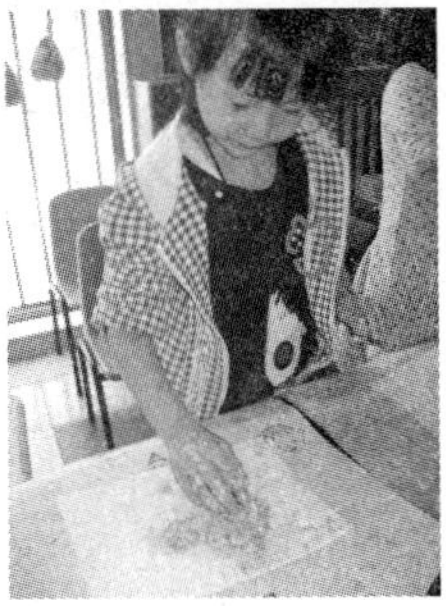

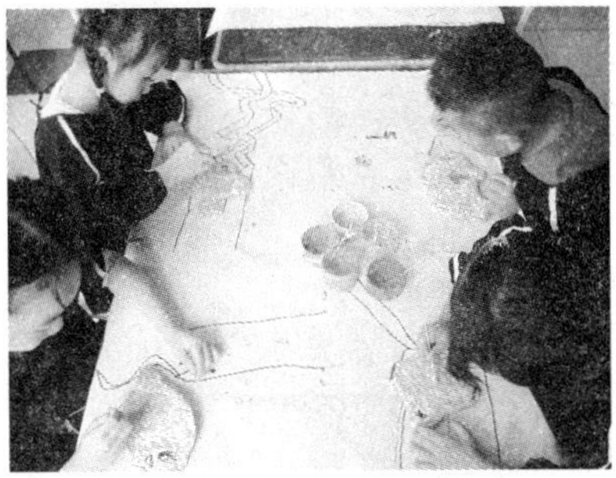

废旧的各种瓶子和盘子等其他材料，都可以成为幼儿的创作灵感。幼儿选择喜欢的颜色给瓶子打上底色，再在瓶子上面进行创作，使得废旧的瓶子变成了艺术品。

除了以创思课程主题的延伸与拓展、艺术教育活动为载体，扩散儿童思维，培养其想象力、创造力之外，我们还以“创设情境，营造氛围”“利用区域活动和游戏活动的实践功能”“注重师幼提问，让幼儿勤于思考”“捕捉教育契机，挖掘教育潜力”等多种形式，注重儿童创造性思维想象能力及创新意识的培养，让幼儿的想象力更加丰富多彩。

在未来的人生道路上，社会和工作竞争将非常激烈，学会如何运用自己想象的力量去解决问题，是很重要的。让我们的孩子因为有了想象的翅膀，而具备触类旁通、变通迁移、判断推理、探究发现、分析比较、知识整合运用的能力，以及适应社会瞬息万变的良好个性品质。

三、规范儿童行为——让孩子的适应性更国际一点

一位记者问诺贝尔奖获得者："您在哪里受到了最好的教育？"诺贝尔奖获得者回答："幼儿园。在那里，我学会了饭前便后要洗手，吃完东西要刷牙，自己穿衣服穿鞋子，按时睡觉，不要和其他小朋友吵架……"面对诧异的记者，他解释道："我的意思是说，在学校学到的知识或许只对我一时或某一个方面有帮助，但是在幼儿园养成的好习惯却使我终身受益。"叶圣陶先生也曾经说过："教育是什么？从简单方面说，就是形成良好的习惯。"而习惯的养成，越早越好。由此可见，良好的行为习惯对一个人一生的影响是多么的巨大，可以说是终身受益的财富，是走向成功的基础。

当我们张扬儿童个性，扩散儿童思维的同时，不容忽视的就是要培养幼儿良好的行为规范，这包括礼貌用语、文明行为、社会常规等基本行为规范。只有一个人具备了良好的行为规范，才能做到灵活而大气，智慧而规矩，得体而自然，才能成为受大家欢迎的人，也才能具有国际化人才的特点——自信、自主、自强、大气。

那么，老师是如何从一日生活各个环节入手，规范幼儿行为，使其养成良好习惯的呢？

1. 规范儿童行为，建立良好班级常规

班级常规的好坏直接影响幼儿的成长和教师组织一日生活的质量。如果常规没有建立好，幼儿就没有好的习惯，在教学中教师要分散精力维持各个环节秩序而影响活动的质量；反之，一个班级建立了细化、完善的常规，形成一个自然有序的学习、生活环境，让孩子在一个良好的环境中不断进步，这不但为幼儿良好习惯的形成奠定了良好的基础，同时也有利于教师活动的组织与开展。

我们根据不同年龄段幼儿的特点以及行为规范的要求，制定了幼儿一日生活中"入园、盥洗、进餐、如厕、饮水、午睡、离园"七大生活环节的基本常规要求，并制定了相应的教师指导要点以及注意事项，通过培训、研讨等形式，让老师掌握，再通过各种形式引导幼儿建立起这些基本常规。

如"盥洗"这一环节的常规要求如下。

（1）常规目标。

◇懂得盥洗对身体健康的重要性，对盥洗活动感兴趣，能积极参与。

◇掌握洗手、洗脸、漱口和梳头的正确方法。

◇培养形成良好的盥洗习惯。

（2）指导要点。

◇教育形式生动多样。

◇准备色彩不同、大小适宜、形状各异的肥皂，吸引幼儿积极参与洗手活动。

◇参与幼儿洗手活动过程，和幼儿一起边说儿歌边用六步洗手法洗手，增强幼儿洗手活动的趣味性。

◇通过故事、儿歌等教育幼儿懂得洗手对身体的好处，饭前便后、活动后、手脏时主动洗手。

◇引导幼儿认识梳子和镜子，激发幼儿对梳头的兴趣。

◇盥洗环境安全和谐。

◇组织幼儿合理分组，有序洗脸、洗手、饮水、梳头，保持盥洗室安静有序。

◇教育幼儿节约用水，能控制水流大小，洗完手后要在水池内轻轻甩三下，用毛巾擦干手上的水迹；接水要接半杯，接水后要端平水杯，防止溅湿地板而滑倒摔伤。

◇关注幼儿洗手、洗脸和漱口的过程，发现有打闹、玩水等情况，及时给予提示和引导。

◇为幼儿准备专用的毛巾、水杯和梳子，对幼儿使用的洗手池、毛巾、水杯、梳了定期进行清洗和消毒。

◇行为强化很重要。

◇指导幼儿轻轻打开水龙头，调至合适的位置，保持水流柔和，对搓洗不仔细、冲洗不干净等行为，教师要耐心地给予动作示范和语言提示。

◇通过有趣的漱口儿歌引导幼儿用鼓漱法进行漱口。提醒幼儿将漱口水含在嘴里 3—5 次，再轻轻吐进水池中，不要把水咽进肚里。

◇鼓励短发幼儿照着镜子自己尝试梳理头发，学习正确的方法，右手五指弯曲握住梳子柄，使梳齿朝下，结束后，将掉落在肩部、地上及残留在梳子上的头发放进垃圾桶，并把梳子刷洗干净。

◇榜样作用：采用语言鼓励、同伴示范、环境暗示等方式，促进幼儿良好盥洗习惯的养成。

(3) 注意事项。

◇洗手环节：针对幼儿不专心、贪玩，经常弄湿衣袖、地面，不会控制水流大小，洗手方法不正确等问题，教师应耐心指导，帮助幼儿学会正确洗手方法。

◇洗脸环节：许多幼儿没有掌握正确的洗脸和擦脸的方法，洗的过程“轻描淡写”，擦的时候敷衍了事。教师应借助朗朗上口的儿歌，让幼儿熟知洗脸的步骤，并边说边做，巩固强化。

◇漱口环节：针对幼儿不会用正确方法漱口，部分幼儿不愿意漱口，有的幼儿贪图玩耍、敷衍了事等问题，教师可以采用不同方式进行干预。

◇梳头环节：幼儿在梳头环节中可能出现不会正确使用梳子，没有整理仪容的意识等问题，教师应通过创编有趣的童谣，开展丰富多彩的活动，进行示范讲解等方法，帮助幼儿养成良好的梳头习惯。

2. 规范儿童行为，多种策略形成习惯

(1) 榜样示范法。

大班幼儿已经具备了基本的自律意识和自我管理能力，且模仿能力强，喜欢帮助老师完成班级工作，热爱为集体做事情。因此，我们充分发挥大班幼儿这一特点，开展“小小接待员”“小小监督员”的活动，并评选出班级“文明小标兵”“礼貌小绅士”“明星值日生”等等，从而激励幼儿习得好的文明习惯，做好其他同伴的榜样示范，形成幼儿自我管理、自我监督的良好班级氛围。

(2) 情境诱导法。

对于小班、小小班幼儿来说，新入园的一段时间是基本常规建立的关键阶段，由于幼儿年龄小，尚处于适应期，很多工作就需要老师具有特别的耐心和细心，付出更多的情感和爱。因此，对于小年龄幼儿来说，从情感入手，运用情境诱导法，是提高和强化生活常规的有效方式。

如新生入园初期，孩子们常常把脱下的鞋子东一只西一只乱扔乱放，场面狼狈不堪。面对这种情况，老师就从情感入手改变教育策略，让幼儿观察比较两幅不同表情的鞋子照片，一张是分开后流泪的鞋子照片，一张是摆在一起开心的照片，引导幼儿说出鞋子的不同表情，猜测鞋子难过和高兴的原因，让幼儿可以从形象的图案中感受到两只鞋子是对好朋友，它们不愿分开的需求。这种从情感入手的教育方法对小班幼儿非常有效，两只鞋子分开后的难过表情强化了幼儿将两只鞋子摆在一起的意识，从而也就逐渐形成了生活常规。

小班幼儿还喜欢把所有的玩具统统拿出来一一玩后才算尽兴，听到收玩具的音乐，便迅速离开活动区，场地一片混乱。面对这种情况，老师会扮演伤心的小玩具，用拟人化的口吻对孩子们说："小朋友把我到处乱扔，我找不到自己的家和小伙伴，呜呜呜好难过。"小朋友被打动了，你一言我一语地表示愿意帮助这些玩具宝宝回家。于是，老师让幼儿将一样的物品放在同一个盘子里，对应橱上标识放好。就这样，不到一星期，孩子们就熟悉掌握了每个活动区的收放方法，养成了收纳玩具、整理玩具的好习惯。

（3）音乐暗示法。

用不同的音乐来规范幼儿不同的活动，可以让幼儿减少一些不必要的吵闹，可以说是一种很好的方法。如我们在区域活动结束时，用一段优美的音乐，让幼儿一听到音乐响起就自觉地整理材料，等音乐换到欢快时，幼儿的材料就要整理结束，跟着老师做不同的动作。在进餐时我们播放一些优美、抒情的钢琴曲，让幼儿在轻松的氛围中进餐。活动结束后，播放一些柔和的摇篮曲，让幼儿到座位上休息等。音乐在幼儿常规建立中的作用是非常大的，值得注意的是，所使用的音乐不要经常更换，让幼儿习惯成自然。

（4）正向引导法。

我们要求老师永远用正向、正确和积极的方式对幼儿提出要求，直接告诉幼儿具体如何去做和做什么，而不是告诉他不要如何做和做什么。如教师看到幼儿在结构区将花片乱扔在地上，经常会听到这样的对话，“××，不要乱扔花片，把花片捡起来!”如果教师采取另一种方式，比较温和但是坚决的方式，对他说：“××，这个篮子是花片的家，我们把地上的花片送回家。”如果幼儿同意的话，教师还可以和他一起收拾。这种积极正向的引导，有利于帮助孩子较快地建立行为规范，并掌握一定的常规要求。

(5) 家园配合法。

有一个算式，叫“5＋2＝0”，说的是孩子在幼儿园通过五天的培养，养成的良好习惯，在家的周末两天就大为松懈，效果也大大减弱，甚至适得其反，可见家园配合有多么重要。家庭是幼儿的另一个学习园地，家长是重要的老师，更是孩子模仿的对象。因此，我们特别注重做好家长工作，引导家长在家中做好榜样，注意培养幼儿良好的常规。因此，我们定期在家园联系栏中张贴育儿宝典，向家长发放一些先进的家教资料，分享有关家教的书籍，帮助家长掌握一些科学的家教方法，使幼儿良好的行为习惯在家中得到强化。我们还在班级中设置了“好行为好习惯”评比栏，只要是小朋友在家里能自己的事情自己做，还会帮助大人做一些力所能及的事，就让爸爸妈妈以口述日记的形式写下来，并拿到幼儿园，老师就会在全班小朋友的面前进行朗读，以此鼓励孩子。这种做法，取得了良好效果。

另外，幼儿良好行为规范和生活习惯的养成，不是一蹴而就的，而应经过长期的坚持和反复的强化。这就需要我们老师在完成这项工作的时候，注重其一贯性原则。比如：家园的密切配合、严格要求等都是幼儿良好行为习惯养成中应该注意的。

四、理念影响心智——让孩子活得更幸福一点

不论是理念，还是环境，其核心目的，还是为了影响每个孩子和教师的心智，帮助他们适应与选择在不同环境下，具有不同的思维方式与不同的行为指向。“让孩子在被爱中学会爱（会爱），让孩子在宽容中学会理解（会理解），让孩子在合作中学会分享（会分享），让孩子在努力中学会竞争（会竞争）”，是我们要培养孩子形成的心智内涵。而这种心智模式一旦形成，就会指导他们未来的行为态度和行为意识，以至于影响其个性形成与人生轨迹，从而提高其人生的幸福指数。

幼教集团十二年来，坚持植根爱的教育，并在研究“爱文化”中，研究幼儿心智模式的形成。努力培养幼儿形成责任感、目标感、耐心、自律、信任、乐观、成就感、激励、拼搏、果断、沉着等积极心态，避免形成虚荣、拖沓、忧虑、找借口、怯懦、狭隘、沮丧、萎靡、犹豫等消极心态。而当孩子们逐渐形成了这样一些积极的心态、良好的心智模式的时候，汇报给我们的是一个个感人的故事。

就在刚刚落下帷幕的星星火炬英语风采大赛的活动中，我们有两位小朋友，为了不影响正常比赛，为了不影响整个团队的成绩，不顾自己发着高烧，也不顾老师们的百般劝阻，毅然坚持完成了比赛，感动了在场所有人。我们的辅导老师宿丽含着热泪记录下了这感人的一幕：

就在紧张排练的不知不觉中，儿童剧《功夫熊猫》今天就要登上舞台，参加正式的演出和比赛了！我和我的孩子们都兴奋不已，信心满满，坚信会取得好成绩。比赛是在下午，于是上午我们就开始了紧张的化妆工作。可就在这时，突然接到了一个不好的消息：团队中有两个孩子发烧了，一个正在等待化妆中，还有一个还在医院打着吊针，无法赶到。听到这个消息，我心急如焚，一方面我为孩子们的身体担心、心疼，另一方面，担心我们的演出是否能正常进行。要知道，一个儿童剧中的每一个角色都是非常重要的，如果缺少了角色，势必会影响其他孩子的表演，也就会影响到整个剧目的演出效果。

正在我不知所措的时候，两个孩子的家长找到我，对我说：“孩子们说了，发烧也要上，要不然小朋友就没法演了。孩子们都如此坚持要上场，我们也就支持孩子的决定，不能在关键时刻掉链子，老师您不要担心。”听到孩子们和家长这样的回复，我感动得无语凝噎，但内心还是非常忐忑的。

就这样，一路忐忑中，我们到达了比赛现场！我一直关注着发烧的大涵宝宝和刚刚从医院拔下吊针就赶到赛场的博文宝宝，并提醒她们和妈妈们，如果不行，一定不要勉强，身体最重要。可两个孩子和妈妈们都毅然坚持要参加完演出。就在临上场5分钟的时候，大涵小朋友已经高烧39.4度了，她闭着眼睛，躺在椅子上，一动不动。这可把我和她妈妈都吓坏了，我们使劲喊着大涵的名字，眼泪也止不住地流了下来。这时，大涵微微睁开眼睛，虚弱地对我们说：“我就是想休息一下，好有力气，一会儿上台表演。”看着孩子难受的样子，听到孩子这样的话语，我紧紧地抱住她滚烫的小身体，热泪盈眶。

就这样，大涵拖着摇摇晃晃的身体上场了，看到大涵跌跌撞撞的，几度就要晕倒，却用尽全身的力气尽情地表演，我心里像针扎一样的疼，眼泪再一次夺眶而出！这就是我的孩子啊，为了集体，为了团队，克服自己身体的痛苦，坚持承担自己的责任，完成自己的使命，这是怎样的毅力和精神啊，她是一个才五岁的孩子啊。下场之后，大涵已经几近晕倒，我赶快抱住大涵，眼泪止不住地往下流！我对妈妈们说，有这样的好孩子，是家长和老师的骄傲，是我们的自豪。

在孩子们的坚持和努力下，在家长们的理解和支持下，我们的儿童剧得到了评委的一度好评，取得了优异的成绩。事后我给两位妈妈打电话表示感谢，她们是这样说的——博文妈妈说："您好，宿老师，千万不要这么说，大家是一个整体，孩子要知道什么是荣辱与共，相对于这种品格的培养，身体的病痛应该尽量地克服，我想所有的妈妈应该都是这么想的，也非常感谢您，您辛苦了！"大涵妈妈说："老师，这是应该有的责任感，无论父母还是大涵都必须坚持到底，不轻易言弃。刚刚大涵靠在墙上，心里只是有点没底，毕竟坚持也得有身体条件做基础啊，好在结果还好，孩子们表现都不错，是件可喜的事情。"

演出结束了，比赛成绩也出来了，虽然我们的演出不如彩排的时候精彩，成绩也不够理想，但我感觉我们整个团队的努力和团结，我的孩子们的成长和发展，我们家长们的凝聚和支持，已经远远超出了这次比赛的意义。我为孩子们骄傲，我为家长们感动，我更为整个团队自豪！

通过这样一个小小的故事，我们更深切地体会到集团"爱"的教育真谛，也让我们更深地感受到了集团"让爱更多一点"的理念带给孩子、家长和老师们的成长。教育是什么？理念是什么？其实，教育的作用，理念的影响，是当一个人把所有学到的知识全部忘记之后，留在内心的东西，那就是一种心智模式。我们就是要用这样的理念，这样的教育，建立孩子们的心智模式，让孩子们的内心更加坚毅，更加成熟，活得更幸福。

第二节　教师植根于教育实践，以达到教学相长

再好的理念，再好的教育模式，再好的课程体系，再好的办园特色，如果不能物化成教师的教育实践，通过有效的教育途径，转化为孩子的发展，那都是单摆浮搁的空谈。因此，教育的植根，就是要通过多元的教育途径，适宜的教育策略，有效的教育方法，真正优化我们的教育过程，完善教师的教育行为，促进孩子的全面发展。在促进幼儿发展的同时，也反过来推动教师的专业成长，提升教师的保教技能，增强教师的教育智慧，以达到真正的教学相长。

为实现这样的植根教育目标，十几年来，赵春梅园长引领银座幼教人边实践、边研究、边总结、边提领，创造性地提出了五种有效的教育途径，即情境教育、养成教育、差异教育、互动教育、生活教育。五种途径的产生，在很大程度上受到了教育家陶行知先生“生活即教育，教育即生活；学校即社会，社会即学校”，以及著名幼儿教育专家陈鹤琴先生“活教育”的理念的影响。他们的主张更大程度上提醒我们，要让孩子们从课本走向课堂，从课堂走向社会。大自然、大社会才是孩子们取之不尽、用之不竭的发展源泉。

为落实五种途径，我们要求老师们必须做到：认真做好教育研究，研究为什么教育、教育什么、如何教育的问题；研究如何有效实施五种途径，从而优化一日活动，促进幼儿的发展；研究如何通过观察记录、作品分析、建立幼儿成长档案等形式，了解幼儿的行为表现，解读幼儿的心理特点，把握每一个幼儿的个体差异，把握每一个教育过程，关注每一个教育环节，适时、适宜、适度地去支持孩子、评价孩子、观察孩子、引领孩子，真正实现因材施教，促进每个孩子在原有基础上的发展。

一、情境教育——把大社会浓缩在幼儿园

情境教育，顾名思义，是指让幼儿在特定情境中体验、感受、互动和参与，以满足他们模仿社会角色的需要与自我感官探究的需要，开拓他们的视野，丰富他们的生活经验，并帮助他们运用这些生活经验，走进新的学习和

领域，最终形成丰富的情感，建构新的认知经验，从而提高生活质量，指导未来生活。

“情境教育”的价值，就在于开放和真实。情境，让教育真正走向了开放；情境，给了孩子最真实的体验；情境，通过开放、真实、生动、随机的教育契机，让幼儿真正地走出课堂，走入生活，走进自然，走向社会，从而认知真实的世界，体会真实的感受，鉴别真实的自我，接纳真实的他人，从而了解真实的生活，建立真实的感情，成为一个真实的自己。

1. 关注生活情境，捕捉教育契机

生活中时时处处蕴含着丰富的教育元素和教育契机，就看老师能不能把握和利用好这些教育的真实情境，捕捉这些教育契机，完成有效的教育过程。

如：有一位年轻教师在冬日的午餐后带领小班的孩子们在院子里散步，暖暖的太阳照在孩子们的头上、脸上、身上，舒服极了。这时，有的孩子兴奋地说：“太阳晒得我的头好热啊!”于是孩子们都纷纷摸着自己的头，又摸摸小伙伴的头，兴奋地说“我的也是”“我的也是”，还热情地邀请老师来摸一摸自己的头。这时，老师意识到这是一个很好的引导幼儿认识身体各部位名称的生活情境和教育契机，于是对孩子们说：“那我们都来找一找，太阳公公还晒到了我们身体的什么地方了？什么地方也是暖暖的呢?”孩子们的兴趣一下子被调动起来，纷纷指着自己的身体，争先恐后地说“我的胳膊也是暖暖的”“耳朵是暖暖的”“腿是暖暖的”“屁股是暖暖的”“脚丫也是暖暖的”……接下来，老师又带着孩子们玩起了“指鼻子指眼”的游戏和“哪里不见了”的游戏，进一步利用这一真实自然的生活情境，巩固孩子对身体部位的认知。就这样，一个小小的生活情境，被老师及时地发现和把握，自然而然地完成一个有关身体认知的活动，并且潜移默化，润物无声。

真实的生活情境，就这样被有智慧的老师自然地利用了起来，成为了游戏，完成了教育，更成为了孩子们自发的学习过程。

2. 创设游戏情境，提高教育实效

幼儿具有直观行动性思维和具体形象性思维特点，并且具有爱幻想、泛灵性的心理特点，他们喜欢把身边的事物泛灵化，看作是与自己一样具有生命的生灵，并完全沉浸在虚拟的情境世界里。因此，在集体教学中，老师经常会采用创设拟人化游戏情境的方式，巧妙导入活动，激发幼儿学习兴趣，并引导活动的开展。

如：在美术刮花活动《一条线的旅行》中，老师就巧妙地创设了一个"带毛线旅游"的游戏情境，引导着孩子们走进奇妙的创作情境，开始了生动有趣的艺术创作，最终形成了新的知识经验和丰富的艺术体验。

首先，教师运用道具"毛线"，引入情境。

教师："孩子们，你们知道吗？在我们的生活中，隐藏着好多好多的线。你看，我手里就有一根毛茸茸的线，名字叫毛毛。它有一个特别的本领，可以变成各种各样的线，不信你看！"

老师将毛毛变成弹簧线："它看起来像什么？生活中你在哪里见过这样的线？"

幼儿："我家的电话线就是这样卷卷的，还有弹簧！"

教师："你还知道哪些线？"

幼儿："大海的波浪是弯弯曲曲的波浪线，蜗牛壳和棒棒糖有螺旋线……"

幼儿通过教师手中的道具和循序渐进引发的问题，马上将这些线与生活相联系，有了多种多样的答案。

其次，教师利用情境回忆的方法，请幼儿分享自己曾经的旅行趣事，调动起所有幼儿的表现欲和积极性。

教师："毛毛还有个特别的爱好，就是去旅行。你都去过哪里旅行呢？

幼儿："我去过上海，看见了东方明珠，它特别高，上面有个大圆球；我去过杭州，有水也有桥；我去过动物园，看见了很多动物……"

教师：现在，我们跟着毛毛一起去旅行好吗？Let's go!"

播放舒缓的轻音乐，带领幼儿一起走在旅行的路上，创设旅行的情景。每当音乐暂停，出示一幅具有代表性的中国风景图片，请幼儿欣赏美景并描述看到的景象。

第三，通过讲故事的方法，引出"毛毛去旅行"时的所见所闻。

教师："一条线要出去旅行，它从家中出发，去了海边，见到了各种植物、动物，然后去了少数民族部落，遇见了……又去了……看到了……还去了……吃到了……最后它有点累了，决定回家了。哦，原来这是毛毛的旅行线路图啊！"

教师边引导边请幼儿补充，并提醒：线要连续并有交叉，最后回到原点：如果有的地方是它没有玩够的，打算下次再去，可以用图形做个记号；根据看到的景象或遇见的事物在每个不规则图形里添画不同的线。

第四，幼儿创作。幼儿根据已有的旅行经历或教师提供的风景图片完成“一条线的旅行”图。

第五，幼儿展示并讲解作品。

幼儿：“我去海南的时候吃过那么多的水果，中间还开车去了一个公园……”

旅行中的“故事”跃然纸上，有的无需讲解便能看出孩子们去过哪里，比如大海和海洋生物，各种小动物、水果、冰激凌等。有的具象事物过于复杂，幼儿不会表现，便用符号或者各种线条代替。有的是孩子们根本没去过却在心中创想的美丽景色。最终，这幅只有他们自己能看明白的旅行图变成了快乐旅行中的最美回忆和记录！

“一条线的旅行”不仅让幼儿沉浸在旅行的情境中，更增加了艺术创作的灵感。一条自由的线变成了幼儿的童心，牵着它走遍天涯海角。几乎所有的孩子都是边“走”边讲边完成创作的，还不时跟身边的小朋友分享：“我去了哪里，看到了什么……”甚至还有从来没去过的地方，比如：宇宙太空、海底世界……走累了，或者有吃有喝，或者坐上交通工具继续行走。画面中，有的孩子还表现出了天气，比如下雨了用短线表示，晴天就画个大太阳。绘画创作能力强的孩子能添画完整生动的形象，如小动物、冰激凌……能力偏低的则用熟悉简单的线条和图形代替。没有哪位幼儿是不愿意表现自己的内心情感的，并且都津津有味地陶醉在“旅行”的快乐中。

一幅抽象的线描画，因为孩子身临具体形象的情境中而产生了浓厚的兴趣。作为老师也轻松地沉醉在他们的旅行故事中，没有过多的技能指导，仅仅是一个故事，就将所有的孩子引入其中不能自拔，不仅激发了幼儿创作美的情感，更加激起幼儿强烈的表现欲望，最终体验到创作的快乐和成功的喜悦。

3. 挖掘节日情境，拓展生活空间

节日，承载的是文化，是历史，是一方水土的传统，是特定地域的习俗，是孩子们了解中国、了解世界、了解文化的重要途径，更是弘扬真善美的重要载体和丰富情境。

在银座幼儿园，被孩子和家长们津津乐道并且充满期待的，就是一年到头丰富多彩的节日情境活动。在这里，不论是中国的传统节日，如春节、元宵节、中秋节、清明节、端午节、重阳节、国庆节等，还是世界各地的各类节日，如圣诞节、感恩节、万圣节、母亲节、父亲节、妇女节、儿童节、情人节等，幼儿园都会进行精心的策划设计，组织丰富的节日活动，邀请家长、孩子共同度过有意义的节日。

如，元宵节，我们会开展“亲子花灯展”和“有奖猜灯谜”活动，发动家长和小朋友一起亲手设计制作花灯，编写灯谜，然后悬挂在幼儿园的一楼大厅里，供所有小朋友和家长来欣赏和观看，营造出浓厚的节日氛围，增添节日的欢乐气氛，并为家长和孩子们创造一个亲子互动、参与体验的机会。

母亲节，我们开展“保护蛋宝宝”的节日情境活动。我们让孩子们在家里每人带一个生的鸡蛋来幼儿园，自己担任这枚蛋宝宝的爸爸妈妈，要自己想办法保护好这枚蛋宝宝，确保它在一天之内完好无损。孩子们绞尽脑汁，想出各种办法，给自己的蛋宝宝制作一个小窝，有的用纸盒，有的用毛巾，有的用棉花。然后，他们悉心呵护着自己的宝宝，生怕它受到一点点的伤害。有的放弃自己出去游戏的机会，有的睡午觉时也搂着自己的蛋宝宝不放，还有的一天好几十次地看望自己的蛋宝宝，抚摸它，亲吻它，生怕有什么闪失。一天下来，蛋宝宝不小心破了的孩子郁郁寡欢，非常伤心。成功保护好蛋宝宝的孩子虽然非常开心，但也感受到了当爸爸妈妈的责任和辛苦。这时，老师们适时地引导孩子体会：其实，你们的爸爸妈妈每天都在像今天的你们一样，无微不至地照顾你们，关心你们，为了你们舍弃了很多，付出了很多。晚上，当爸爸妈妈来接孩子们的时候，所有的孩子都扑向自己的爸爸妈妈，深情地拥抱他们，亲吻他们，表达着自己对爸爸妈妈的感恩和爱。

圣诞节，老师扮成圣诞老人为孩子们送礼物，孩子们穿上节日的盛装走进社区，为叔叔阿姨们唱圣诞歌，送圣诞礼物；万圣节，孩子们和老师们一起举行化装舞会，戴着夸张的面具去向老师讨要糖果，搞怪开心。

4. 模拟情境体验，强化安全教育

除了节日情境以外，在安全教育方面，我们也充分利用情境教育的方式，给孩子提供身临其境的体验，以提高孩子们的安全意识，增强自我保护的能力。

如：为使孩子们真正懂得“不跟陌生人走”的安全保护要求，我们创设了“陌生人到我班”的模拟情境，邀请家长或是其他园的老师来扮演成陌生人，来到班级哄骗小朋友，看小朋友的反应，以此为契机向孩子进行安全教育；我们还带领大班孩子们到小区超市开展了“走丢了怎么办”的情境活动。当孩子们以为老师是带领他们来超市“小鬼当家”并兴致勃勃地购物时，老师突然悄悄地躲了起来。当孩子们发现老师不见了的时候，开始是不以为然，然后就是紧张、恐惧，再后来就一起商量，并求助于超市工作人员，给爸爸妈妈、老师打电话等等。这种模拟真实情境的体验活动，让孩子们体会危险的真实存在，并真正检验了孩子们的安全意识和自救能力，安全教育的效果非常凸显。

总之，情境，即情中有境，境中生情，那必定是孩子们感兴趣并且信以为真的话题。情境，既可以是真实的，也可以是虚拟的，但它能够让孩子们很快融入其中，达到身临其境的感受，最终实现境心合一的效果。

成功的情境教育就是在“教无形”中被“融化”“同化”和“活化”。

二、养成教育——在流程中得到了实现

有人说，一种行为，重复 21 天，就会形成习惯。这，就是养成教育。基于孩子一生习惯的养成需要，我们把教师工作流程与幼儿养成发展联系在一起，让“规范儿童行为”的价值在教师流程的实施中、在幼儿良好习惯的养成中、在积极心态的形成中得到实现。

养成教育的核心价值，在于“坚持”和“重复”。一个人的良好习惯并不是一下就形成的，也不可能经过几次训练就能实现，它需要一个从陌生到熟练，再由熟练到内化的过程，完成这一过程必须反复训练，坚持执行，逐步强化，不断重复。特别是对记忆能力、控制能力、表达能力、自理能力相对比较差的幼儿来说，坚持与重复尤其重要。因此，养成教育的过程十分漫长，必须渗透到教育的方方面面，涉及一日活动的时时刻刻，甚至要遍及整个学前期、学龄期，甚至更长直到终生。

在实施养成教育这一途径的过程中，集团的五十项保教流程，特别是与幼儿一日生活息息相关的各项保育流程，成为了园所规范化管理、教师标准化执行以及实施养成教育的重要载体。

如：午睡流程，我们详细规定了午睡环节的九个步骤：午睡前准备、午检、脱鞋子、脱外衣、巡视午睡、睡时入厕、午检、起床、整理，并对这九个步骤进行了详细的解读和要求。在老师坚持执行此项流程的同时，孩子们也同样在按照规范的流程要求进行着午睡活动。如孩子们会在午睡之前，自觉到盥洗室完成如厕，然后自己脱下鞋子，放在固定位置，并摆放整齐。女孩子还知道要摘下头上的发卡、头花、皮筋等物件放到固定的小篮子里。然后，孩子们脱掉外衣，整齐地叠放到规定的地方，安静地躺下。在午睡的过

程中，如果有小朋友想要小便，他会知道要轻声地告知老师，并起床穿上老师早就为他准备好的小拖鞋，轻轻地如厕，安静地走动，不打扰其他小朋友。起床时间到了，老师播放轻柔的起床音乐，孩子们就知道该起床了。这时，孩子们会坐在小床上，跟着音乐做起床操，然后穿好衣服、鞋子，去如厕、洗手、喝水，小女孩会找老师帮助自己梳头，其他孩子会自觉地坐到小椅子上，等待加餐。

这一整套的规范要求，就算是新小班的幼儿，在经过一到两周的时间之后，都顺利地养成了良好的习惯，成为了孩子们自觉的行为习惯。

严格的流程实施，为养成教育提供了保障和依据。这就要求教师要严格执行工作流程，重复实施常规要求，随时随地关注幼儿在活动过程中语言、行为与思维的变化，做到及时引导与调整。

不要小看这一个个小小的流程，更不要小看这每天周而复始的重复过程，它其实是一项长期的自我修正的教育，它在告诉孩子们，什么能做，什么不能做，在习惯养成的过程中形成意识，获得责任感和安全感，懂得自己要为自己的行为负责，遵守规则是对自己更是对他人的尊重，共同维护秩序井然的环境是每个人的责任，从而引导他们学会判断是非善恶，自发建立良好的幼儿园秩序与和谐的氛围，播下道德感的种子，并伴随其一生的生活和工作，使其受用终身。

三、差异教育——让尊重变成行为

差异教育的核心价值是保护、理解与尊重。保护每个孩子的幼小心灵，理解每个孩子的个性需求，尊重每个孩子的个体差异，相信每个孩子都是独一无二的自己，都是不可取代的珍宝，都是富有旺盛生命力和独特魅力的个体。而我们教育的作用，就是要保持孩子的个性，满足每个孩子的权利，促进每个孩子具有“个性化”的发展，让每个孩子成长得像他自己，最终成为最好的自己。

1. 要真正关注、了解每一个幼儿

每一个孩子都是独一无二的，他们都有自己的特点，并且在活动中的反应和接受能力各不相同。当老师组织活动时，有些幼儿表现得特别兴奋，这并非是他爱调皮捣蛋，也许他是用另一种方式在学习，如果老师没有真正了

解他，没有关注他不同的学习方式，那孩子的需求也得不到很好的满足。因此，这就要求老师要意识到了解幼儿、因材施教的重要性，知道在关注每一位幼儿时，应了解每个孩子的特点，努力发现孩子的优点，并想方设法地给予每一个孩子机会和成功，让他们感受到老师对他们的关心和期待。对幼儿的评价不能用统一的标准去衡量，应该从幼儿自身的实际水平出发，如果在他们以往的基础上有所突破了，就应该给予表扬与鼓励。并且在集体面前鼓励他，让他有继续努力的信心与动力，同时感受到成功的喜悦。

如我们的一位英语老师，在面对新园所新入园幼儿英语水平参差不齐，知识水平、常规习惯、性格养成相差甚远的现状时，及时调整教学策略，设计不同层次的目标与要求，注重差异性教育。在课堂上，采用不同环节不同提问的方式，对英语水平层次不同的幼儿给予个性化的指导和差异性的教育。比如在热身环节请那些基础不是很好的孩子做小老师带领大家进行；在“听”的环节请平时不太积极的孩子来参与，降低针对他们的难度；在“说”的环节首先请接受快的孩子来示范，然后再根据孩子掌握的情况，依次请不同水平的幼儿参与；在“用”的环节则请多数甚至全体小朋友共同参与。这样由一到多，由个体到整体，一节课下来，所有的孩子都可以有自己表现的机会，并且得到成功的体验，他们对英语的学习也产生了浓厚的兴趣。

2. 要学会观察、解读幼儿

解读幼儿是差异教育的保障。为引导教师学会观察幼儿、解读幼儿，关注其个性特点，记录其学习过程，我们要求教师为每个孩子建立《我在长大——幼儿成长档案》、进行“区域游戏观察记录”、制作“个案分析”等。通过这些举措，老师们更加关注孩子的成长，给予孩子们更科学客观的评价，更能够有的放矢地施予适宜的教育，更大地满足了孩子们的个性需求，促进了每个孩子富有个性的发展。

就像世界上没有完全相同的两片叶子，同样也不会有完全相同的两个人。每个孩子都有着独特的个性特点和发展水平，也都有着独一无二的特质和个性。教师要有宽广的胸怀和开阔的视野，接纳、尊重他们的独一无二，只有这样的教育才是成功的教育。

达·芬奇之所以能成为世界著名画家，爱迪生之所以能成为杰出的发明家，贝利之所以能成为世界球王，都是发挥了其特长的结果。孩子的转变不是一天两天的事情，需要我们付出足够的耐心等待他的蜕变。相信每一个孩子都是最棒的。是猴子，给它一棵大树，让它爬；是老虎，给它一座高山，让它跑；是苍鹰，给它一片蓝天，让它飞。

四、互动教育——使教育走向开放

“交往”是提高孩子亲社会行为的手段，“体验”是孩子交往天性的需求，“互动教育”更关注的是幼儿在多元互动中人际关系技能的发展。互动教育存在于集体教学活动、游戏活动、自由活动、生活活动、过渡环节、入园离园等等一日生活的各个环节，幼儿无时无刻、随时随地都在与周围发生着互动。师幼互动，幼幼互动，幼儿与环境、材料的互动，家园互动，幼儿与社区、大自然的互动等都是互动教育的体现。

真正的互动教育意味着平等对话、人人参与，意味着相互交流、合作沟通，意味着主动建构、激活思维。互动教育是推进幼儿主动探索、发现、交流合作的平台，是尊重幼儿的主体地位、发挥幼儿的主观能动性的关键。

1. 集体教学中的互动

在集体教学中，往往容易出现老师一言堂，孩子被动听的情况。当孩子对活动内容不感兴趣的时候，老师就使用大量的组织语言来强制孩子的行为。这大大违背了儿童的学习规律和互动教育的理念。要想激发幼儿活动的兴趣，调动孩子参与的积极性，满足孩子表达表现的需要，就要依靠有效的互动来完成。如运用提问的互动，提供与材料的互动，发起幼儿之间的互动，以及师幼间的互动等等。

如在小班美术活动《颜色对对碰》中，老师制定了如下教学目标，并设计了以下的教学步骤：

（1）教学目标。

◇能积极参与颜色游戏，体验颜色变化带来的乐趣。

◇充分感知并初步了解两种颜色混合后发生的变化。

◇尝试对颜色印画进行创意想象。

（2）教学过程。

◇教师表演魔术，激发幼儿兴趣：教师利用教具用魔术的形式变出各种颜色的水宝宝，请幼儿观察，激发幼儿兴趣。——幼儿与教师的互动。

◇动手操作，感知颜色特点：请幼儿拿材料，用魔术的形式变出各色水宝宝。——幼儿与材料的互动。

◇思维扩散，调动已有经验：提问“有什么东西是红（黄、绿）色的？”——教师与幼儿的提问互动。

◇变色游戏，体验色彩变幻：操作三原色材料，变出三间色，对颜色进行观察，并与同伴交流分享，大胆表述。——幼儿与材料互动、与同伴互动。

◇同伴合作，大胆创作：与同伴合作，用各种颜色进行大胆的艺术创作和借形想象。——幼儿与同伴互动，与材料互动。

◇互动交流，分享创意作品：向同伴、老师介绍自己的创意作品，并进行展示。——幼儿与同伴、教师互动。

在整个教学活动中，神奇的魔术和有效的互动始终贯穿整个活动过程，吸引着孩子们不断探索，参与其中。尤其是各种互动环节，让整节教学丰富充实，孩子兴趣盎然。

2. 区域游戏中的互动

区域游戏是幼儿最喜欢的活动形式，也是最重要的互动教育途径。适宜的区域环境布置与丰富的操作材料为幼儿与环境、材料的互动提供了基础和保障；“小医院、小超市、表演区、建构区”等区域的设置，为幼儿与同伴之间的角色扮演、积极互动提供了机会和平台；教师作为区域活动的观察者、引导者、协作者、参与者，在区域游戏中做孩子的玩伴，以角色身份对孩子进行隐性指导，也在承担着与幼儿互动的任务。只有利用好区域活动多角度多元化的互动机会，才能促进幼儿的发展。

3. 请进来、走出去的互动

幼儿教育不等于幼儿园教育，儿童的学习也不是独立建构的，家长、社会都蕴藏着丰富的教育资源，是提供给孩子多元互动的良好载体。因此，我们开展了很多“请进来、走出去”的互动活动，给孩子们提供了更为丰富的信息和学习环境，拓展了互动的内容和渠道。

如我们邀请了很多特殊职业、特殊专业的家长、志愿者，走进幼儿园，走到孩子们中间，与孩子们互动，为孩子们带来各种主题活动，如牙医奶奶为孩子们讲解如何保护牙齿；交警叔叔为孩子们演示如何遵守交通法规；消防员叔叔开着消防车来到幼儿园，为孩子们讲解如何防火、如何逃生等等。

我们还带孩子们走出去，走到社区，走进写字楼，走进银行、超市，让他们与为我们的美好生活在辛勤工作、默默付出的劳动者们互动，给他们送祝福，送欢乐，让他们感受劳动者们的辛苦和崇高。我们带孩子们走进大自然，走进农场、大山、树林、河流，让他们和与我们生命息息相关的阳光、空气、水互动，寻找和感受大自然的美丽、神奇。我们带孩子们走进社会，走进艺术节、民俗街、敬老院、福利院，让他们感受社会的丰富多彩，了解各种不同人群的喜怒哀乐，体验生活的美好，懂得世界的真善美和爱的伟大。

总之，“互动教育”为孩子们开辟了一个更大更广阔的活动与教育空间，而在一个开阔空间成长起来的孩子，心胸也会开阔。更重要的是，互动教育拉近了孩子与老师、与同伴、与环境、与自然和社会的距离，增强了他们主动与人交流的能力。互动得越有效，孩子的性格越开放，越有胆识，心理也就会越放松、越豁达和阳光。

五、生活教育——让教育契机不再错过

著名教育家陶行知先生曾经说过“生活即教育，教育即生活；学校即社会，社会即学校”“一日生活即课程”。基于孩子早期教育的一次性、无可弥补性的特征，在幼儿 2－6 岁之间的 1460 天之中，没有一天是该浪费的，没有一刻是可以放任教育的。

生活教育所倡导的价值本来就是“自然与宽松”，即无痕教育、随机教育。无痕教育就是以情境暗示，随机完成，让孩子们在自悟自觉中走出困惑和无助的状态，其教育的效果肯定会明显而持久，这就是无痕教育的魅力。

比如：一天吃过晚饭，在区域里玩的一个小朋友突然大声地说：“老师，这个苹果坏了。”教师反问一句，“这苹果为什么坏了?”小朋友一个个抢着说：“是因为苹果的皮太薄了。”“是因为苹果的水分太多了。”……接着教师又把一筐的核桃端给小朋友看：“小朋友，你们看，这些核桃坏了没有?”“没有。”小朋友异口同声地大声回答。“为什么这些核桃没有坏?”教师进一步问道。“因为核桃是干果，皮又厚又硬，水分少，所以不会坏。”……幼儿一个个抢着回答。“小朋友再想一想，你还见过哪些水果?”孩子们一边想一边抢着说：“芒果、龙眼、西瓜、甜瓜……”“你们还见过哪些干果呢?”“桂圆”“大枣”“栗子”……

又如：幼儿午睡起床的时候。有的孩子在自己整理衣服，有的孩子在互相帮助。这时一对相互整理的幼儿高兴地对老师说：“老师你看，我们俩像照镜子一样，真好玩!”于是，老师向全体小朋友提议：我们都来玩一个“镜子朋友”的游戏吧，去找一个好朋友面对面站好，互相当作对方的镜子，照一照自己的衣服穿整齐了吗？头发梳整齐了吗？鞋子穿整齐了吗？于是，孩子们两两一对，一起玩起了“照镜子”的游戏，互相检查仪表、衣服等。

教育无处不在，生活教育需要我们用心去捕捉教育契机，用智慧和专业去挖掘教育的价值，更需要我们用爱去把握每一个教育的瞬间，实现我们的教育目标。

当然，情境教育、养成教育、差异教育、互动教育、生活教育这五种教育途径，既是相互融合又是相对独立的，教师在实施这五种教育途径的时候，要把握其特点，做到相互兼顾，整合运用，更好地促进幼儿身心健康和谐发展。

第三节　家长植根于参与互动与理解认同

著名教育家苏霍姆林斯基说过：“只有学校教育而无家庭教育，或只有家庭教育而无学校教育都不能完成培养人这一极其细致、复杂的任务。”我国著名的教育家陈鹤琴先生也曾说过：“幼儿教育是一种很复杂的事情，不是家庭一方面可以单独胜任的，也不是幼儿园一方面能单独胜任的，必定要两方面共同合作方能得到充分的功效。”《幼儿园教育指导纲要（试行）》中明确指出：“家庭是幼儿园重要的合作伙伴。应本着尊重、平等、合作的原则，争取家长的理解、支持和主动参与，并积极支持、帮助家长提高教育能力。”

作为幼儿教育的专业机构，我们不仅承担着促进幼儿、教师发展的责任，更有义务和责任，引领家长树立正确的科学育儿观念，指导家长掌握正确的育儿方法，促进幼儿健康和谐发展；调动家长关心、支持、参与幼儿园教育和管理的积极性，开展有效、有益、有趣的家园共育活动，实现家园相互配合，同步教育，构建家园教育者同盟，共同促进幼儿素质的提高。

为此，幼教集团确定了“打造家园教育者同盟”的家长工作核心目标，通过多种方式，让家长参与幼儿园活动，体验与老师、孩子的互动，从而转变自己的教育观念，理解幼儿园的办园理念，认同幼儿园的教育理念，主动积极地配合支持幼儿园，做好家园共育工作。

一、植根于理解认同，形成家园共育合力

著名教育家苏霍姆林斯基曾经说过，“爱孩子是母鸡都会的事情，但教育孩子却不是人人都会的”。确实，当今幼儿父母大都是80后、90后，自己还是独生子女的一代，更别说会教育孩子了。另外，由于很多孩子是由爷爷奶奶照顾，因此老一辈的很多传统教育观念也在影响着幼儿园的素质教育，出现了很多家庭教育的误区。如有的家长一味追求孩子学习的结果，学了多少东西，要求幼儿园提前进行小学化的教学，教写字、教算术、教拼音等；有的家长希望孩子方方面面都是最好的，望子成龙，望女成凤，并为此给孩子施加较大压力，互相攀比，急功近利，剥夺了孩子的自由和快乐；还有的家长认为孩子树大自直，幼儿园不用给孩子进行什么教育，吃好喝好玩好就可以了等等。

当面对家长的这些教育误区时，作为幼儿园，家园共育工作的第一项任务，就是转变家长错误的教育观念，树立正确的儿童观、教育观、发展观。

1. 学习指南，倾听孩子，共同成长

随着《3—6岁儿童学习与发展指南》的颁布，全国幼教工作者掀起了学

指南、用指南的热潮。其实，《指南》不仅是规范幼儿园管理，指导幼儿园科学保教的纲领性文件，更是指导家庭科学育儿的一个宝典。指南通过提出3－6岁各年龄段幼儿学习与发展目标和相应的教育建议，引导家长了解3－6岁幼儿学习与发展的基本规律和特点，建立对幼儿发展的合理期望，实施科学的保育与教育，让孩子度过快乐而有意义的童年。

2. 做智慧父母，让爱更专业——指南系列解读

为让家长走近指南，继而了解指南内容，理解指南精神，从而指导家庭教育，我们利用《小浪花》园报，五期连载了《指南理念系列解读》，结合幼教集团教育理念和实践经验，从健康、语言、社会、科学、艺术五个领域，详细解读了指南精神，介绍了每一个领域的核心价值，分析了各年龄段幼儿在每个领域的发展规律和典型表现，帮助家长更好更全面地了解和理解孩子的发展，指导家长掌握正确的教育策略，并知道用更科学合理、更适宜有效的方法，建立良好的亲子关系，促进孩子的身心健康成长。

为方便家长随时阅读和学习，我们又将五篇指南解读印刷成册，免费发给了每一个家长，以进一步引导家长的学习和运用。

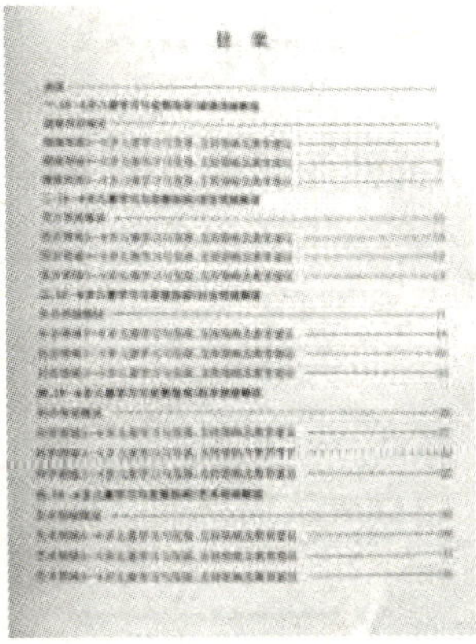

3. “指南伴我行，倾听孩子，共同成长”有奖征文活动

为进一步加强家长对于指南的重视程度，推动家长对指南的学习，也为引导家长真正地学习指南、思考指南、运用指南，倾听孩子，反思实践，更好地教育好孩子，与孩子、教师共同成长，我们面向全员家长启动了“指南伴我行，倾听孩子，共同成长”有奖征文活动。

我们要求家长要依据指南中对各领域核心价值的阐述，或指南中对3－6

岁儿童各领域能力发展的典型表现，结合自己孩子日常生活中的表现及自己的教育行为，阐述自己学习指南、运用指南、指导教育的心得和感受。可以是案例记录，也可以是和孩子之间发生的逸闻趣事，或是反思与孩子之间的互动交流等。这一活动得到了广大家长的积极响应，大家纷纷投稿，阐述自己的育儿感受，记录与孩子共同经历的美好时光，反思自己在教育孩子方面的对错得失，这其中不乏非常感人、非常专业的好文章，充分体现了家长对先进教育理念的理解和认同，对幼儿园教育的理解和支持。

附：青岛园春之意班王佶儿爸爸王保峰的征文节选

生命的旅程

——自由、快乐、健康、平安

我想我和许多父亲一样，非常幸福！因为我有一个温馨祥和的家庭、有身体康健的父母、有温柔体贴的爱人、更有一对天真可爱的儿女。这对我，特别是对我孩子的健康快乐成长至关重要！

在孩子成长的过程中，初为人父的我也在不断地观察、不断地摸索、不断地学习，从中看到、学到、也领悟到了很多，希望能与老师和各位家长交流、分享并得到各位的指正和补充。

首先，我觉得快乐的童年比什么都重要。我们作为父母也都是从儿时一步步成长起来的，我们比孩子更清楚他们现在最想要什么。其实，孩子真正快乐、无忧无虑的童年时光也就这么短短的几年，用不了多久，孩子就会步入中学、大学，然后踏入繁杂的社会。人的成长就如同世间万物生长一样，是有自然规律的。正常的孩子在成长的每个阶段学什么、会什么是一定的，过早、过度地开发孩子的潜质并不一定是件好事……

其次，我觉得父母一定要抽时间多陪陪孩子。其实每个孩子在成长的过程中都希望父母关注他。处于成长期的孩子内心最需要的，其实是一种爱的感觉——和爸爸妈妈在一起，相互交流，在亲密的接触中感受到爱和温暖。这种被爱的感觉，是孩子日后乐观、自信、积极的动力，也是加强一个孩子安全感和归宿感的重要因素……

第三，放手让孩子自己体会生命旅程中的苦与乐。我想所有的父母包括我自己，当看到自己孩子受欺负的时候都有些把持不住，有的在家教育孩子如何报复，更有甚者就直接替孩子出头教训那个欺负自己宝宝的孩子，其实我自己觉得，我们在成长的道路上包括现在的分分秒秒都会遇到挫折、甚至受到欺负，难道我们也找人出头解气？也去以暴制暴？不会，我们每个人都会妥善地解决这些困难，虽然时间有长有短。而这些解决事情的方式方法大多不是哪个人教给我们的，而是在我们自己的生命旅途中通过日积月累的工作、生活经验教训总结出来的。那我们的孩子呢？孩子也是一样，只有挨打才知道被打有多疼，才知道打人是不对的，才会逐渐去摸索该如何处理与小朋友的矛盾，去尝试如何更好地和小朋友相处，这些其实都是孩子成长中的宝贵财富……

第四，多鼓励少批评。孩子需要欣赏，更需要悉心的呵护。我家孩子第一次去幼儿园的时候，躲在我的身后怎么也不敢跟前来迎接的老师打招呼，我说她胆小，而她妈妈却鼓励她说，“谁说我家如意胆小，我家如意最大方最勇敢了，快去和老师问好”，从那以后，渐渐地，我家孩子无论见到谁都会主动地、热情地打招呼，在得到别人的表扬后还会经常自言自语，自豪地说“如意最大方了”。

第五，相信自己的孩子是最棒的。每个孩子都是一道独特的风景线，他们都有自己的长处，一定不要轻易否定自己的孩子。我听到这样一个故事，有个妈妈整日里忧心忡忡，因为她觉得女儿班里其他的孩子要么钢琴拿过奖，要么奥数全市第一，要么是学校里的学生干部，各个出类拔萃，而她的女儿学习平平，也没什么特长与其他孩子比拼。突然有一天，女儿的班主任让她去一趟学校，她还以为孩子犯了什么错，结果去了才知道，班里搞了一次“你最喜欢的朋友”的投票活动，班里50多个同学都不约而同地把选票投给了她的女儿，这时的她热泪盈眶，自责、愧疚、欣慰、感动一股脑地涌上心头。所以作为家长首先不要把对孩子的要求定得太高，其次一定要善于发现孩子的点滴进步，并把它放大；发现缺点加以引导，用自己的爱心和耐心去悉心呵护这个小苗，相信在不久的将来，奇迹就会出现！

第六，以身作则，言必行、行必果。父母是孩子的第一任老师，你的一言一行都深深地印在了孩子们的脑海里，某一天他会突然说出你说过的话，办出你办过的事。不要责怪孩子这样那样的不良举止和行为，因为那些有好多都是父母日常行为的写照。孩子打人、骂人或犯错的时候，我们多反思一下我们自己给予了孩子什么？不要借口工作忙无暇教育、不要说自己没文化不懂教育，在孩子面前我们作为父母没有高低贵贱之分，只要明是非、懂善恶，只要我们尽心尽力、以身作则，把我们成长中的一点一滴、把我们心目中的美与丑、对与错，把我们认为的做人、做事的道理告诉孩子，那就足够了！

人生就像一次旅行，你是想带着孩子边走边欣赏沿途的风景还是直奔目的地而去？放开我们紧握的双手给孩子以自由和快乐、用我们的细心和爱心给孩子以健康、用我们坚强的臂膀给孩子以平安！

4. 素质教育报告会，全方位树立育儿观念

为让家长真正走进幼儿园的园本课程和素质教育，看到老师带领孩子互动学习的过程，体会五个教育途径是如何贯彻落实在我们的教育活动中的，我们面向家长，举办了“素质教育报告会”活动，通过教学活动展示、专家点评、专题报告的形式，让家长不仅听到专家的讲座，也看到了教师和孩子的教学活动；不仅看到了孩子学习游戏的过程，还能听到专家专业的点评和分析，真正从专业的角度去评价教学活动，审视教育的过程，理解孩子的学习和发展，也从而真正理解了幼儿园的课程理念和素质教育的真谛。

5. “做智慧父母，让爱更专业”科学育儿专题报告

为向家长宣传指南精神，传播正确的教育观念，我们面向全集团各个幼儿园启动了“做智慧父母，让爱更专业——科学育儿专题报告巡讲活动”。以专题讲座、互动体验、案例分析的形式，结合指南向家长介绍3—6岁儿童学习与发展特点、各年龄段幼儿敏感期表现、幼儿教育的核心价值、家庭教育的策略与智慧等。

近年来，我们先后在济南、青岛、临沂、潍坊、菏泽、淄博、泰安等十几家基地园，以及山西、内蒙、河南、湖北等数十家联盟园进行了巡回报告，参加会议的家长近几万人次，真正做到了传播大爱，启迪大智。

二、植根于互动参与，增强理解认同

有人说，“我听了，我就忘了；我看了，我就记住了；我做了，我就理解了”，这不仅是对于人们学习新知识新经验的描述，也同样适用于我们的家长工作。如果仅仅是让家长听几次专题报告，看几次教学展示，他也许当时会非常激动和认同，但过后很短时间内就会恢复原样，因为毕竟他们没有亲身

经历，亲自体验，印象不深刻。为此，我们在家园共育工作的策略和方式方法上，特别注意让家长参与活动，体验互动，让他们走进幼儿园、走进班级、走进课堂，走进老师和孩子们中间，真正成为幼儿园教育的一份子，从而更加地理解和认同幼儿园，支持和配合老师的工作。

1. 家长半日观摩活动

当家长逐步认可了我们的教育理念，他们需要看到孩子身上的变化，以验证自己思想的转变。这时，我们一方面需要与家长无缝隙地及时沟通，让家长了解孩子在园的成长变化，同时，也要为家长提供进入班级、参与幼儿园活动的平台和机会。于是我们定期举办“家长半日观摩活动”，邀请家长从早上入园就进入孩子的班级，跟随孩子的整个半日活动，观摩孩子进餐、盥洗、教学活动，参与孩子的户外活动、区域游戏等，通过这样的过程，让家长亲自感受并发现孩子的成长和变化，感受班级半日活动的丰富和有趣，了解孩子在幼儿园的生活和学习，从而更加地放心并能积极配合幼儿园的工作。

2. 亲子互动参与活动

理念最终要物化为行为，家长也是一样。当他认可了，理解了，感受到正确的教育理念对幼儿发展的价值之后，他会主动积极地去践行，此时，我们要更好地给予引领，既为其提供平台，又让家长的教育理念得到进一步深化，从而形成真正的教育者同盟。于是，幼儿园充分挖掘一切契机，开展丰富多彩的亲子互动参与活动，邀请家长走进幼儿园，与老师、孩子共同参与活动，体会亲子互动的乐趣和喜悦。

节日类的亲子互动参与活动，包括：“六一”亲子嘉年华活动、“六一”亲子美食街活动、新春民俗游园活动、“三八”节亲子活动、端午节包粽子活动、母亲节时装秀活动、万圣节化装舞会活动等等。

主题类的亲子互动参与活动，包括："走进福利院献爱心活动""向灾区小朋友捐款捐助活动""救助残疾儿童慰问赞助活动""小篮球表演赛活动"等等。

3. 走进课堂体验活动

家长的职业各不相同，专业各具特色，因此家长是幼儿园丰富的教育资源，并且现在的家长大都乐意参与幼儿园的活动，走进课堂，体验一把当老师的感觉。于是，我们发动各行各业的家长，走进课堂，开展各领域的教育活动，从而既丰富了孩子们的学习内容，又给家长提供了体会老师工作、体验教育过程的很好的机会。

于是，当牙医的奶奶走进了孩子们中间，她穿着白大褂，用专业的牙齿模型，为孩子们讲解牙齿的知识，教给孩子们保护牙齿的正确方法；搞汽车修理的爸爸走进了班级，为孩子们介绍汽车的构造、部位名称，讲解安全乘坐汽车的规则和要求，并带领孩子们认识各种汽车标志，玩开汽车的游戏；当交通警察的爸爸也走进了幼儿园，他把多功能厅布置成了一个小型立交桥，带领着孩子们玩起了小小交通警察的游戏，通过游戏，引导孩子们了解了基本的交通规则，知道了各种交通标识，并掌握了安全行驶、安全过马路等许多安全知识……

因为孩子的参与，因为老师的信任，家长们都非常积极和认真，为了上好一节活动，提前做大量的准备，还认真地书写教案，让老师批改，有的甚至在家里要先试教好几遍才来幼儿园，这让我们非常感动，看到了家长的支持，我们也更坚信了做好家园共育、建立家园教育者同盟的信念。

三、植根于参与互动与理解认同，实现共同成长

参与互动与理解认同了幼儿园的各类活动之后，我们还需要引导家长关注自己孩子的成长，了解孩子各方面发展的情况，配合幼儿园记录孩子成长的点滴瞬间，为孩子提供有利于其学习与游戏的材料和环境，尊重理解孩子，实现与孩子的共同成长。

"幼儿成长档案"是指导家长关注孩子、了解孩子、记录孩子成长历程的有效载体，在家园教育者同盟的构建中起到了关键的作用。最初，家长对于完成"成长档案"中家长部分也出现了一些困惑和问题，如由于工作忙，没

时间为孩子填写；觉得太麻烦，懒得为孩子填写；还有的不会填，不会做等等。

针对这些问题，我们采取了优秀档案展示的方式，选择了一部分家长积极配合，把内容丰富翔实的成长档案，贴在班级门口展台上进行展示，为家长提供互相学习交流的机会，加快家长对其使用方法的理解；同时，我们也针对个别家长不会做、不会写的问题，为家长渗透家庭亲子活动的技巧和方法，在专业上引领家长，交给家长正确的方法和技巧，当家长体验到其中的快乐时，自然就会主动地完成了。“成长档案”不但记录了幼儿的成长足迹，更记载了家长与孩子共同成长的点点滴滴，内容也更加丰富。丰富的幼儿成长档案已然成为了家长向亲戚朋友展示幼儿成长的素材，对幼儿园的宣传也起到了一定的效果。

作为一名幼教工作者，我们崇尚大爱精神，爱是幼儿教师的灵魂，是教育孩子的前提，深层次的爱就是要做到尊重、理解、善待。有爱才会有理解，有理解才会有宽容，有宽容才会接纳不同个性的孩子、老师和家长。也只有在爱的氛围中，我们才能获得安全感、满足感，从而受到激励，感到信任。我们将不断努力，博爱、扬善、陶情、启智，用“爱文化”构建幼儿园素质教育，让幼儿、教师、家长相互督促，共同成长，最终实现“让更多的孩子享受更高品质的素质教育、让每一位教师享有尊严而又精彩的职业生涯、让每一位家长在‘爱文化’中感受到孩子成长的与众不同”这一美丽的幼教梦想。

为此，幼教集团不仅研发了自己的园本课程，还践行了“课程—教材—环境的一体化完备”的良好实施。

第四章　厚德载物就要植根于“体”

——课程—教材—环境的一体化完备

以教育的视角看待“载物”，就是育人。言传身教是“育”，环境浸泡也是“育”，人际互动更是“育”。打的是鼓，敲的是锣，吹的是喇叭，拉的是琴弦，言行不一，环境异化，就谈不上“育”，只能是聒噪，让人无所适从。

厚德载物要植根于“体”，确保教育因素的完整与一致，只有这样，理念的“源”才有物化的价值，专业的“研”才有定位的点，教育的“本”才有成长的空间。银座幼教人在关注创新思考、重视实践效果、植根文化熏陶中，将课程、教材和环境纳入到了一个一体化完备的考量当中。

课程：是帮助教师物化行为的有效载体。园本课程，是在国家一纲多本的原则下所诞生的、富有活力的教育源泉。

教材：一定意义上说是由课程思想转化而来的实物。在这个教材大战的时代，在这个鱼龙混杂、教材如雨的时代，教材所反映的不是其形式上的风格，而是其倡导引领的、正确的教育思想与方向。

环境：它以丰富的内涵在与幼儿、教师及家长进行着对话；它以浓厚的氛围在感染着人们感官的同时，也调整着每个人的行为准则，并让一种思想，在不经意中得到流传与延伸。

总之，“课程—教材—环境的一体化完备”，追求的是完整课程、完整教育的理想状态。

第一节　课程植根于创新思考

对于幼儿园课程的研究和认识，我们长期以来受到人文主义与科学主义两大课程流派的影响。在这两大流派的影响下，学科课程与活动课程也在学前教育学术研究界以及幼儿园实践中进行着长时间的较量、争议和融合，幼儿园也出现了五花八门的所谓园本课程模式。其中，“主题性综合活动课程”一度成为了幼儿园课程的主流模式。如果说学科课程是以尊重知识为显性特征，活动课程是以尊重人的需求以及儿童的自主性发展为主要特点，那么主题性综合活动课程则弥补了学科课程与活动课程的相互隔列，并达到了相互融合的目的。这类课程既遵循学科课程的知识系统性、连续性与科学性，又更加强调以儿童为主体，尊重儿童的个性发展、兴趣爱好、个体差异，达到促进儿童在探索中学习，在操作中发现，在学习中发展的教育宗旨。

但基于对未来社会人才需求的深度思考，我们深深地意识到，二十一世纪是信息之战、人才之战及观念之战的时代，单凭一个人广泛的兴趣和知识的积累是远远不能适应这种社会发展的。更重要的是要具备触类旁通、变通迁移、判断推理、探究发现、分析比较、知识整合运用的能力，以及适应社会瞬息万变的良好个性品质。而这一切，是与一个人的思维习惯、思维能力以及思维发展性紧密相关的，只有具备了思维的灵活性、逻辑性、扩散性等这些优良思维特征，建立起创造性思维能力、创新意识和创造力的人，才是未来社会最需要的人。

就目前众多幼儿园的各类课程来看，围绕儿童的创造性思维发展，缺乏教育的载体，缺乏系统的、有目的的，甚至是科学的训练方案。基于这样的思考，幼教集团历经十年研究和实践，在赵春梅董事长的宏观引领下，在包括朱家雄教授在内的国内知名专家的指导下，研发建构了“创造性思维发展整合课程”，并以此课程为核心形成了一套较为成熟的课程体系，目前在集团近 200 家基地园及联盟园内实施。

在本节接下来的篇幅中，我们将逐一介绍“创造性思维发展主题式课程”“浸透式双语课程”“探究式平衡课程”“体验式艺术课程”“绘本阅读课程”的构建、实施。

一、创造性思维发展主题式课程

1. 课程理念

（1）思维能力是人的智慧的核心。思维能力是理解力、记忆力、判断力、解决力及创造力等多种要素组成的综合能力，是整个智慧的核心，参与与配合着一切智力活动。

（2）创造力可以改变世界，而创造性思维能力是创造力的核心。创造性思维能力是创造力的核心，是一种能提出问题、解决问题、创造新事物、帮助人适应环境的能力。3—6 岁是幼儿创造性思维快速发展的时期，我们要抓住幼儿的这个关键期，为幼儿插上创造的翅膀，并使孩子的一生因为具有了创造的源泉而倍感幸福和快乐。

（3）了解和尊重儿童的创造力。孩子总是通过回忆过去的经验，并进行选择，重新组合，加工成新模式、新思路和新产品来表现出巨大的创造力，并在动作、语言、感知觉、想象力等各个方面予以表现。

教师要在了解幼儿创造力的特性和表现的基础上，做到容忍那些顽皮、淘气的孩子，接受那些积极好动、追根问底的孩子，更加关爱和尊重具有创造力的孩子，更好地为他们营造宽松民主的氛围，留心观察，悉心诱导，启迪幼儿的创造性，激发他们的创造灵感，培养其创造力。

（4）强调整合的理念，主张“过程”的教育。创思课程是围绕“关注全脑教育的紧迫性，关注素质教育，关注全脑教育，关注全人教育，关注完整思维教育”而展开。研究儿童创造性思维发展的目的，是通过教学促进儿童智商、情商、胆商与创造力的发展，把整个教育教学的过程看作是一个动态发展的、思维连贯的整体过程，而不仅仅是学习知识的静态过程；创造性思维发展整合课程追求的目标是“创设创新环境，培养创新精神，提高创新实践能力”。

2. 课程目标

“创造性思维发展主题式课程”的核心目标，即培养儿童创造性思维的习惯，教会幼儿掌握创造性思维的方法，提高幼儿创造性思维及创新实践能力，促进幼儿思维、想象及创造力的发展，最终形成一个人的创新意识与创造精神。

首先，“以创造性思维为载体，培养身心和谐发展的完整儿童，建构让儿童终身受益的教育，为儿童一生的发展奠定基础”。

其次，“以尊重儿童多样化选择需求为原则，关注课程的生成和开放，建构以儿童发展为本的教育，促进每个孩子富有个性的发展”。

第三，“以适宜性架构为宗旨，关注儿童的情绪情感和现实生活，建构尊重儿童科学认知的教育，让儿童享有快乐幸福的童年”。

3. 课程内容

“创造性思维发展主题式课程”以主题的形式编写构成。它以特定主题为核心点，以二级、三级主题为发散点，呈网络状向外扩散延展，以各领域教育活动为载体贯通延续，逐层拓展，层层递进，既完成了幼儿思维的发散与拓展，又提升和丰富了幼儿的各种经验。如小班主题“健康宝宝”，分为“看医生”“吃东西，学问大”“动起来”三个分主题，每个分主题又由多个活动来支撑，比如“看医生”的分主题下，又分别有“有趣的健康检查”“生病真难受”“小药片、排排队”“我是小医生”等活动，“吃东西，学问大”分主题下又有“可不可以吃”“有营养的早餐”“不挑食的宝宝”“多多什么都爱吃”等教育活动去支撑。可以说，通过一个完整主题的学习，孩子们对怎样成为一个健康宝宝有了整体、形象的了解，知道了怎样做才能成为一个健康宝宝。

对于课程中主题的确定，我们不仅关注幼儿真实的生活经验、贴近于幼儿现实生活，又以创造性思维与开放的视角，纳入幼儿最喜欢学、最想知道和最应了解的内容。既关注幼儿的需求与兴趣，又关注传承中华民族优秀的文化、渗透西方多元文化信息，其中所包含的真善美，将幼儿素质教育潜移默化地融入其中，从而影响幼儿一生健康和谐的成长。（下图所示，即课程结构网络图）

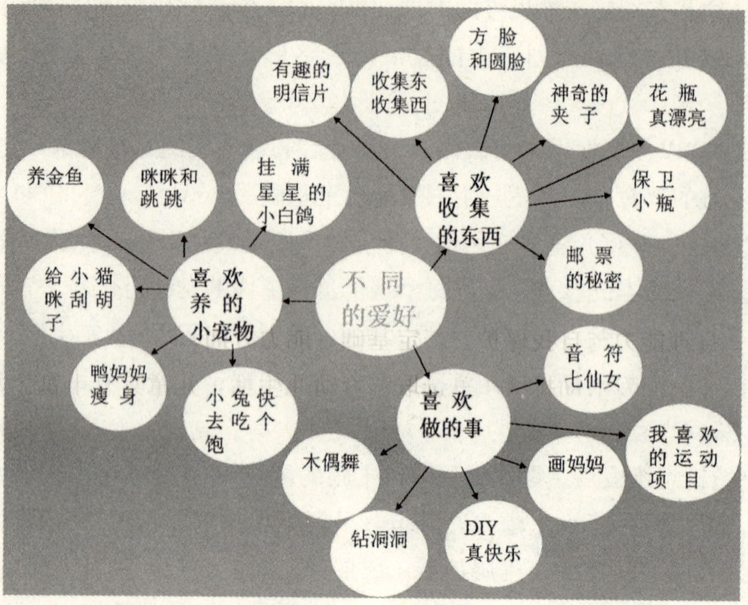

课程中所有预设的教育活动在关注创造性思维发展的前提下，都强调各学习领域内容的相互渗透和融合，即所有的教育活动都被看成是各领域活动的整合。

4. 课程实施

“创造性思维发展主题式课程”的实施过程强调动态性、整合性、情境性、系统性，把整个教育教学的过程看作是一个动态发展、思维扩散、情境体验、经验整合的过程，而不是知识灌输和被动接受的过程。这对于教师的专业能力要求是非常高的。集团年轻教师居多，课程驾驭能力和实施经验不足，但孩子不是实验品，不能为教师在成长过程中所犯的错误买单，因此，保证基本的课程实施质量，是我们课程管理的基本要求。本着“让不会教的老师教不坏；让会教的老师教得更好；让教得好的老师更轻松”这一宗旨，我们制定了课程主题实施流程，并按照流程对每一个课程主题制定了详细的实施方案，给予了老师实施课程的基本要求和策略，达到了保底的课程质量。

（1）制定课程主题实施流程。

课程主题实施流程共有五个步骤，分别是“核心目标解析”“原发活动拓展”“头脑风暴自由表征”“儿童体验探索学习”和“主题评价与反思”。

下面以一个大班主题《再见，幼儿园》为例，介绍一下流程内容。

第一步：核心目标解析——分析该主题的设计思想，主要培养目标以及所包含的核心内容。

本主题从了解小学开始，到回顾幼儿园生活，向老师小朋友表达感谢和爱，再到自我保护的各种常识，各种社会经验的建立等，为小朋友作好充分的入学准备，更增强幼儿对小学的向往和成为一名优秀小学生的自信。纵观整个主题，有以下三个核心内容和目标：小学你好——认识小学，激发愿望（认知方面）；再见幼儿园——回忆幼儿园生活，情感表达（情感方面）；准备好了——自理能力与自我保护，奠定基础（能力方面）。

第二步：原发活动拓展——选取贴近幼儿生活，儿童具有丰富生活经验；涉及某个或多个领域内容与目标，满足幼儿需要；具有扩散性、开放性的活动，进行拓展扩散，激活主题。

如集体活动《小学在等我》，此内容尽量与参观小学结合，集体活动可以放在参观小学之后，组织幼儿谈话：请幼儿自由发言，说一说对学校的印象；按参观顺序回忆看到的内容，说一说小学和幼儿园不同的地方。有条件的可播放参观照片或录像；把还想了解的问题画下来，制作“问题树”，请知道的小朋友解答；布置小任务：请幼儿将参观的内容讲给爸爸妈妈听，并收集关于学校的资料带回来交流。

第三步：头脑风暴，自由表征——对照主题核心价值，以头脑风暴的形式，引导幼儿充分思考、分享与表征，从而了解幼儿对于该主题的已有经验、感兴趣的话题以及探索需求。

这一环节，通常会引导幼儿从以下三个问题展开思考和表征——分享感受：关于……我觉得……开放式问题：关于……我想问……共享信息：关于……我发现……

在这一过程中，我们要求老师注意两点：一定要对幼儿的表征做记录，因为这是教师对幼儿解读的依据，更是幼儿自己阅读的素材；一定要让幼儿阅读和分析自己的表征，以现场交流和解决他们感兴趣的问题，并激发后续活动的兴趣和动机。如在“再见，幼儿园”这个主题进行头脑风暴时，可以如此引导幼儿思考、讨论及表征：为什么要上小学，上小学要做哪些准备？小学生在学校都做些什么？和幼儿园的生活有什么不同？毕业了，你想为老师和小朋友做些什么？怎样表达对他们的感谢和爱？现在的你和刚入幼儿园时的你有什么变化？爸爸妈妈、老师有什么变化？在学校如果遇到困难，你想怎样解决？你心目中的学校是什么样子的？希望小学的老师是什么样子的？

第四步：儿童体验探索学习——根据教学内容的特点及幼儿学习规律，选择最适宜的活动组织方式，达到最佳的教学效果。

在这里，要着重介绍的是“儿童体验探索学习”的环节，这其实是课程组织实施的重要环节。如何根据教学内容的特点及幼儿学习规律，选择最适宜的活动组织方式，达到最佳的教学效果，是这一环节要解决的主要任务。

我们认为，课程的组织实施有五种方式，分别承载着不同的教育价值：

◇集体教学：解决难点，提升经验，交流分享。

◇随机渗透：把握教育契机，润物无声。

◇区域游戏：解决个体差异，平衡领域。

◇环境互动：让环境说话，与环境互动，记录幼儿学习过程。

◇开放活动：创设真实情境，加强参与感受，丰富情感体验。

第五步：主题评价与反思——记录课程主题的实施情况，整理主题过程中反映幼儿学习过程的资料、图片、幼儿作品、幼儿表征等，积累主题资源信息，反思主题预设与生成的关系，评价教师教育行为的有效性与适宜性。

（2）完善课程主题实施方案

为帮助教师能更为准确和全面地领悟课程主题的目标、驾驭好课程内容、确保主题的有效实施，我们结合实施流程，还为每一个课程主题制定了详细的课程实施方案，包括主题说明、主题网络、主题环境创设、区域材料投放、家园共育工作等几大板块的具体建议，以课程指导手册的形式提供给所有教师，并通过每个月固定的培训版块“袁霞解创思”，带领大家梳理方案，了解基本的实施要点，进行一次集体备课和研讨。当然，对于已经有着丰富教学经验的老教师而言，这个方案绝不是一个限制和束缚，而是鼓励他们发挥潜力，大胆创新，关注本班幼儿特点，更充分地实施主题，体现班本特色，真正成为课程的建构者和创造者。

5. 课程评价

在管理中，有这样一种说法，“你先告诉我你如何评价我，我再告诉你我将如何做”，其实就是强调了评价的重要性。所有工作，都要通过合理的评价来进行反馈和评定，课程的管理也不例外。因此，我们建立三方评价系统，客观全面地对教师课程实施的成效进行反馈与评价。

（1）园方评价——重在收集幼儿学习过程的相关记录和幼儿发展现状的有效数据。如通过定期的幼儿综合能力测评，了解各班幼儿各领域发展情况；通过查看班级主题实施档案，收集幼儿各类表征作品、幼儿学习过程性记录以及图片文本等主题素材，了解家长幼儿参与主题的程度和效益，评价幼儿发展的情况。

（2）自我评价——重在记录教师自身的感受，引导教师总结反思课程实施过程中的经验和不足，通过教学反思、观察记录、教育随笔等形式进行自我评价，在反思中寻求改进方法。

（3）外部评价——重在搜集家长、社会、小学等对幼儿发展状况的反馈和评价，通过毕业生回访、家长调查问卷、社区走访、家访等形式，了解幼儿发展的情况、家长的满意率和幼儿持续发展的能力。

著名教育家陶行知先生曾说过："处处是创造之地，天天是创造之时，人人是创造之人。"关键就看教师有没有一双善于发现的眼睛和一双善于抓住的手。作为课程的实施者，教师肩负着重要的责任，对教材的再创作和再生成同样也是一个创新的过程，毕竟教师才是课程的真正主人。

二、浸透式双语课程

正如汤马斯·费里曼说：从 21 世纪开始，世界完全是平的了。任何个体、企业都可以通过网络实现和全世界的连接。信息时代到来了！这意味着眼前这些几岁的孩子在未来 10 年之后，将与来自纽约、伦敦、悉尼的孩子一样机会均等地面对全球巨大的信息资源。谁更优先获得有价值的信息将决定谁离成功更近。而英语作为世界文化交流的主要语种之一，它在未来的发展、未来的信息交流中必然具有极其重要的作用，因而英语可能是未来中国人与世界交往，获取平等信息权利的关键。于是，在信息时代背景下，对未来高级英语人才的要求、对拥有良好跨文化交际能力人才的需求显得越来越迫切。

然而，国人关于英语语言学习的体验大多是暗淡的，从不情愿开始到愤懑结束，从对"哑巴英语、聋子英语"的讨伐，到围剿"全民英语"。现实常常一边是"废除大学英语四、六级"的呼吁，一边是英语培训市场的火爆。从上个世纪 90 年代以来越来越多的幼儿开始在培训学校或幼儿园接受英语学习，尽管伴随着争议，但是从喧嚣的城市到较为偏远的乡镇，英语特色幼儿园、双语幼儿园火爆起来。幼儿园双语教育一时之间成为热门话题。银座幼教在2001年成立之初，敏感地认识到：从幼儿期进行英语启蒙是一部分家长合理的早期教育诉求，而诸多的研究也证明幼儿在学习外语方面具有得天独厚的生理与心理优势，幼儿期是学习外语的最佳时期，因此清醒的反应是正视现象，用尽可能科学的方式在实践中建构起一套适宜的幼儿双语教育模式。

1. 课程理念

在对世界范围内的双语教育模式进行比较研究之后，我们确定了双语教育的基本定位：所谓双语教育是相对单语教育提出的，它的一个特征是，在同一个教育机构中，学生同时学习两种语言，并通过两种语言学习其他知识和技能；幼儿园双语教育是指在同一个幼儿园内，教师使用两种语言工具组织幼儿的日常生活和学习活动；对幼儿而言，这两种语言是他们的学习对象，也是他们获得其他新知识、新技能以及参与各种活动的工具。这一定位意味着英语、汉语两种语言被适当地全程分配在幼儿园一日生活的各个环节之中；这一定位意味着双语教育中的英语教育既重视语言能力发展，更应重视语言作为载体所传递的知识、文化、思维和行为模式。幼儿英语教育作为启蒙教育，首先并且始终应该关注的是幼儿的个性、情感、态度、习惯与品质。英语语言本身的学习仅仅是目标之一，而非全部。基于这一定位，我们将银座幼教的双语教育模式命名为“全程母语化浸透式双语教育模式”。

2. 课程目标

为了描述方便起见，从语言教育的角度来说，“全程母语化浸透式双语教育”的总体目标是：培养幼儿对英语的兴趣和学习英语的良好习惯（科学方法）；帮助幼儿建立初步的英语语感，具备用英语进行日常交际的最初级口语能力，提高运用语言进行交往的积极性；促进幼儿认知能力的发展，提高其思维发展水平，培养创新意识和创新能力；促进幼儿在英语活动中改善自我认知，增强自信，提升社会性发展水平；促进幼儿开阔视野，逐步培养他们对多元文化的开放态度。

3. 课程内容

语言习得理论告诉我们，幼儿语言学习的内容来自于真实的生活，因而幼儿园双语教育中英语课程内容理应来自幼儿园一日生活，来自幼儿园整体的课程安排，涉及幼儿园生活的方方面面。当然，作为第二语言的学习，英语课程内容的选择还必须要考虑到英语语言学习的特殊性以及系统性问题。因此，我们选择的英语课程内容涉及幼儿的生活活动、游戏活动、与汉语主题整合的学习活动、浸透式的环境创设以及西方节庆活动、英语绘本剧、童话剧等。幼儿的生活活动、游戏活动与浸透式的环境创设，其内容满足即时性习得、情景化习得、个性化习得的要求；与汉语主题整合的学习活动则提供系统性的学习支持；西方节庆活动提供了幼儿体验多元文化的契机；围绕英语绘本童话剧而展开的故事欣赏、道具制作、台词排练、舞台演出等活动更能给予幼儿以全面的培养。如此，习得与学得交融，能最大程度地提高效率。

4. 课程实施

那么，全程母语化浸透式的理念如何才能落地呢？我们先通过两个案例来了解一下，其内容都是小班学习新单词 Ant（蚂蚁）。

案例一：英语教师使用儿歌组织幼儿坐好后，呈现蚂蚁的图片（老师自己画的图，呈现过程中教师并没有引导幼儿仔细观察或模仿蚂蚁爬等），并引导幼儿模仿跟读几遍。接着以各种游戏反复训练（此过程中老师累得满头大汗，面红耳赤，孩子们却百无聊赖），直至结束（老师看到孩子们的反应虽然心有不甘，但不得已只能结束，孩子们开心地走出活动室去洗手间了）。

这个过程代表了一部分英语老师（尤其是培训学校的老师）的现状：老师教得满头大汗，很辛苦，嗓子都哑了，孩子们却不领情。面对此情此景，老师们有时候会觉得很委屈，甚至会很受伤很生气，怪孩子们不配合。其实，我们哪里知道孩子们比我们更辛苦，明明不喜欢，不感兴趣，还要被强迫坐在椅子上“表现好”。让孩子的学习更快乐轻松的同时，其实老师也应感受到轻松和快乐。如果老师觉得辛苦，孩子也一定如此。这是不可分割的两面。

案例二：英语教师先进行背景和教材分析：这个时间正好是小昆虫活跃的春季，地上爬来爬去的蚂蚁太多了，孩子们在户外都可以发现它们的身影。那么孩子们有找蚂蚁、玩蚂蚁、谈论蚂蚁的表现吗？如何把单词 ant 的教授与孩子们的生活经验结合起来？可以把蚂蚁带到教室里来，让他们可以随时观察蚂蚁吗？这个周每个班级都要组织春游了，当前的英语教学内容可以有机地融入到春游的话题里吗？

基于以上的思考，英语老师有了如下的行动。

◇利用户外活动或春游，带孩子们去寻找蚂蚁，捉几只放进玻璃瓶子带回来。(此过程老师渗透 ant/蚂蚁，可以用到的交流语句有：Can you see the ants? How many ants? Put the ants in the bottle. How many legs does an ant have? This is a queen ant. This is a worker ant.)

◇回教室后把捉到的蚂蚁放在特别设计好的“蚂蚁之家”(旁边投放了各种蚂蚁的写真图片)，供孩子们继续在生活环节观察讨论。(第二天，从网上买的蚂蚁农庄到货，孩子们可以随时通过透明的包装观察蚂蚁的活动情况)老师在和幼儿的交流中，自然渗透 ant，让孩子听个耳熟，初步建立起 ant 语音和语义之间的联系。

◇组织简短的集体英语教学。教师从观察蚂蚁农庄开始导入，配以蚂蚁的大号写真图片，引导幼儿观察蚂蚁的特征，之后，与孩子一起模仿蚂蚁爬。设计蚂蚁搬豆的故事情境（一只蚂蚁发现一粒豆，搬不动，不断地请伙伴来帮忙)，引导幼儿自然输出 ant。

◇户外活动时，准备沙包，让孩子们玩蚂蚁搬家的游戏。次日安排蚂蚁爬行比赛。目的在于让孩子们在玩耍时巩固和使用新单词。

◇美劳活动时，老师准备印泥和大张卡纸（卡纸上事先画一些必要的背景，包括一些蚂蚁喜欢的食物和水果)，组织孩子们用手指印画蚂蚁。完成后，带着孩子们欣赏，围绕蚂蚁的数量、蚂蚁腿的数量，蚂蚁在吃什么，蚂蚁的大小等话题展开交流。

以上过程，看起来有些麻烦，但它却是基于小班孩子的年龄特点来设计的，与孩子的生活紧密联系，将孩子对于蚂蚁的认知和语言的学习有机地结合起来，甚至将这个过程与孩子多个领域的能力发展结合起来。孩子是在一种自然的无压力的氛围里轻松学习的。在案例一中，英语老师的课堂更像是一种语言训练，老师的组织语言也比较死板，而案例二中，英语老师将学习的过程拉长，融入生活，整个过程更像是老师和孩子的“经历”和“交往”，教学双方的感受都是轻松快乐的。孩子不仅在英语语言方面获得了发展，其他能力也得到了培养。案例二其实更接近孩子母语习得的过程，自然效果更好。

所以，浸透式就是要建立“无边界课堂”，让语言（英语）学习突破课堂，全面地走向一日生活，让语言教学无限地接近师幼每一天的真实交往。为了做到这一点，我们特别调整了班级的教师配置。每个班级配三个老师，英语老师和汉语教师分别主班半日、上下午轮换。英语教师带班期间全程讲英语，汉语教师则全程讲汉语。生活英语教师全天配班，在生活环节讲英语。每个月英语和汉语课程的主题选择尽可能一致，如此，在为孩子们提供一个自然浓厚的英语环境的同时，把孩子的需要、兴趣、能力融合一体，注意多个领域的整合，将英语学习自然融入生活活动、主题教育活动，英汉教育资源共享，英汉经验互动，共同促进幼儿的全面发展。同时，为了让教师在实施过程中更有抓手，我们建立了课程实施的五种途径。

（1）正式的英语语言教育活动。

有一点是毋庸置疑的，那就是在大汉语环境中，无论教师如何创设英语语言环境，如何模拟孩子母语习得的环境和进程，依然无法让孩子实现完全的“英语习得”，必要的课堂集体教学还是有其不可替代的价值的。具体来说，在生活中学习英文，虽然事半功倍，但是，孩子们在无意识、自然而然的状态中获得内容并无多少计划性，很大程度上受限于生活内容的丰富程度与英语以及生活英语教师的语言输入丰富程度，英语学习的效果也表现出一定的滞后性。因此，有目的、有计划、有组织的课堂集体教学尤其对中大班的幼儿还是有很大的价值。

（2）随机的英语生活活动。

孩子们从早晨入园到傍晚离园所有的生活活动皆由班里的英语老师、生活英语老师用英语组织的，他们一整天都浸润在英语环境中，随时随地接触英语。在生活环节中师幼、幼幼之间的语言互动大大胜于课堂集体活动，这也为孩子们提供大量英语练习与交往的机会。如，孩子们都喜欢作值日生，帮老师发水果。老师就安排几位孩子同时为大家服务。在分发领取的过程中，诸如 May I have some cherry tomatoes? Yes，please. Here you are. Thank you…就在孩子之间得到了很好的练习。而这种练习竟是那样自然，不着刻意的机械的痕迹。

当然，生活环节的偶然性让语言学习内容更丰富生动。幼儿园生活的每一天都会或多或少地发生些小插曲。诸如谁今天穿来了卡通服、谁又带来一只小乌龟……都是语言学习最生动的契机呢！英语老师若能及时地捕捉住这些生活细节，就可以丰富孩子的生活英语语言。正所谓“用什么，学什么；看见什么，教什么；学了什么，用什么”。

（3）区域英语游戏活动。

区域活动的价值在于孩子能够自主学习、自我建构，教师能够因材施教、个别指导。区域活动在孩子英语语言发展的过程中也有着同样的价值。我们通过一个故事来了解。

Tony是班里年龄最小的男孩子，现在还不到四岁半，每天中午睡觉的时候还会吃手指。他在英文方面没有一点积累，又是插班生，每次活动他不是坐在椅子上玩手指，就是站着和别的小朋友说话，或是突然来了情绪跟着瞎闹一番。所以对他，我一直感觉没太有信心。

一次玩超市购买的游戏，我把他们刚学会名字的食品和原来学过的一些东西都放在了一起，有多少人数，就有多少物品，防止他们因为说不出新学的单词而逃避去选择其他，从而让他们加强练习句型I want... 首先由我来当收银员，果真，那几个新学的食品大部分被留在了购物架上，然后被最后几个“顾客”看似强迫着被买走（其实孩子的行为可以理解，他们总是喜欢讲自己最熟悉、最有把握的词汇，新单词正在内化过程中，点击率自然低了。在后续的区域买卖游戏中他们会熟悉，不需要太着急。当然，老师的“强迫”也是有必要的。趁他们刚学会就复习并尝试运用也是遵循了记忆规律的）。但Tony和他们不同，不管我第几个叫他，他总是选酸奶（这是当天新学的单词，及时抓住孩子的偏好，做随机的有针对性的指导），虽然他不会讲。就这样，他选一遍，我自然地重复一遍Wow，you want some yoghurt，yoghurt. 到了第四遍的时候，他已经能自己说出yoghurt了（英语学习就发生在真实的交往情境中，效果自然是非常棒）。第二天，当我再拿出前一天所学的食品时，Tony第一个告诉我：Yoghurt！虽然声音不大。为了培养他的自信，我让全班安静地听，于是在我的鼓励下，Tony的声音响亮了起来（Tony会因此自信起来，老师对他的信心也萌发了）。

（4）非英语语言教育活动。

如果说孩子们在正式的英语语言教育活动中是“学英语”，那么非英语语言如数学、艺术、社会等领域的正式教育活动就为他们提供了“用英语学”的机会，也就是把英语当作一种语言工具去尝试体验学习其他领域的知识和本领。

作为英语语言的初学者，孩子有限的英文能力并不能完全有力地支持他们去“用英语学”，以获得领域知识与技能，因而这种尝试仅仅是一种体验而已。所以，教学过程中，英语老师使用英语组织课堂，一旦出现了理解的难点影响到领域目标的达成，老师便使用汉语来进行。可以说，在语言比例的问题上没有严格限制，一切从领域教学需要和孩子接受能力出发，随时进行教学语言的调整。在非英语语言教育中开展英语渗透，一定程度上丰富了英语语言学习的内容，同时也让孩子们丰富了英语活动体验。

（5）英语环境创设与家园合作。

为幼儿创设浓厚的、较为自然的英语人际交往环境和物质视听环境，让幼儿在大量的英语环境中，自然习得英语，并通过家园合作将环境延伸到家庭中。

人际交往环境包含了教师与教师的言语交往、教师与幼儿的言语交往、幼儿与幼儿的言语交往。这一环境延伸到家庭之中就是亲子之间的语言交往。

在物质视听环境创设方面，体现渗透性，将英语环境渗透到幼儿活动的各个角落；体现主体性，在把握各年龄段幼儿的身心发展特点与英语能力水平上进行有针对性的创设，同时要让幼儿直接参与英语环境的创设，材料的投放要方便幼儿的操作；体现主题性，围绕当下进行的主题进行创设并注意随主题变换更新；体现互动性，经由操作，让静态环境与幼儿充分互动。

幼儿园通过家长学校、开放日、家园吧 QQ 群等方式，让家长了解、认同幼儿园的双语教育理念，之后培训指导家长逐步在家中营造英语氛围，延续幼儿语言习得的环境。

总之，以上五个途径既独立又相互联系，密不可分，只有充分互动起来才能达成目标，它们的互动作用形成了银座幼教双语教育的浸透式特色。

5. 课程评价

浸透式双语教育模式，是一种习得与学得的交融，很难进行量化评价。传统评价思维如单纯以词汇量、句子量论成败，不考虑情感、态度、习惯等，观念陈旧，并不适宜拿来使用。双语教育要求两种语言都要得到发展，然而这两种语言的发展是不平衡的。因而借鉴单语幼儿园中的母语发展标准来衡量，也不实际。因此，在双语教育评价模式上我们尽可能地注意做到评价方式多元化与评价目标多元化。

如我们引进并改良了德国的“幼儿英语语言行为及兴趣观察系统”，用以进行动态评价。这套系统的特点是不仅测试语言，更为儿童今后的语言发展指明方向。通过对孩子“在不同场景中的语言行为的细致观察”和“狭义的语言能力”两大项的评价，教师试图寻找每个孩子语言发展的特点以及存在的问题，为孩子今后的发展提供策略支持。而家长可以从每个小项目中详细了解自己宝宝的英语语言发展情况。从孩子进入小班开始直到大班毕业，教师都使用这套测试系统，并以图表形式再现，家长会直观地看到孩子在不同年龄阶段语言发展的脉络。

<table>
<tr><td colspan="2">姓名：</td><td colspan="6">测评时间</td></tr>
<tr><td colspan="2">测评项目</td><td></td><td></td><td></td><td></td><td></td><td></td></tr>
<tr><td rowspan="3">（Ⅰ）不同场景中的语言行为</td><td>与其他幼儿的语言互动</td><td></td><td></td><td></td><td></td><td></td><td></td></tr>
<tr><td>与教师的语言互动</td><td></td><td></td><td></td><td></td><td></td><td></td></tr>
<tr><td>基于文学作品的互动</td><td></td><td></td><td></td><td></td><td></td><td></td></tr>
<tr><td>（Ⅱ）狭义的语言能力</td><td>是否理解任务和要求
语音、词汇、表达方式
句子构成和语法</td><td></td><td></td><td></td><td></td><td></td><td></td></tr>
</table>

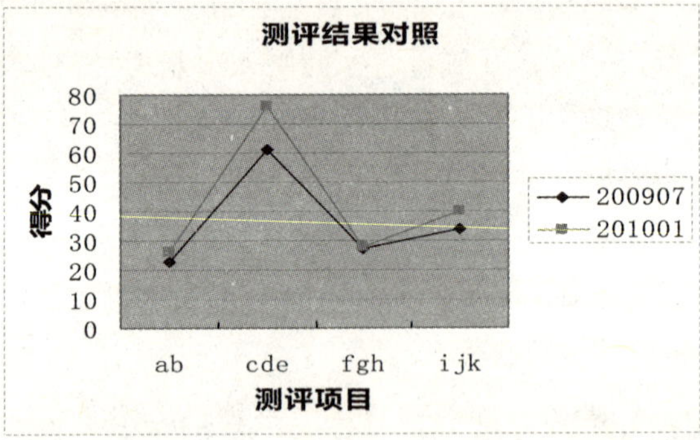

此外，我们每学期都组织幼儿积极参加社会性英语活动，如英语风采大赛、英语外事接待、英语主题演出等，通过观察孩子们在活动的表现予以动态评价。通过开展小学生回访活动，了解幼儿进入小学后的相关表现。

三、体验式艺术课程

曾几何时，全国各地打着素质教育的旗号纷纷办起了形形色色的艺术特色幼儿园。到底如何开展适合幼儿的艺术教育？太多人不明白，因而幼儿园成了加长版的才艺培训班、特长班。2001 年，银座幼教创办之初，就明确了其艺术教育的核心理念：生活是艺术的源泉，艺术是生活的真谛，学会生活的艺术，体味艺术性的生活，让孩子的一生以审美的眼睛，发现生活中的真善美。在这一理念指导下，银座幼教决定摒弃为才艺而教学的陈旧方式，确定了让孩子们在开放性、多元化的艺术活动中去体验、发现、表达、交流艺术魅力进而促进孩子情感、态度、能力、知识等方面全面发展的课程思路。

在师资配置上，银座幼教开创性地配置了单独的艺术团和专业组。专业组教师来自我们在各个艺术院校招聘的本科学历的舞蹈、音乐、美术等素质全面的大学毕业生，除了对他们的专业技能进行考核以外，上岗前进行统一的培训，加强专业教师的幼教化程度。专业教师在幼儿园内跑班上课，确保每个孩子都能接受多样化的艺术课程熏陶。在硬件上，每所幼儿园设置了独立的美术室、钢琴宫、器乐房、舞蹈房等专业艺术空间，让孩子每周都有机会在不同艺术氛围的活动室中进行体验。

1. 课程目标

艺术教育作为对幼儿实施素质教育的良好载体，我们的目标是：

（1）既要激发幼儿感受美、表现美的情趣，又要培养儿童创造美的能力。

（2）发展幼儿身体运动的机能，陶冶幼儿性格和品德；发展幼儿的观察力、注意力、记忆力、思维能力，借助身体感受和表现音乐的能力，培养幼儿的集体观念和竞争意识。

（3）培养其心灵的美感（和谐、统一），对音乐的兴趣及欣赏的能力，陶冶其情感，激发热情和创造性。

2. 课程内容

艺术课程包含了能实现艺术教育目的的各种活动，在内容选择与编制上坚持开放性的原则，为幼儿提供全方位的艺术体验。粗略来划分的话，包括由专业教师任教的艺术领域课程，由班级教师引领的一日生活艺术环节、孩子自主选择的选修性艺术活动，以及各种开放性的艺术活动等。

由专业教师任教的艺术领域课程结合集团创思课程的主题，通过音乐、舞蹈、美术三个专业进行配套的艺术教育，面向全体幼儿展开；由班级教师引领的一日生活艺术环节，则是结合幼儿园一日生活规程、一年四季的变化、幼儿园工作流程、实时的节日活动、园所的主题活动等进行浸透式艺术熏陶；由孩子自主选择的选修性艺术活动，是根据孩子的兴趣、教师的师资能力、教学设备的准备情况、教学场所、时间的合理安排等进行的满足幼儿差异化发展的艺术教育；各种开放性的艺术活动，主要面向社区、走进大自然、大社会，利用各种艺术性平台资源为幼儿提供更广阔的艺术情境体验。

3. 课程实施

应该说艺术是最能契合幼儿学习特点的教育内容之一了，因为艺术需要身体力行，需要人多个感官的参与，而这正是孩子们喜闻乐见的学习方式。好的艺术教育一定是可以带给孩子愉悦体验的教育。孩子们在艺术（教育）活动中的体验越丰富，越深刻，带给孩子们的影响也就越深远。因此，在实施载体上，艺术教育活动需要突破课堂，走向孩子们的生活，走向社会，走向自然。还有，由于艺术本身发挥其教育价值的方式是显性与隐性相结合的，而其隐性的作用发力往往较慢，因而，艺术教育需要有“沉浸”“熏陶”的时间和空间保障。那么艺术课程是通过哪些途径实施的呢？如下表所示。

实施途径	课程价值	实施载体
必修性艺术活动	给予全体幼儿用心感受美、发现美、用自己的方式去表现美、创造美的公平机会	全体幼儿每周一次美术、舞蹈、声乐专业艺术课
浸润性艺术熏陶	发挥环境的隐性教育价值，给予幼儿无处不在的艺术熏陶	全天候音乐环境 公共主题环境创设
选修性艺术活动	满足孩子在艺术领域的个性化发展需求，挖掘潜质，因材施教	幼儿自主选择周次艺术选修课
开放性艺术活动	拓展幼儿的艺术视野，提供自信的平台与超越的舞台，激发大胆的表现能力和自信的个性品质	各类参观（如博物馆、美术馆参观），远足（如写生），各类节日活动，各类演出表演，各类艺术性比赛等

（1）必修性艺术活动，让孩子人人沐浴艺术的阳光。

每个孩子都有接受艺术教育的权利，每个孩子都是天生的艺术家，不管孩子形象如何，乐感强弱，他们都有潜在的艺术能力。因此，我们强调艺术教育面向全体孩子，并在艺术活动中强调教师调动全体孩子的参与性和主动性。比如，有些男孩子对舞蹈没有兴趣，课堂上表现为心不在焉，精力不集中，爱调皮捣蛋。面对这种情况，老师应该采用什么样的策略把男孩子的兴趣调动起来呢?

一次舞蹈课上，老师播放了一首迈克尔·杰克逊的“Dangerous”，没想到孩子们听到音乐后就兴奋地跳了起来，有的甚至跟着节奏在拍手、点头、弹吉他、跺脚，有些动作竟和原版视频中的非常相似。这首音乐的节奏感很强，所以孩子们的动作频率相对较快。从生活中对节奏快慢的积累和区分，让幼儿对音乐的感知能力大大加强。于是，每节课必做的即兴表演就产生了，因为透过孩子的肢体，可以看到成人想象不到的动作。有时教师会问他们：“你刚才做的动作是什么意思?”有的孩子会说“昨天帮妈妈拖地，姿势就是这样的”或“青蛙就是这样蹲着跳的”，孩子的生活和我们的生活既在一起，又高于我们。让幼儿听音乐自己创编，通过生活中的跳、抓、倒、爬等的有意识动作，把它无意识地带到表演当中，效果和兴趣是之前的好几倍。老师就抓住契机进行了适合男孩的舞蹈动作的编排和推广，现在已经将孩子们的即兴表演整理成一支“迈克尔”舞，而且是孩子们自己的生活创作。这些个小男孩好像突然换了个人似的，每天都盼着上舞蹈课，孩子有了兴趣，表演的源泉就打开了。

可以说，必修性艺术活动体现了公平性教育的主旨，那就是让全体孩子都参与其中，体现以儿童为本的理念，达到素质教育的终极目标。

（2）浸润性艺术熏陶，让孩子随时随地享受艺术。

前面提到艺术发挥其教育价值的方式是显性与隐性相结合，而其隐性的作用发力往往较慢，因而，艺术教育需要有“沉浸”“熏陶”的时间和空间保障。在时间上，我们主要围绕着一日音乐环境进行了重点创设：根据入园、离园、进餐、午休、运动、区域游戏等时间段中孩子的身心状态与活动需要，选择不同乐器演奏的多种风格音乐，设计制作成全天候音乐播放单。如孩子入园时我们选择孩子熟悉的、欢快的双语儿童歌曲，让孩子哼唱着愉快的歌曲进入一天的生活；进餐时在优雅的弦乐声中安静地进餐；午睡时在轻柔的摇篮曲中进入梦乡……音乐播放单并非一成不变，它随四季更迭变化，根据不同节日进行氛围调整。如，春天时，选曲侧重表现春季生命勃发的音乐；

圣诞节时选用圣诞音乐尤其是圣诞歌曲；中秋节时多用传统器乐演奏的音乐作品。如此这般，长年累月，孩子们在无意识的情况下就可以自然浸润在音乐的殿堂中，获得不凡的音乐品味。此外，每天午餐前10分钟还是固定的音乐时间。这期间，老师和孩子一起歌唱、表演小律动。通过孩子自由的表达与表现，增强其音乐感受和表现能力。

在艺术氛围的空间营造上，我们坚持无死角的原则，让孩子们无论在班级活动室还是公共走廊抑或每间功能室都可以得到美的享受与滋养。如，在“大海—森林—太空”三大主题环境创设的基础上，我们在幼儿园内的每个楼梯都创设了相应的小主题：爱的阶梯、幸福的阶梯、成长的阶梯，每个阶梯结合爱的文化教育，充分利用幼儿上下楼梯的时间和心理感受，从幼儿耳熟能详的爱的教育故事、绘本精彩画面墙绘、幼儿园建园的成长变化、幼儿美轮美奂的绘画作品几个方面，给幼儿一个温馨的画面，温暖的情境。例如，在“爱的阶梯”中，我们呈现了《爱是一捧浓浓的蜂蜜》绘本故事：“爱是和好朋友相聚在一起，分享欢乐、探险、游玩”，“爱是那种温馨的感觉，就像依偎在妈妈怀中”……当幼儿一个接一个地上下楼梯时，看到如此温馨的画面，他们的心灵多少也会得到爱的滋养。

(3) 选修性艺术活动，让孩子实现差异化发展。

由于每个孩子来自于不同的家庭，而每个家庭的背景各不相同，受家长遗传、文化修养、生长环境、后天教育等各方面的影响，每个孩子也有所不同，也就是存在着个体上的差异。这种差异能够在各个活动中显露出来，但从另一个角度来说，“世界上并没有完全相同的孩子”。每个孩子身上都有无穷的潜能可以开发，在幼儿园各种集体的艺术活动中，孩子的个性差异也逐渐凸显出来，有的孩子肢体协调性好，有的节奏感准，有的模仿力强，有的对色彩特别敏感……为了满足孩子的不同艺术需要，幼儿园特设了选修课，在规定的时间里让孩子根据自己的兴趣自主选择器乐课、舞蹈课、美术、音乐表演等艺术选修课，为他们特设了展示体验的机会，在这个环节中孩子能享受到针对性的艺术指导。

选修性艺术活动充分尊重孩子的兴趣、潜力，完全由孩子和家长自主报名。当然，有时孩子和家长并不明确地知道什么选修课更适合。这时候，老师会及时介入，提供更好的选择建议。比如：

晨晨很难融入一般的集体活动。每次，她总是摇头晃脑地在一边自己玩儿，别的小朋友都找到椅子坐下了，她依然在原地晃来晃去，往往叫到她的名字了，她都没有什么反应，这让老师非常头疼。于是几个老师就聚在一起商量对策，观察孩子的行为，最后帮助她选择了陶艺的选修课程。在这个环境里，孩子好像找到了一片新的天地，总是期待着来上课，渐渐地能和老师交流了，能和同伴交流了，逐渐找到了自信。

从晨晨的例子中我们可以看到，选修性的艺术活动实际上还有帮助幼儿融入集体、规范行为、完善个性的作用。因此，在选修性艺术活动中，专业教师与班级教师、家长是密切合作的。

（4）开放性艺术活动，让孩子成为品牌代言人。

艺术绝不是歌唱、表演、舞蹈、绘画、器乐、泥塑这几种而已，在孩子们生活的任何一个角落、在大自然中都有千变万化的表现形式。因而，对孩子进行艺术教育，就要拓展幼儿的艺术视野，提供给他们更多触摸多种多样艺术形式的机会。孩子们看得多了，很自然地会生发出“我要学这个、我要玩这个”的表达需求，这时候就需要我们提供不同的平台和舞台，让他们去大胆地表现。孩子在不同区域、面对不同人群、展示不同内容时，往往最能锻炼能力从而收获自信。基于以上考虑，银座幼教的艺术教育呈现出开放性的显著特点。孩子们有机会去博物馆、文化馆、博览会、美术馆参观，常与著名画家联合举行画展；他们去远足写生、制作标本、搞主题摄影；他们参与各类节日活动的庆祝，各类演出表演，各类艺术性比赛等。在开放性的艺术活动中，孩子们不仅开阔了视野，锻炼了能力，更传递展示了幼儿园的教育理念与教育成果。可以说，孩子们在更广阔的舞台上成为幼儿园教育品牌的有力代言人。

比如，艺术团每年定期举行幼儿园早操汇演、《舞动童心》幼儿集体舞活动、《快乐节拍》律动比赛、《快乐你就唱出来》合唱比赛、系列儿童画展览……为全体孩子提供集体展示的机会，让幼儿园处处充满稚嫩的歌声、拍拍打打的节奏声、悠扬的琴声和绚丽的色彩。在这些活动中，内容简单易学，孩子们没有任何负担，能够无拘无束地表现出童真、童心和童趣，享受展示的快乐，同时在各种活动中培养了孩子们之间的合作意识、协作意识，增强了团队之间的意识，对良好个性的养成有着重要的作用。孩子在这些开放性的活动中得到了发展。嘟嘟妈妈是这样描述孩子的变化的——

从小儿子就是一名典型的“理工男”，自他蹒跚学步开始，就对一些事物特别感兴趣，像正在修理的下水管道、汽车部件、电路电器等等，甚至修个马桶、换个灯泡，儿子都会瞪大眼睛饶有兴趣地看来看去。我知道一般小男孩不喜欢文艺类的，所以自儿子出生，就没间断地给他进行艺术“熏陶”。每天的音乐时间、儿歌动画片时间，就想给他培养些“文艺细胞”。可是感觉不奏效，他也不喜欢唱歌，更不喜欢跳舞。自从进入银座幼儿园，幼儿园中很多的活动设计都会让孩子全体参与。像一些节日的时候，老师会编排一些小律动、小儿歌，并邀请家长参与活动。看到孩子们都参加集体表演，开心地演出，家长们都很惊讶：什么时候孩子变得能歌善舞了呢？

去年下学期，幼儿园举行了幼儿声乐比赛，幼儿园的全体小朋友都参与到其中。儿子也参加了这次比赛。以前在家的时候不管听到节奏多么欢快的歌声，或者是朗朗上口的儿歌，儿子都不会跟唱或者模仿唱。有几天，儿子嘴里经常哼唱着什么，我问他：“嘟嘟，你在唱什么？”他骄傲地对我说：“妈妈，这是Lily老师教我的英文歌，我们班要参加比赛了！”我心里想，比赛也不会有你这小家伙的份儿啊。我向他竖起拇指：“嘟嘟你真棒，都要参加比赛了！”当我拿到比赛的邀请时，我好兴奋！带着怀疑的态度，我去观赏了声乐比赛。

我按时来到了幼儿园的多功能厅，多功能厅里设置了专业的舞台和灯光。舞台上摆着合唱用的合唱台、钢琴，还有立式的话筒和扩音器，感觉真的像音乐会的味道呢。轮到儿子所在班上场了，孩子们一个跟着一个，站在合唱台上，还都精心地化了妆，感觉精神抖擞！我赶快拿出相机准备给儿子拍照。老师上场了，原来一位是指挥，一位是钢琴伴奏。音乐一响起来，我看到儿子眼睛盯着老师，跟着音乐大声唱起来，《鹅鹅鹅》《Jingle Bells》，一连唱了两首歌曲。歌声高潮处，还带着动作呢！没想到这些4岁左右的小家伙们都这么专业，有模有样的表演赢得了家长们的阵阵掌声。晚上，儿子兴冲冲地拿着一张小奖状回到家，告诉我：“妈妈，妈妈，我唱歌比赛得奖了！”

声乐比赛之后，我惊奇地发现儿子有了变化。一首歌他只要重复听几遍，就可以跟唱起来，不管是什么类型的歌，都是如此。有一天他哼着我在车上经常播放的流行歌曲《小情歌》，我诧异地问，从哪里学的？他说在妈妈的车上听到的，想学这首歌。我高兴极了，马上去商场给他买了专门的话筒和音响，以及看歌词用的笔记本。他在家里经常练习看着伴奏唱，没几天，就学会《小情歌》这首歌了。这首歌旋律很复杂，没想到他居然能学会！看来，我的儿子并不是天生的“艺术盲”啊！

后来我发现，儿子也敢大大方方地在很多人面前进行演唱了。同学聚会、假期探亲、家庭游玩……在任何场所，他都能大胆地唱出来，非常让我欣慰！我想起当时看到的声乐比赛的标题：快乐你就唱出来！是啊，孩子没有优劣良莠之分，只要给他合理的空间和支持，他就会有全面的发展。真的很感谢幼儿园组织的一次次的各项活动，让儿子能大胆地唱出来。

嘟嘟的成长故事让妈妈更深刻地感受到幼儿园的教育理念及其教育成果，当这种感动与感悟越来越多地被体验、被传播，孩子也就越来越多地成为幼儿园教育品牌的代言者。这种影响不仅进入每个家庭，更深入当地社会。比如，每年山东省的春晚、大型文艺活动、各类高级别的艺术性展演或比赛中，总有银座幼教孩子们的身影。孩子们活泼大方、镇定从容、优雅而充满灵性的表现，总能给观众留下深刻的印象。

总而言之，以上四种途径的互动，为孩子们提供了多元的机会和情境去体验艺术的真善美，并通过与各种艺术载体和表现形式的互动，让孩子们成为更好的自己，成为更有情趣的人，成为可以通过艺术提升生活质量的人。这或许才是艺术教育的真谛。

4. 课程评价

体验式艺术课程的评价同样是着眼于过程的，是多元化的，主要体现在评价主体多元化与评价角度多元化。评价主体多元化，即突破传统的教师单方面评价模式，走向幼儿、同伴、家长、社会共同参与，让幼儿自评、同伴互评、家长品评、社会鉴赏，四者交互作用。以前面所述嘟嘟成长故事为例，嘟嘟在声乐比赛中的自评可以以口述日记方式进行，同伴互评在教师组织的谈话环节进行，家长品评以家长记录成长故事的方式进行，社会鉴赏则由安排在声乐比赛过程中邀请家委会代表、社区志愿者填写观赏感受的环节进行。

评价角度多元化，即不再单纯注重对结果（知识、技能）的评价，而是将评价贯穿于艺术课程实施的全过程，关注过程中幼儿情感、态度的变化，思维的品质养成，人文素养的浸润以及综合能力的发展等方面。评价不再孤立进行，而是与教学活动、艺术活动情境融为一体。尤其是，在创造性思维发展整合课程观的指引下，教师更关注艺术教育过程中幼儿的个性化发展，关注幼儿艺术兴趣与潜力是否得到了最大程度的呵护，关注幼儿在艺术活动中如何发挥自己的主动性、想象力、创造力，以及交流、合作能力。

如，成长记录袋是我们最常用的评价工具。这个袋子的实体形式是一个个档案袋、一本本成长记录本，里面盛满了孩子的艺术作品；这个袋子的电子形式是一个个视频文件夹、音频文件夹、图片文件夹，记录幼儿艺术探索、学习、表现的形象过程。教师不仅帮助幼儿留存，更有语言描述与解读、家长故事等。当然，教师的解读以肯定的鼓励性的评价为主，建设性的意见为辅。

四、探究性平衡课程

建园之初，银座幼教探索性地提出了“平衡课程”这一概念，即通过保教一体化、保健整体化、保研个性化实现促进幼儿健康发展。由于第二章中已经谈到了具体的做法，本段不再重复展开，仅就平衡课程的构建原则、运动课程以及平衡课程的实施评价做一介绍。

1. 平衡课程的构建原则

（1）科学性原则。

科学性即尊重幼儿生长发育规律、生理特点。生长发育是儿童期独特的生理现象，各年龄阶段的儿童都有其独有的生理心理特点，随着年龄的增长而变化，从而形成不同年龄阶段的生理、心理特点。而我们需要严格按照幼儿身心发展规律特点，把握幼儿发展关键期，绝不要过于放任“自然”，以免错过最佳教育时机，从而达到最有效的教育。但不要依照成人的思维，妄图一蹴而就、拔苗助长，要按儿童身心发展的规律，循序渐进，避免欲速则不达的结果。

（2）趣味性原则。

学龄前儿童注意力发展特点是主动注意与被动注意都在发展，被动注意仍占优势，向儿童明确设定课程的任务、过程以及鲜明、新颖、具体形象事物的变化，自然而然能引起小儿的注意。课程整个内容要有趣味性，促进儿童主动注意的发展。

（3）日常性原则。

平衡课程应在每日生活环节中进行。著名教育学家叶圣陶先生说：“教育是什么？往简单方面说就是要养成良好的习惯。德育——养成良好行为习惯。智育——养成良好学习习惯。体育——锻炼身体习惯。”根据幼儿大脑皮层活动的特性——动力定型原则：若一系列的刺激，总按照一定时间、一定的顺序、先后出现，当重复多次以后这种顺序和时间就在大脑皮质上“固定”下来，有了规律。每到一定时间，大脑就“知道”某种活动该干了，并且干起来很自然，每当前一个刺激出现，大脑就“知道”下面该做什么，提前准备，这种大脑皮层活动的特性叫做“动力定型”。将平衡课程安排在一日生活中，只要坚持不懈地实施，良好的生活习惯、行为习惯、学习习惯、锻炼身体的习惯就会逐渐形成。

课程安排要注意动与静的交替：为了保证身心健康，避免幼儿神经细胞过于疲劳，课程活动要与静的活动交替安排，其主要依据是大脑皮层镶嵌式活动的原则。

（4）协调性原则。

平衡课程涉及平衡膳食、体格发育、健康状况、体育运动等方面，在相互平衡协调的状态下才能使幼儿身心全面得到发展。例如：幼儿摄取平衡营养素才能使体格发育，体育运动消耗需要营养素的支持等，遵守相互平衡协调的原则是非常必要的。

2. 平衡课程实施途径之体育活动

平衡课程的实施途径包含了各项保教工作，下面重点围绕体育活动展开介绍。

（1）引进男幼教，打造体育活动的阳光特色。

银座幼教为其每一所分园都配备了男性体育教师，其目的是借由男教师与生俱来的阳刚气质给予孩子阳光心态、强健体魄、坚强意志和充满韧性的品质。为了让男教师能充分发挥自身优势促进幼儿发展，同时以团队的力量深入幼儿体育活动的项目研究，银座幼教成立了专门的体育研究工作室。工作室成员均为集团专职体育教师，专业背景涉及专业有健美操、足球、篮球、武术、跆拳道、散打等，完全能够满足幼儿时期的孩子们对体育活动的多样化需求。

(2) 多元体育活动，让孩子玩出好体能、好性格。

儿童的本真和本能就是一个字——玩。体育活动的目的就是通过多种多样的活动形式与内容还原幼儿的本真和本能，让孩子们在玩的过程中，玩出好体能、好性格。

①体育课。在园幼儿每周接受一次常规的集体体育教学活动，具体内容以体育游戏为主，在有计划有目的有组织地培养幼儿的走、跑、跳、投掷和钻爬等基本技能的同时，培养幼儿对体育活动的兴趣，遵守规则的意识等，为其将来良好的生活习惯和行为习惯的养成打下初步的基础。体育研究工作室代表集团在全省甚至全国的舞台上公开展示过多次集体教学活动，《勇敢者的游戏》《小磁铁》《碰碰乐》《小刺猬摘果子》等活动均获得观摩人员的一致好评，集体设计的游戏《小孩小孩真爱玩》获得山东省游戏设计大赛一等奖，集体设计的教学活动《闯关》获得山东省 2012 年优质课评比二等奖。通过多年的积累，集团已经自主研发了园本课程《幼儿园体育》教材，涉及了技能、生活常识等各方面的内容。

②户外体育游戏。众所周知，儿童首先发展的不是视觉而是触觉，是身体的感觉。儿童在学龄前最重要的任务就是掌握自己的身体。只有掌握了身体才能够发展智力。要解决孩子们将来的生活问题和学习问题，首先要他们先进行一系列的身体运动，发展他们的生命感、运动感和平衡感。户外体育游戏是一个综合性的体育活动，是包含动作技能、情节、角色以及规则在内的身体练习，是发展幼儿动作技能、提高幼儿生活能力、锻炼幼儿身体素质的主要形式。轻松愉悦的户外体育游戏所能给予孩子的价值，除了我们显性看到的，还有对孩子身心深远影响的延伸价值，健身同时益智，育德同时促美。

目前，银座幼教开展的户外体育游戏大致分为两种，有序的球类活动和有组织的区域性体育活动。球类（篮球）活动是集团的特色体育活动，各园各班都在有组织地开展；区域性体育活动是各园依据自身的环境、场地和器械种类，有序组织的各班小区域或整体大区域性的体育活动，小区域按照集团研发的《户外体育游戏手册》组织，大区域是根据器械按难度、强度有序排列供幼儿参与锻炼。

③特色篮球。集团现已开展特色篮球活动 6 年，普及到幼儿园的大中小各个年龄段。集团体育研究工作室结合幼儿体质、体能和心理因素，将篮球活动融入到幼儿园当中，从球的选择、具体动作和技能的选择、篮球架和篮球场的制作、教授的技巧、训练的计划和比赛的具体规则都做了专业的规划，保证满足各个年龄段幼儿对篮球活动的锻炼需求。孩子们在花样拍球、障碍运球、传接球、定点投篮和实战对抗赛等方面都接受了系统的训练之后，我们通过举办“小小篮球挑战赛”“篮球技巧秀”等活动，让孩子们充分展示并获得成就感。

④童行天下·大自然体验课程。童行天下的寓意就是，童使天下行，童行天下，与坚持梦想者同行、与坚持信念者同行、与信任者同行、与勇敢者同行，你我同行，行天下。成立“童行天下”的目的，就是通过对大自然环境的体验，让孩子们尊重大自然，爱护环境，让孩子们养成一个良好的生活习惯，具备一种优秀的生活品质，拥有一个积极的生活态度。现已开展的多期徒步活动，孩子们在两小时内完成徒步的距离可以达到 6 千米、海拔 180 米，甚至有的孩子在三小时内可以完成海拔 380 米、距离 8 千米的长度。我

们希望孩子们通过徒步活动，各自挖掘出坚韧、坚强的品质，挑战自己的耐力，加强与身边小朋友的交流和沟通，不怕苦、不怕累、不放弃、不言败，阳光、快乐、幸福地生活，以此让孩子们享有健康强壮的体魄，拥有良好积极的信念，持有坚强勇敢的品质。我们坚信少年强则国强，我们志在培养狼一般的孩子，团结积极、锲而不舍、用心专一、坚韧顽强、勤奋努力、不失野心、有勇有谋、有力有智、傲骨血性……

3. 平衡课程的实施评价

由于“平衡课程”的理念提出来的时间并不长，我们在实践中的积累还不足以支持我们建构出完整系统的体系。在评价方面，我们接下来要进行探究的是：

(1) 平衡膳食（四季营养食谱）与幼儿体格发育的相关性。

幼儿体格发育评价常用形态指标是：身高、体重。身高代表了幼儿长期的营养指标，体重代表了幼儿近期的营养指标，通过身高、体重指标评价，反映了幼儿营养状况与体格发育的相关性。

(2) 平衡膳食（四季营养食谱）与健康检查的相关性。

健康检查可全面了解儿童生长发育及健康状况，对健康检查发现的健康问题给予矫治。对于幼儿园健康检查统计可横向评价该幼儿园幼儿健康状况。检查结果即反映幼儿整体健康与个体幼儿健康状况与膳食的相关性。

(3) 运动（四季运动处方）与心理健康的相关性。

身体运动并非单纯的人体运动和物理性运动，它不但具有肌体生理意义，还具有心理上的价值，幼儿运动能对学前儿童心理的发展产生良好刺激的影响，还能促进其智力的发展。并在身体运动过程中，伴随着人的认识、情感、意志和个性等方面心理因素的相关性。

(4) 运动体质消耗（四季运动处方）与进食状况的相关性。

蛋白质、脂肪、碳水化合物三个营养素在体内代谢后产生热量供给肌体所需，肌体运动所消耗的能量的不同，导致幼儿进食量的不同。活动量大小使体内消耗热能的多少，反映了运动（四季运动处方）体能消耗与进食的相关性。

(5) 运动（四季运动处方）与生理机能的相关性。

生理机能包括：安静的心率、血压、呼吸率、肺活量、背肌力、握力。

生理机能代表心脏收缩力、心输出量、肺活量等指标。运动前和运动后及长期锻炼前后由于改变心、肺功能所显示的指标也不相同，从其指标可反映出运动前后生理机能的相关性。

(6) 膳食运动与疾病发生率的相关性。

均衡的膳食、体育运动可提供幼儿生长发育所需，促进幼儿健康成长，运动可增强心肺及各系统功能，提高免疫力。平衡课程的实施反映了膳食运动与疾病发生率的相关性。

五、绘本阅读课程

绘本，作为儿童世界的精神食粮，近些年来越来越多出现在了幼儿园的阅览室、图书角。越来越多的老师和家长享受着与孩子共读好书的时光，也有越来越多的孩子喜欢上了绘本阅读，享受着手捧绘本图书、体验缤纷世界、走进多彩人生的美妙经历。如此，我们还有什么理由不为孩子们创设更丰富更温馨的阅读环境？不为孩子们提供更多元更适宜的绘本故事？不为孩子们组织更有趣更生动的阅读活动？不为孩子们开展更立体更有创意的体验活动？

正是出于这样的思考，银座幼教建构了创思课程核心理念下的《绘本阅读课程》，并努力实践研究，以树立正确的课程理念，制定准确的课程目标，建立鲜明的课程特色，选取适宜的课程内容，设计有效的课程策略，形成系统的课程模式。

1. 课程理念

(1) 享受阅读快乐。

优秀的图画书是绘本、文学、教育三者和谐完美的结合，它能带给孩子阅读的幸福感，艺术的愉悦感，对孩子视觉和心灵的震撼比知识效果更为直接，对儿童知识的积累、思维的激活、人格的健全等方面的能力，都有着潜移默化的影响。因此，我们非常强调“让孩子享受阅读的快乐”这一核心目标，力求通过阅读活动，为孩子们制造阅读的快乐，丰富其精神生活。

(2) 体验有趣互动。

众所周知，幼儿的思维特点是直观行动性思维和具体形象性思维，幼儿的学习是需要情感互动和主动参与的，而非理性的投入。因此，我们非常关注幼儿的情感体验，努力让幼儿真情实感地投入其中，激发其内心的社会情感体验，使幼儿能与教师、同伴、环境及绘本发生主动互动，从而达到理想的阅读效果和教学效果。

(3) 全人整合发展。

就像世界上没有完全一样的两片树叶一样，我们的孩子们在生理、心理等方面也存在着巨大的个体差异，他们的成长环境、家庭背景各不相同，对绘本的感知、体验和理解也不尽相同。这就要求我们的课程必须运用多元智能的理论和全人教育的理念来设计各类活动，为幼儿提供多元阅读的引导，创设多元阅读的情境，建立多元互动的关系，选择多元操作的材料，开辟多元活动的途径，提供多元展示的舞台。更关注尊重每一个孩子的个性，满足每一个孩子的需要，让每一个孩子都能从故事中认识自己眼中的世界，从阅读中体会自己认同的情感。

2. 课程目标

幼儿绘本阅读的过程是一个通过大量的观察—倾听—记忆—理解—表达—创造的系统整合过程。绘本课程的目标是让幼儿在阅读中提升倾听表达能力，在图画中赏析艺术，在操作中习得阅读经验，如翻阅图书的经验，获取信息、读懂图书内容的经验，图文互换的经验，认识标记、符号、文字的经验，图书制作的经验等；让幼儿通过“从故事到现实，又从现实到故事”循环往复的过程中获得丰富的感悟和体验，如对每个生命的珍视，对自我的接纳，对他人的包容，对生活的热爱，对自然的敬畏等；让幼儿在想象中激发无限创意等。

3. 课程内容

集团阅读课程以国际安徒生奖、美国凯迪克奖和英国凯特·格林纳威奖的评奖标准为绘本的选择依据，以文学性、审美性和教育性兼具为选择标准，注重以儿童为中心，贴近儿童生活，精选国际儿童文学大师与著名画家的获奖作品。课程分大、中、小三个年龄段，每个年龄段、每学期八本不同内容的绘本。当然，面对国外优秀绘本，我们特别注重老师们根据自己对绘本的深入阅读和领悟，准确把握，更强调要用中华文化的视野和观点去对各国绘本精髓进行诠释和解读，使东西方文化有机融合，帮助幼儿初步建立起植根本土的中华文化精神家园。

4. 课程实施

任何一个课程，其课程理念和培养目标都要依靠有效的实施策略来实现，才能发挥其魅力和价值。为此，我们通过开展以下丰富多样的阅读活动，有效实施阅读课程。

（1）集体阅读活动。

即教师通过集体教学活动，组织幼儿共同阅读一本绘本书，并带领幼儿获得最佳的阅读效果。这种集体绘本教学有别于普通意义上的讲故事，更不同于亲子阅读和自主阅读，它是在教师为幼儿营造一种良好的阅读情境前提下，通过“巧妙导入、激发兴趣——画面观察、情节推进——问题互动、感知体验——完整阅读、重温回顾——亲子游戏、多元延伸”五个环节的层层引导和步步推进，在集体的观察讨论和体验表达中，引领幼儿感受更加深入多元的绘本故事，从而促进幼儿各方面能力的协调发展。

（2）自主阅读活动。

即指班级图书角的区域阅读活动。为了满足孩子们不同的兴趣爱好和差异性发展，每个班级内会创设阅读区角环境，在区角内提供符合本年龄段特点的绘本故事，以供孩子们自由选择，并用自己的方式阅读。这一类阅读活动一般在晨间、离园、区域活动时间及餐后进行。在幼儿阅读过程中，教师会细心观察，发现某些幼儿阅读的特别需要，提供及时、恰当的帮助。区角内的图书一般是由幼儿园提供，但有时也发动幼儿自带，以增加幼儿的阅读量，丰富绘本图书的种类。有的班级还会开展“每周一书”的活动，让孩子们在自主阅读中，保持良好的阅读兴趣，养成良好的阅读习惯，掌握阅读技能，真正与书交朋友。

（3）开放阅读活动。

即指幼儿在幼儿园的绘本馆或图书阅览室开展的阅读活动。随着孩子们阅读能力的提高和阅读量的增加，班级阅读区的藏书量已经不能满足孩子们个性化的需求和发展。这时，园内的绘本馆和图书馆阅读活动恰好能够解决这一问题，满足孩子的需求。幼儿园教研室做好时间安排表，正常工作日每个班级轮流进入图书馆进行阅读活动。幼儿的视野被再次拓宽，也很好地发展了阅读能力。为了满足家长想要陪孩子多读书、读好书的需求，绘本馆和图书馆还会提供图书借阅服务，家长朋友只需在班级内进行登记，办理借书卡，每周一次定期去借阅图书即可。

（4）亲子阅读活动。

即依托“流动小书包”或“图书漂流”活动，发动家长参与的亲子阅读活动。家园同心同步，为幼儿全身心发展共同努力是我们一直的追求。随着园内阅读活动的深入开展，园内阅读活动自然就延伸到了每个家庭。为了帮助家长为孩子选好书，让孩子读好书，幼儿园以“流动小书包”或“图书漂流”的形式，开展“书香流动，润泽心灵”的活动。每班先准备几个“流动小书包”，每个书包里放有一本老师从幼儿园图书室挑选的优秀绘本书，附加导读手册（帮助家长如何指导幼儿阅读该图书），一个阅读记录本（记录下阅读时的收获、感悟）。

接下来将班级幼儿平均分成几组，每组按学号从大到小开始流动。流动到哪个小朋友，哪个小朋友下午就可以将小书包带回家，家长在导读手册的指导下进行亲子阅读，并写出阅读感想。第二天再将小书包归还，直到本组内全部流动完以后，再进行小组之间的图书交换，继续流动。小书包流动期间，可以更换新的图书，也可以全班的图书和平行班级互换，以增加图书的流动量和价值。“流动小书包”的形式多种多样，可以班级幼儿分组流动，也可以全班幼儿同时流动。“流动小书包”带给孩子们的不仅仅是一个个优秀绘本，重要的是它可能影响孩子一生的人生态度，同时也会影响到更多的家庭认识到阅读的重要性。

（5）动态阅读活动。

指依据幼儿园环境主题，将绘本故事的精美画面创设在孩子们每天必经的公共环境之中，让孩子们边行进边阅读的活动。正如我们一直坚信的，阅读正以各种方式，润物无声但又深刻久远地影响着我们的生活。幼儿园环境是重要的教育载体和阅读平台，因此我们将绘本阅读和环境创设有机整合，重视挖掘绘本故事在园所大环境中的教育价值，将幼儿有意阅读和无意阅读相结合，将艺术欣赏和故事阅读融为一体，充分体现出环境育人的思想。无论是在大海、森林还是天空，抑或是在门厅、走廊和墙面等公共环境中，无不体现着“处处有阅读”的精心构思。在一楼迷幻的海底遨游时，《亲爱的小鱼》会以大幅的画面呈现在我们眼前；在多彩的大地漫步时，《我和爸爸》中的小熊和熊爸爸正在林间游戏……绘本故事正以丰富多彩的形式呈现在环境中，它将画面和环境理念融为一体，进入到孩子们的生活和学习中，让孩子们在欣赏中体会，在阅读中感悟。

（6）故事表演活动。

即指将绘本故事编写成儿童剧本，让孩子们在特定的情境中，运用语言、动作、表情等扮演角色，从而表现绘本故事的表演活动。绘本儿童剧是近年来幼教集团将阅读特色与艺术特色整合之后的素质教育新载体，它在设计上轻松、愉悦、有情节、有故事性、有理念渗透，让书本里的图画和文字“活”起来，让绘本故事有了更立体的呈现方式，让孩子们的故事阅读有了更鲜活的感受与体验，大大提高了孩子们的阅读兴趣，为孩子们搭建了挑战自我、展现自我的舞台，让孩子们在童话剧表演中享受绘本故事的精彩，体验表演绘本的快乐，树立自信和成功感，有效促进了幼儿综合素质的提高，并有力推动了绘本阅读活动的开展。

银座幼教以创造性思维发展主题式课程为核心的一系列课程建设还源于多年来我们对“左右脑分工理论”的关注和实践。美国科学院院士罗杰·斯佩里教授通过割裂脑实验，证实了大脑不对称性的“左右脑分工理论”，并因此荣获1981年度的诺贝尔医学生理学奖。

人类的大脑由大脑纵裂分成左、右两个大脑半球，中间有横向神经纤维连接两个半球。大脑的奇妙之处在于两半球分工不同。左脑支配右半身的神经和器官，是理解语言的中枢，主要完成语言、分析、逻辑、代数的思考、认识和行为，是条理化思维。也就是说左脑负责逻辑思维。

右脑支配左半身的神经和器官，是一个没有语言中枢的哑脑。但右脑具有接受音乐的中枢，负责可视的、综合的、几何的、绘画的思考行为；具有观赏绘画、欣赏音乐、凭直觉观察事物、纵览全局的功能。即右脑负责形象思维。

研究发现，人脑所储存的信息绝大部分在右脑中，右脑信息储存量是左脑的100万倍。也正是左右脑协同工作，使人类具有感知力、创造力。右脑的形象思维能力，使它处于大脑感知世界的前沿。“创造性思维发展”中的“知觉”和“一闪念”是极其重要的。也许就是这一个“火花”孕育了一个新理论、新学说和一场新的革命，并摧毁了原有的思想体系。此时，右脑具有的直观的、综合的、形象的思维机能发挥了巨大的作用。一句话，创新必须充分调用右脑。

我们强调开发右脑的重要性，并不是要用右脑思维取代左脑思维，事实上右脑思维也不可能取代左脑思维。右脑储存的大量信息、它的知觉都必须经左脑语言的描述和逻辑的加工才具有最终的价值。然而右脑毕竟是我们使用的“弱项”，注重开发右脑潜能，也许更能“少投入、多产出”。

这也解释了为什么银座幼教强调课程的多元化构建。

第二节　教材植根于实践效果

如果说教材是课程思想转化的载体，那么教材涵盖了幼儿用书、大量的教学辅助用书、多媒体软件、由自然或生活事件转化来的现实教材，还包括传承人类文明的各种物化形态和非物化形态的事物。故此，本节中涉及的“教材”概念，既指有形的教材（文本课程），又指无形的教材（体验课程）。

如果说教材是课程实施的重要内容载体，那么教材的选配、使用，其效果直接影响课程实施的效果。强调“教材植根于实践效果”的目的在于追求课程实施价值的最大化。

一、把握课程核心价值，科学选配教材

在我国幼儿园课程开发与编制多元化发展以及教材开放化管理的大背景下，教材出版呈现出一派繁荣景象。这些教材或者说课程方案有的由高校等专业力量研发，有的由地方行政部门或教研单位组织有关人员包括一些有着大量实践经验的幼儿教师共同研制。除了少数具备自主研发能力的幼儿园之外，绝大多数幼儿园都面临着选配教材的问题，尽管这种选配权利并不是完整的。银座幼教在教材选配方面是如何进行的呢？

1. 过滤性（一致性）原则

我们做出这样或那样的选择，都是因为一些深层次的观念在起作用。当我们筛选教材时，我们的课程观就成为过滤的工具。只有那些与我们的课程核心价值一致或相似的教材才有可能入选。如果没有这样的备选教材，那就只能自主研发。拿我们的浸透式英语课程来说，出版市场上绝大部分的幼儿英语教材都是基于“滴注式”的模式来编制的，这些教材适合那些以英语课堂集体教学为唯一或主要途径的幼儿园。在浸透式模式之下，当英语学习突

破了课堂，全面走向孩子们的生活之后，语言学习的资源已经不是一本教材、十几个单元、几十个单词所能代表。因而，自主研发适合浸透式模式的课程方案就成为一种必然的选择。

2. 实操性原则

实操性不仅注重以完整的教材配套提高教师的备课效率，更追求借由教师教学材料、儿童操作材料、亲子游戏素材的互动，达成家园共育。考虑到集团年轻教师居多，课程驾驭能力和实施经验不足，因而强调实操性更是课程落地物化为教育行为进而转化为幼儿发展的一种品质保障。

3. 兼容性原则

兼容性原则在课程设置上，体现为主干课程与特色课程的理念兼容。特色课程并不独立于“创造性思维发展”之一核心之外，相反，无论是英语课程、艺术课程，还是平衡课程、绘本课程，在实施过程中都需要时刻考虑这一核心目标。如，艺术课程中，在实施美术领域的课程内容时，就需要考虑如何做到材料多样，以拓宽幼儿的创造领域，如何让题材广泛，以丰富幼儿的创造素材。

兼容性原则在课程内容编制上，体现为主题的一致性或兼容性。不仅艺术课程实施方案中教学内容的选择与创思课程的主题保持一致，英语课程也将英语学习自然融入汉语主题活动，着眼于幼儿的整体发展。我们以创思课程为基础，将英语学习纳入幼儿的整体学习中，体现教育资源共享，英汉经验互动，两种语言的发展相得益彰。由于围绕月主题开展的活动内容相近，幼儿汉语学习活动的经验可以成为英语学习的支撑；主题一致，无论是环境创设、区域材料投放还是家园配合都能共享，充分提高教育资源的利用率；同主题活动内容开展丰富，可以为孩子提供及时的、多一倍的语言练习和使用的机会。

4. 开放性原则

开放性原则首先是源于“课程不是僵化的，而是动态的”这一基本观念，也源于“教材并非只是文本的有形之物”这一认识。应该说，课程方案或教材文本仅仅是为课程的实施提供了一种有效的参照，而不是实际教学实践的绝对依据和标准版本。因此，我们在教材文本的体例编排和内容设计上为教师们留出了选择、再拓展、创新的余地。如英语教师用书中，我们并没有提供每天的教学活动方案，而是以单元为单位提供了各类活动提示建议；没有提供一个个具体活动的教案，而是每周仅提供两个不同类型的典型课例以备教师参考。如此，老师们既有抓手，又可以举一反三。

Activities	How to do it
语言活动 Language activities	单词学习：rice，noodles，soup，egg。 利用三餐渗透、学习语汇。如果食谱里没有 noodles，老师可以带些方便面来班里现煮。食物要吃着学习效果才会好哦。
生活活动 Daily life activities	1. 在三餐之前，唱本单元的歌，请每组的小朋友轮流唱自己的桌子号。进餐时渗透食物词汇的表达。 2. 在任何时候，带着孩子数所能见到的任何可数的东西。如，教室里面的小椅子，小朋友的眼睛、鼻子，老师，树木、花朵等，渗透 1—5 的表达。 3. 户外活动： ①老师可以拍球或跳绳，请小朋友帮忙数数。 ②Feed the Animals。 找一个纸箱子，贴上小动物的图案，告诉小朋友：They are hungry. 请小朋友把球或沙包喂给小动物们。喂完后，大家一起数数每个小动物吃了多少。
音乐游戏 Musical games	找四张桌子，上面放上数字卡，老师和孩子一起唱《We Are Table No. 1》，唱到数字几，孩子们就站到有相应数字卡的桌子旁边。
视听环境 Songs/Rhymes	播放歌曲《We Are Table No. 1》作为过渡时间的背景音乐。
亲子游戏 Games at home	1. 引导孩子数一数家中的物品，练习数数 1—5。 2. 在家吃饭时，爸爸妈妈可以多引导宝宝说说餐桌上饭菜的英语名字。

在上图中，我们可以看到，孩子们英语学习的资源已然超越了幼儿用书、课堂集体教学，而拓展到生活中的某个片段，交往过程中的某个场景，自然中的某个角落。所以，当我们以一种开放的视角来定义教材时，教材就真的鲜活了起来。

二、抓实课程管理，以督导教材落实过程为保障

教材选配到位之后，要保证教材充分发挥其价值作用，重要的是抓实培训，加强过程管理。从“教材作为课程实施的主要载体”这一认识出发，对

教材实施过程管理实际上也是课程管理的重要部分。

1. 有效组织培训，教材掷地有声

课程内容或是教材的实施离不开培训。围绕教材落地，总部业务中心、分园、教研组等各个层级部门都可以组织相应的培训，以有侧重点地解决教材实施过程中的不同问题。总部业务中心既可以进入某个分园进行有针对性的培训，又可以组织区域化或是集团范围的专场教材培训，以解决教师实践过程中存在的共性问题。此外，分园之间也可以互动，实现教材培训资源的共享。培训的形式在第五章中将会有详细的说明，此处不再展开。

培训何以有效，以保障课程方案的核心价值得到有效实现？以围绕着创造性思维发展整合课程进行的一系列培训为例。

（1）全员培训，确保理念形成共识。此系列的培训，全体教师，无论是汉语教师还是英语教师、专业教师、生活英语教师都需要参加，通过主题讲座、分组研讨、案例鉴赏等方式强制性集中学习，理解课程建构的背景、核心价值、实施手段，包括“创造性思维的定义”“幼儿创造性思维的表现”“创造性理论”“家庭在促进创造性方面的作用”“教师在促进创造性中的角色和职责”等具体内容。

（2）全员实践，形成共同研讨经验背景。培训之后，各教研组教师在自己的教育教学中实践。如，英语教师要考虑如何在英语活动中促进幼儿创造性思维的发展，专业组教师要考虑如何利用艺术活动中右脑活跃这一特点去促进幼儿的创造性思维发展。在实践中，教师要记录自己的行为，以便在后续的研讨中分享。如，班级教师要记录下自己如何创建一个问题情境，如何提供有挑战性的、有刺激性的学习材料，如何营造一个允许有多重解决方案的课堂氛围等等。

（3）全员研讨，明确实施路径，交换支持策略。带着实践背景，老师们分园、分组进行研讨，以明确教师如何在带班过程中促进幼儿创造性发展的途径。如，理解成为一名创造性教师意味着什么或是创造性教师的特征如何，识别幼儿的问题并适当回应，重视幼儿思维游戏与探索解决方案的过程，鼓励幼儿与同伴分享并有效运用同伴的反馈实现激励，营造宽松自由的班级氛围等。

2. 物化监管行为，督导立竿见影

培训之后，老师们或许知道如何去落实了，但是落实到何种程度才是合格，才是优秀，他们并不十分明确。培训时或许听得明明白白，但实践起来可能无从下手。考虑到这些因素，管理者就需要加强督导，帮助教师执行到位。下面以英语教材的督导为例重点介绍一下教材落地过程中的监管工作。

考虑到集团分园的一些园长、教研主任并非英语专业背景，在督导英语课程内容实施时常出现“心有余而力不足”甚至是“怯场”的情况，集团英教管理中心将英语课程实施的过程细分成浸透式双语教育图景解析、课程资源信息、周计划督导、月主题网络图督导、英语环境创设督导、英语课堂教学活动督导、师幼生活英语互动环节督导、集体备课督导、英语教研活动督导、英语教师教案督导、英语幼儿用书使用情况督导、英语节日活动督导、英语教育结果呈现督导等 13 个单元，并将这 13 个单元的工作物化成手册。每个单元详细地说明了某项工作如何进行才是规范的、到位的，教师在执行过程中容易在哪些地方出现疏忽，园长主任督导时的重点如何等。手册完成之后，英教管理中心首先对分园园长、主任、英教组长进行了培训，确保手册人人会用。之后，分园园长、主任就手册与英教组的老师集体学习，做到教师人人明晰做到什么程度才是到位的。当园长、主任清楚地知道如何做才是到位的，才能给予教师有帮助性的指导。只有当教师知道如何做才是到位的，他们的教育行为才能实现自我评估，也才能在“到位”的基础上发挥其创造性。

三、着眼教师专业素养，夯实课程执行力

任何一个课程方案，任何一套教材的建构与实施，最关键的要素还是教师，是教师的观念与思想，是教师的心灵与行为，是教师的责任与智慧。可以说，教师的专业素养决定着最终的教育结果。因此，提升教师对教材、课程的理解、实施与创生能力，是确保教育实践效果到位的关键。

1. 集体备课，头脑风暴，提升教师课程理解力

每月老师们通过聆听总部进行的“月教育主题实施解析”培训、教研组集体备课等形式，借助团队的力量，认真通读教材包括幼儿用书、教师用书、以往的主题实施档案等课程资源，理解并准确把握每个教育主题编制的核心价值，理清主题实施的脉络走向以及各个活动之间的逻辑关系，明确预设的教育目标。如此，通过团队头脑风暴，每位教师都能在结合本班幼儿身心发

展特点和现有经验水平的基础上，理解教材，明确为什么教，教什么以及达到什么目标。这一过程对于创造性思维发展整合课程的意义颇为重要，因为创思课程首先要求教师具备创新意识，深刻认识创造性思维培养的价值，了解创造性思维过程，培养幼儿创造能力和解决问题的能力。

在头脑风暴的过程中，虽然主题可能不变，但是主题发散的脉络会有不同，主题网络图的面貌也充满差异。这恰恰反映了教师预设的多样性以及对幼儿已有经验及探究兴趣可能的尊重。

此外，教师们在集体备课过程中也会以头脑风暴的形式讨论环境创设、家园共育等课程实施途径。

2. 个人反思，同伴互助，提升教师课程实施力

集体备课之后，教师要自主备课，设计教学方案并组织实施。这一过程不仅要求教师能够在把握教学核心价值与目标的前提下设计科学合理的教学方案，还要求教师能创设适宜的教学情境、选择得当的师幼、幼幼互动策略等。换句话说，教师要明确什么时机学，什么方法学，学到什么程度。教师个人对课程实施情况的反思意识与能力对不断提升专业素养影响重大。因此，我们要求教师书写课后反思、教育教学随笔，并通过评选、园报网站刊登等方式提高分享率，激发教师的积极性。

同伴互助的方式很多，如师徒帮带、课堂观摩、一课三研、同课异构等。以课堂观摩为例，上课教师与听课教师的地位完全是平等的，听课教师客观地记录讲课教师的表现，不做任何主观价值判断，课后老师们会根据记录的客观事实或录像回放来讨论教学细节，为教学提供反馈，以改进教学，包括对一些有争议的问题的确认，具体教学方法或策略的协助，教师自我技巧的改进，专业技能的分析与发展等等。

事实上，同伴互助、个人反思与专业引领是三位一体发挥作用的，其终极目的都是为了不断提升教师的教育智慧，让教育教学更适宜幼儿的发展，但由于专业引领这个话题已经在第二章谈及，此处就不再展开。

3. 捕捉契机，适恰调整，提升教师课程创生力

教师并非教材、课程方案的被动执行者，课程实施过程也未必总能按照教师的预设进行，因此，明确调整的价值、怎么调整、什么时间调整预设是教师有效执行课程的一种必需，即教师需要具备一定的课程创生能力。尤其

是，创造性思维发展整合课程本身要求教师能灵活地跟随、把握幼儿思维走向，为幼儿的探究提供支持。那么教师如何提升课程创生能力？

（1）偶然故事会，意外的精彩。在实践中，我们要求教师做到培养捕捉关键事件的敏感意识，并在事后及时记录下教师当时的处理经过。之后，会在每周的“偶然故事会”上进行分享，通过分享讨论探究幼儿的思维热点、兴趣点、发展需求以及教师是否及时提供了有效的支持策略。如此，故事会成为教师团队解读幼儿、反思教育行为的活泼载体。无形之中，也在提升着教师的课程创生能力。

（2）“小鬼当家”，让课程充满弹性。我们要求教师重视幼儿的问题，因为在创思课程理念下，幼儿提问的数量、质量是其思维活跃程度的重要指征。儿童的问题是一扇扇窗户，为教师展示了他们内在的思维图景，能让教师清楚地知道幼儿知道了什么，想知道什么，幼儿遇见了什么问题，想解决什么问题。因此，教师允许并鼓励幼儿参与主题活动的规划（即头脑风暴），由他们大多数人的兴趣决定主题探究的走向。如此，虽然主题一致，但是不同班级呈现出来的发展脉络却可能大不相同。

说到底，围绕幼儿创造性思维培养，尤其是幼儿思维方式与思维品质的研究与教育，真的是“知易行难”。无论是创造性思维发展整合课程方案还是浸透式双语教育等特色课程方案都只是一个个载体，孩子们要学习的不是这些方案、主题的本身知识，而是要掌握认知方法、思维方法。

第三节　环境植根于文化熏陶

论及幼儿园环境创设的原则、方法、策略等话题的文章几乎都绕不开适宜性这个话题。诚然，幼儿园环境的主人是活泼的幼儿，其创设首先需要与幼儿身心发展的特点和发展需要相适宜，这个层面的适宜性往往体现在具体的保教策略之中，与教师的实际操作密切相关。其次，考虑到环境是幼儿园课程的重要组成部分，它既是教育活动的资源，又是教育目标达成的重要媒介，因此，环境创设还需具备教育性，以保证环境创设的目标与幼儿园的教育目标相一致。这个层面的适宜性常体现在课程构建与实施的过程中。

此外，我们常说，环境是会说话的。那是因为环境中的人、物、氛围，无时无刻不在与走进其中、生活于其中的人发生着交互作用，这种交互作用深刻地表现为“近朱者赤，近墨者黑”，即影响人的行为，进而影响人的思想。此种影响是无声的、隐性的、潜移默化的，甚至是深远的。如果一个环境能给幼儿以好的、持续的影响，使其在离开幼儿园之后依然能够受益于此种影响，那么这种环境无疑具备了植根性的特点。而这种植根性的环境所表现出来的整体氛围或气质其实就是一个园所的文化。所以，适宜的环境创设也一定与一个幼儿园所倡导的核心文化相契合。实际上这三个层面的适宜性并不是截然分开的。因为文化具有统领作用，有什么样的文化追求就要什么样的教育目标、课程理念和保育教育策略，操作层面的保教策略选择同样可以反射出课程理念与文化追求。所以，银座幼教在实践中更追求将环境植根于文化熏陶。

银座幼教所追求的是一种大爱文化。这种“爱文化”，体现在银座幼教的核心支撑理念里，就是以儿童发展为本，尊重儿童科学认知情感，实现儿童终生受益；体现在教育目标里，就是扩散儿童思维、张扬儿童个性、规范儿童行为；体现在具体的保教途径里，就是实施养成教育、差异教育、情景教育、生活教育、互动教育。那么这种“爱文化”到底通过怎样的通路进入环境，并以植根的方式影响幼儿发展的呢?

一、环境植根于文化熏陶，以品牌管理制度保障统一性

银座幼教在成立之初，就明确了品牌发展的思路，借鉴现代企业品牌管理的经验，运用品牌管理的 VI CI BI 系统，将“爱文化”物化为可视、可感的大小环境。在集团规模化发展的过程中，依据“标准化、可复制、执行快”的原则，确保每一家分园大环境设计与装修、“爱文化”落地的统一性。即使是联盟园，在联盟之后，首先要完成的就是大环境的改造，以大环境的复制彰显集团文化。无论是家长、孩子，还是老师、同行，都从对大环境以及大环境中的细节元素的直接感知中感悟“爱文化”。

虽然从制度层面对环境全方位彰显“爱文化”作出了强制性的统一要求，但是在具体操作中，我们依然贯彻了“求同存异”的原则。“存异”一方面是“爱文化”本身的包容性使然，另一方面是为了给分园留出创造性发挥的空

间。如，泰山园在进行二楼森林主题创设的时候，就将泰安当地的泰山文化元素如泰山灵芝、泰山女儿茶等融入其中；临沂凤凰城园在进行图书室设计时，将王羲之故里这一当地文化特色充分运用。又如，在创设一楼的母爱文化时，有的分园从爱主题的绘本入手呈现，有的则用孩子们从出生到长大过程中与父母亲密互动的照片来说明。如此，大小主题求同，表现形式求异，就不至于让复制陷入僵化，反而让分园环境充满活力。当分园之间的园长、主任、教师、幼儿在通过各种机会进行互动交流时，他们也能逐渐发现与体悟到爱的意义可以无限延展，爱的载体可以多种多样，爱的风格可以万紫千红，爱的实现可以殊途同归。

十余年走过来，我们感悟到：一种有生命张力的文化，一定是亲近人的。这种亲近，让走近它的人第一眼就能轻易发现它的特质，情不自禁地想要融入；让生活在其中的人，不知不觉之间心甘情愿地接受它的影响。银座幼教以制度来保障环境的文化统一性，就是要运用印刻效应，在每一家新开园运行之初，让走进其中的每个成人、每个幼儿都投入到“爱文化”的熏陶之中。

二、环境植根于文化熏陶，以规范物化创设标准为抓手

尽管管理者和教师都明确在进行环境创设时，要把握“爱文化”的精髓，依托课程核心价值，充分发挥个人或团队的创造性，以幼儿为主体参与等具体要求，但是完成之后的环境依然可能不尽如人意。如果教师团队比较年轻，对“爱文化”、对课程理念理解不深、把握不到位的话，那么环境的价值可能就会大打折扣。为此，在实践中，我们推行了环境创设的5S标准，并物化为教师可参照操作的手册。如，《专业班级环境5S创设手册》便是作为支持创造性思维发展整合课程深入实施下去的隐性课程，把幼儿园的班级环境从空中、墙面、区域等，以图文并茂的形式划分为家园共育墙（栏）、班务墙（栏）、常规互动墙、主题墙、单元互动墙、吊饰、活动区（区域）、衣帽室、午睡室、盥洗室等“十大板块”，整体突出班级环境的适应性、教育性、艺术性、互动性和安全性，使班级环境真实地记录与展示幼儿的学习过程，促进幼儿获得最大限度的发展。同样的手册还包括《浸透式英语环境创设5S手册》等。

标准要求制定好之后，通过集中培训、重点观摩、自我调整完善、开放

评比等活动全面推进落实。平时，主任或业务园长巡班时，对照5S标准，重点督导，使教师养成持久落实的好习惯，习惯成自然。

环境创设5S标准的推行，让年轻的新手教师即使在尚未完全把握课程价值与实施的情况下，知道如何去操作；让老教师在课程实施、教材落地的过程中的环创行为有了可自行评价的依据。可以说，教师落实英语环境创设5S标准的过程，就是深入学习领会落实课程理念的过程。

三、环境植根于文化熏陶，以优化师幼关系提升品质

如果说各种环境创设的5S手册给教师的保教工作提供了一个普适性的操作范本，那么具体到与每个班级、每个教育主题、每个幼儿成长有关的环境创设就需要教师设计一个个具体的个性化方案。这实际上对教师的专业性提出了很高的要求，包括教师对幼儿身心发展特点与规律的把握能力，对幼儿言行的解读与回应能力，以及为幼儿创设充满爱、温暖、尊重和支持的心理环境等能力。银座幼教将教师角色定位于“生活中是孩子的父母，学习中是孩子的导师，游戏中是孩子的伙伴”，以“让爱更多一点”为行为指南去构建和谐的师幼关系、幼幼关系。其中，师幼关系的品质对孩子的健康发展起着关键性的决定作用，因此我们着重从以下几个方面优化师幼关系的品质。

1. 坚守爱的信念，让孩子在被爱中学会爱

孩子大多是从生活中习得生存与发展的能力的，因此当他们能够从教师那里体会到浓浓的关爱时，就会对自己的存在充满肯定感与价值感，就会感受到心灵成长的愉悦；当他们得到的爱越多，他们也会习得关爱他人的意识与能力。当教师的爱具体表现为尊重、接纳、信任时，孩子就更有勇气和信心去探索世界，并且在探索中培养能力并塑造人格。如，幼儿园会充分利用节庆活动，为孩子们创造这种体验与感悟爱的真实情境。感恩节作为西方的传统节日，常常会被银座幼教的老师们赋予崭新的关于“爱与被爱”的涵义。当孩子们在听完一个个温暖的亲情绘本故事后，在与小伙伴们热切地讨论着怎样帮助别人、自豪地炫耀着自己的爸爸妈妈是如何能干、伟大的时候，“孝于亲”“友与朋”的观念已悄然形成；当孩子们在讲述地震后汶川小朋友艰难境遇的视频前潸然泪下，在看到全国各地叔叔阿姨们无私救助的镜头的时候，小小的“悲悯之心”“感恩之心”已初见端倪；当孩子们兴奋地参加幼儿园精

心策划的各种“爱心义卖”“爱心捐助”，将自己喜欢的玩具、衣服兑换成钱物，亲手投入捐助箱的时候，一个孩子眼中本是纯粹的游戏已经逐渐演变成“一定要让别的小朋友和我一样幸福”的责任之举；当最终，孩子们在做完这一切，从家长和老师们脸上、表情中读到感动、认可与鼓励的时候，这些行为和心情便会深入孩子心中，慢慢沉淀成一种习惯，形成一种爱的品质。

那到底如何去优化老师的爱？银座幼教这样指导老师：给孩子一个空间，让他们自己去探求；给孩子一次机会，让他们充分去展示；给孩子一点时间，让他们自己去互动；给孩子一个平台，让他们自己去选择；给孩子一次震撼，让他们亲身去体验。可以说，充满爱的师幼关系，才能在班级中创设安全、平等、自由、宽松、愉快的软性环境，也才能孕育出有爱的幼幼关系。

2. 坚持教学相长，不断提升专业智慧

爱是一种能力，需要不断地学习。教师对幼儿付出的爱如果说有别于家长的话，那就在于教师的爱理应充满教育专业智慧。这种智慧的获得同样不是靠职前学习或职后的培训所能完成，而是需要长期有意识地在师幼互动中学习、反思与沉淀。银座花园分园杨丽老师记录的一个案例很能说明教学相长对教师专业智慧提升的价值。

一日生活即课程，如何在每一个活动中关注“张扬儿童个性、扩散儿童思维、规范儿童行为”这一核心教育目标的落地呢？带着这些思考，我重温了与孩子们进行的水枪游戏。

随着班里孩子一天天长大，我经常会给他们渗透一种观念：只要是你觉得合理的、可行的，任何人都可以找老师一起商量这项活动可不可以去做。因此，最初在游戏选择的时候，我和孩子们进行了很多的讨论。孩子们想到了很多，有的建议玩小汽车，有的建议踢足球，还有的建议借助升班的机会来一场“棋王大赛”！但是最后我们通过举手表决的方式决定玩就要玩个痛快点的，就玩水枪吧！毕竟玩水是孩子们所处的敏感期使然。所以，我想“张扬儿童个性”就是要尊重儿童，关注儿童的需要和自我选择，支持儿童的自主学习。教师的放手与放权，是张扬儿童个性的基础。

经过准备，我们和水枪来了一次亲密接触。操场上孩子们可以尽情地让自己的水枪发挥最大威力，“远程发射”、男女生之间的“进攻与防守”、“危机营救”等等，不管是孩子们自主进行的个人游戏，还是和老师们一起制定的情境游戏，在拉近了彼此距离的同时，更重要的是回班级的路上，孩子们兴奋地和我谈论着：我的衣服是谁弄湿的；谁的水枪威力太强了；下一次再玩将如何与男生对决；老师妈妈，什么时间再玩，太疯狂了……这种意犹未尽、无比期待的感觉在孩子们的小脸上是那样栩栩如生。

第二天一早，家长反馈最多的是，孩子们不停地在讨论怎样才能玩得更好，以及在玩的过程中让他们兴奋的每一个细节。接下来在第二次、第三次、第四次的水枪游戏中孩子们的玩法越来越多，越来越有创意！看到他们在操场上自由地奔跑，听到他们爽朗的笑声，我不禁回忆起自己的小时候。童年的美好记忆，很多都停留在和小伙伴一起在田野里奔跑，找一个流水的水龙头和伙伴们一起洒水，在泥地里和小伙伴一起捏泥娃娃，即使弄得满身都是泥也乐此不疲。都说“大自然、大社会是一本无字的书”，是“活教材”。很多时候我们把游戏看得太窄了。带孩子们去看蓝天白云、山林树木、鸟兽昆虫，让他们快乐自由地玩耍和奔跑，也是一种很棒的游戏啊。所以，我想，当老师充分给予孩子们张扬个性的时间和空间之后，“扩散思维”就成为一件顺理成章的事情。在孩子与游戏、材料互动、孩子与孩子之间互动、孩子与老师家长的互动过程中，他们的思维被激发得更活跃了！

当孩子们在游戏中玩得不亦乐乎时，老师往往会生出很多担心的念头。没错，我就是这样的。尽管在游戏设计时已经有安全性的考量，但是游戏过程中依然会担心。孩子们玩得越疯，我越担心。纠结了半天之后，我下了决心。与其我自己担心得要死，不如让孩子们了解我这一份心情，进而看他们怎么行动。于是休息时，我抛出了“看你们玩这么开心，老师开始担心了”的话题。孩子们的回应很积极：为什么呢？你担心什么呢？担心我们会弄得满身是水吗？担心我们会摔倒吗？担心我们会用水枪打到别人的眼睛吗？……在我的引导下，孩子们换位思考。接着我追问，“我的担心也是你们爸爸妈妈的担心，怎么才能让我们担心的事情不发生呢？”于是，孩子们又七嘴八舌一番，一起制定了若干的规则。比如，玩的时候水只能对着肚子以下的部位，回班以后擦干自己并及时换好衣服，要采取分组分队的比赛方式等。同时孩子们还要负责争取家长的支持，下午放学的时候，针对家长担心的“衣服湿了怎么办？孩子容易着凉”等问题进行及时的引导，把家长的担忧放在前面，告诉他们我们应对的处理方法。

在共同制定规则之后，孩子们基本能遵守规则与约定，看似“肆无忌惮”的游戏也不让我那么担心安全问题了。其实，这个过程中最重要的不是我的担心是否消除了，而是孩子们对规则的整体认知，包括感受规则制定的必要性、体验规则制定流程、遵守规则的自律。所以，我想，“规范儿童行为”或许可以分两步走。当孩子们还不理解规则的重要性时，老师要教孩子们怎么去行动；当孩子们慢慢长大，初步具备了规则意识之后，要让他们参与规则的制定。即从他律到自律。如此，孩子们在群体生活与学习中才能真正形成规则意识，培养起自尊、自制、自律的品质和能力。

透过杨老师的这篇个人反思，我们能体会到教师在幼儿园环境的创设尤其是在具体问题情境中的策略支持方面的作用。案例中杨老师并没有详细交代她给孩子们准备了什么环境与材料，她所做的更多是通过尊重、放权、及时引导等策略促进孩子不断提升与环境中材料的互动质量。其中，我们尤其能感受到作为软环境的师幼关系和幼幼关系的和谐性。这种和谐的感觉不正是一种浓浓的爱的氛围吗？

或许还是惠特曼的那首诗篇最能形象传神地诠释本节“环境植根于文化熏陶”的观点。

有个天天向前走的孩子

有个天天向前走的孩子，
他只要观看某一个东西，他就变成了那个东西，
在当天或当天某个时候那个对象就成为他的一部分，
或者继续许多年或一个个世纪连绵不已。

早开的丁香曾成为这个孩子的一部分，
青草和红的白的牵牛花，红的白的三叶草，鹟鸟的歌声，
以及三月的羔羊和母猪的一窝淡红色的小崽，母马的小驹，母牛的黄犊，
还有仓前场地或者池边淤泥旁一窝啁啾的鸟雏，
还有那些巧妙地浮游在下面的鱼，和那美丽而奇怪的液体，
还有那些头部扁平而好看的水生植物——所有这些都变为他的成分，在某个部位。

四五月间田地里的幼苗变成了他的一部分，

还有冬季谷类作物和浅黄色的玉米苗儿，以及园子里菜蔬的块根，

缀满花朵的苹果树和后来的果实，木浆果，以及路边最普通的野草。

从小旅馆外面厕所里很晚才起来的踉跄而归的醉老汉，

路过这里到学校去的女教师，途经这里的彼此要好的男孩子和争吵的男孩子，

整洁而脸颊红润的小姑娘，赤脚的黑人娃娃，以及他所到的城市和乡村的一切变化。

他自己的父母，那个作他父亲的男人和在子宫里孕育并生产了他的女人，

他们从自己身上给予这孩子的还不止于此，

他们后来还每天都给，他们成了他的一部分。

母亲在家不声不响地把一盘盘的菜端到餐桌上，母亲言语温和，穿戴整洁，走过时会从她身上和衣服上散发出健康的芳香，

父亲强壮，自负，魁伟；吝啬，爱发脾气，不公正，

那种殴打，急促而响亮的言谈，苛刻的讨价还价，耍手腕的本领，

那些家庭习惯，语言，交往，家具，那渴望和兴奋的情绪，

那无法否认的慈爱，那种真实感，那种唯恐最后成为泡影的忧虑，

那些白天黑夜的怀疑，那些奇怪的猜测和设想，猜测那现象是否属实，

或者全是些斑点和闪光，

那些大街上熙熙攘攘的男女，他们不是些闪光和斑点又是什么？

那些大街本身和房子的门面，以及橱窗里的货样，

那些车辆和畜力车队，铺着厚木板的码头，规模宏大的渡口，

日落时远远看到的高地上的村庄，中间的河流，

阴影，光晕和雾霭，落在远处白色或棕色屋顶和山墙上的夕照，

近处那些懒懒地顺流而下的帆船，缓缓拖在后面的小舟，

纷纷翻滚的波涛，在激扬中立即碎裂的浪峰，

层层叠叠的彩云，孤单地呆在一旁的紫酱色霞带，

它静静地躺在其中的那片澄净的苍冥，

地平线的边缘，飞绕的海鸥，盐沼和海岸泥土的馥郁，

这些都变成那个孩子的一部分，那个天天向前走的孩子，他正在走，他将永远天天向前。

无论是杨老师的案例，还是那个“天天向前走的孩子”中所隐喻的环境作用，都给予了我们从理论到实践的深深反思，这个从理论到实践的反思过程，更需要引领和深挖，这个引领与深挖的过程离不开有效的培训体系，为此“理论—实践—反思的一体化培训”就成了我们接下来要谈的内容。

第五章　厚德载物就要植根于“思”

——理论—实践—反思的一体化培训

反思是一种品质，当这种品质作用于一个人的行为时，他就不满足于当前的行为，即便卓越，他仍嫌不够。厚德载物要植根于“思”，就是要使“源”“研”“本”“体”具备一种更加卓越的秉性。

银座幼教人，行中有思，思后有行，在理论学习中关注境界的提升，在实践操作中务求倍增双效，着眼于未来拓展中，将一体化培训的效果变成自我的幼教技能和专长。

理论是纲领，是方向，有时也是一种烟幕而影响了我们的视线。这个时代，既不缺高深理论，也不缺实践经验。缺的是对高深理论指导下实践效果的价值判断与升华。其实，真正有理论指导价值的，还是那些在实践中验证了的理论哲理与原理。

实践是行动，更是结果。看看别人的结果，反观自己的行为，并从中不用他人评判即可达到评价自我行为的效果。

反思是品质，培训是手段。有了这种品质，手段显得并不重要。而没有了这种品质，则必须通过强有力的手段来完成。

“理论—实践—反思的一体化培训”所追求的是“新”：新理念；“实”：

实实在在地做；“力”：反思与培训有力度，从而形成真正的发展新实力。

第一节　理论植根于提升境界

《幼儿园教师专业成长标准》中，提出了“幼儿为本、师德为先、能力为重、终身学习”的基本理念。幼儿为本要求幼儿园教师热爱幼儿，尊重幼儿的主体地位和个体差异，遵循幼儿身心发展规律，促进每个幼儿生动、活泼、主动地发展，全面健康地成长。师德为先是幼儿园教师最基本、最重要的职业准则和规范，每一位教师都必须做到热爱学前教育事业，关爱幼儿，尊重幼儿，为人师表，教书育人，担当起幼儿健康成长的启蒙者和促进者的责任。能力为重突出了幼儿园教师的教育教学和引导促进儿童健康成长的实践能力，强调幼儿园教师要能以“专业”的意识与行为进行保教工作，具有遵循幼儿成长规律进行教育的能力。终身学习的理念适应了国际教师专业发展与教育改革的趋势，同时也适应了教师需要不断学习、提高的职业特别要求，每一位教师都应具有终身学习与持续发展的意识和能力，通过不断的学习、研究与实践，不断提高专业素质。

幼儿园教师要具有不断进行专业化学习、实践、反思和提高的意识与能力。这既是现代社会发展、教育改革对教师的必然要求，也是幼儿不断成长的必然要求。

幼儿园管理者除了要学习专业以内的文化理论学习之外，社会管理学、企业管理学等方面的学习同样重要。

银座幼教集团核心文化是“爱”文化，这一文化的核心是“博爱、扬善、陶情、启智”，爱的付出，善的循环，情的崇高，智的深远，善爱乃大爱，情智乃大智，我们认为真正的幼儿教育，是传播大爱，启迪大智。因此，山东银座·英才幼教集团自成立以来，将“爱的教育”作为幼儿素质教育的基点，围绕“让爱更多一点”的办园核心价值观，构建了以“爱文化”为主体的单位文化，提出了“办中国式幼儿园，打造中国幼教模式”的事业梦想。“爱文化”理论的学习和实践，现在已物化为教职员工的言行举止、教育行为和管理行为之中，体现在我们的各项管理之中。

一、理论学习的思考与运用，是理论植根于提升境界的物化

思想决定着行动，认识决定着成败。没有正确的幼儿教育和管理思想作为指导，幼儿教育和管理就会陷入盲目和被动。理论学习是我们增强行动自觉的重要保证。理论学习是我们每个人每天都在做的事情，不管我们愿意不愿意，我们每天都是在理论的指导下生活着、工作着。问题是，我们所有的思想和行动，都不会把理论的标签晒出来，所以总觉得理论是不存在的，对于平时来讲是没有用处的。殊不知，理论始终在指导我们的思想，指导我们的行动。大爱理论对于我们银座幼教来讲，就是我们前进中的灯火，把前进的路照亮了。“让爱更多一点”决定了我们的学习永无止境，管理的创新和实践的超越永无止境。

1.《3—6岁儿童学习与发展指南》精神的学习与运用

幼儿园的“管理不在于知，而在于行”。自《指南》下发以来，集团总部及各个分园人手一本，都相继开展了学《指南》、用《指南》的活动。大家不仅认真学习《指南》精神，还注重分领域研究探讨孩子的学习规律、教学特点、幼儿的发展，同时引导教师在教学中关注班级每个孩子发展的细节、日常教育的细节，有效地促进教师的专业化发展。同时，集团还为家长购买了家长版的指南，并通过“做智慧父母，让爱更专业”的主题报告会、指南学习沙龙、在园报上登载“指南”专题、“指南伴我行”主题征文等活动引领家长共同学习。

2. 在年轻老师中深化“让爱更多一点”的理念认知

幼儿园的核心价值观是“让爱更多一点”。从知道到落地，是需要过程的，这个过程如何走才能走得有效，是我们思考的要点。比如：如何通过老师的言行举止体现出“爱”，体现出“更多一点”的“爱”？

银座园的园长、主任在巡班时发现年轻的老师有时会有一些否定的语言出现。一次，因为老师的一句无意识的话，引来了家长的不满。因此，更加深了她们对于老师语言行为的关注，以及要让老师从意识上认识到自己的语言对于幼儿的深远影响。

经过这次事件后，银座园园务会在一起反思。首先，如何让老师由无意识变为有意识；其次，体验式教研活动，让老师更真切地感受；最终商定了

进行一次全体老师参与的大教研活动，要让老师从意识改变，进而改变自己的行为，让我们的爱再多一点。

思考后要立即行动，于是她们有针对性地在大中小班各选择了一个班进行蹲班，及时地记录在一日生活中老师的语言和行为。接下来制定了详细的教研方案，她们从一个小的心理测试开始入手，让老师认识潜意识，进而认识意识，园长讲述了因为“老师一句无意识的语言，引起了家长不满”的那个事件，目的在于让老师们认识事件中老师的无心之举给孩子带来的伤害。接下来是这次教研的重点——情境体验，目的就是让老师在体验中自我感受。

首先，由教研主任刘婧模拟了一日生活中的两个环节——教育活动、户外活动的环节，在整个的过程中，刘婧主任一直用夸张的语言、动作和语气与他们交流，台上的老师们在身临其境地体验，而台下的老师也在体味过程带给他们的冲击。

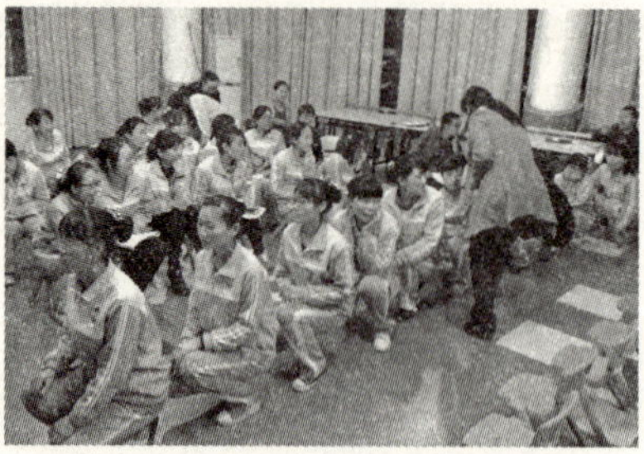

随后，他们又请所有的老师一起参与，体会“当蹲着的老师扮演幼儿，被高高在上的老师用严厉的声音、生硬的手指指向你并指责你时，内心的感受”如何？

分组讨论：

（1）刘老师的语言带给你的感觉是什么？

（2）我的身上有没有你的影子？

（3）如果想变得更优秀，你愿意做哪些改变？

老师们讨论得很热烈，觉得这样的体验带给他们的是恐惧、害怕、非常的不舒服。在每组老师的总结中，有的从自身的经历出发，讲述了老师的一句话带给她的伤害；有的从自己班级出发，讲述自己用故事引导法引导孩子改变自己的行为；有的老师讲我们要学会用心去体会孩子，理解孩子的差异，学会让自己的心静下来，用平和的心态去面对一切。最后，再次回归到银座园的团队建设口号上“正言、正行、正能量，育德、育才、育梦想”，让老师改变，从现在开始。

活动后，每位老师在反思感悟中都说，这次教研带给大家很多的震撼，从没有意识到自己的行为对孩子有那么大的影响，自己本没有恶意，但不恰当的表达却伤害了孩子，尤其是自己体验到那种恐惧、害怕、不被信任、不被尊重等的感觉。

我们再次蹲班，进而看老师在活动后的实践，看教研反思后教师的落实，我们特别欣喜地看到了老师们的改变。

这样的教研活动，银座园还开展了很多，比如，他们在让老师们深化理念的过程中，不仅仅是学习背诵，更多的是体验、感悟。教师节活动，他们让老师们将幼教集团的教育理念，按照自己的理解，用情境演练的形式表现出来，让集团的领导、专家给予点评其对理念把握的准确性，让家长来验证老师们自己平常的工作是否到位。

虽然银座园是集团的一个新建园，教师队伍非常年轻，但他们因为能够站在孩子的角度去思考问题，去研究，将集团的核心价值观不断地物化为自己的行为，给予孩子充满爱的成长环境，真的令我们深感欣慰！

3. *以特色区域的打造为切入点推动教育目标核心的认知*

区域活动通过为幼儿提供适宜的活动环境和材料，促进幼儿主动活动、自主选择、相互交流和持续探索，达到促进幼儿素质全面提高的目的。这符合我们以儿童发展为本的教育理念，强调儿童的主体性原则，很好地保护了幼儿的创造性，也与我们的教育目标核心“张扬儿童个性，扩散儿童思维，规范儿童行为”十分贴切。

随着集团的不断发展，各个园所不仅越来越重视区域活动的开展，还通过“特色区域确定—价值点挖掘—落实行动—现场观摩—再次调整—幼儿操作—经验反思”为工作步骤推动教师对“张扬儿童个性，扩散儿童思维，规范儿童行为”的深层次理解。

下面是董霞老师在科学区创设过程中的思考和落实，这个案例应该说是对我们“核心教育目标认知”的很好诠释。

学期初在创设区域时，教研室提到让每个班级确定一个特色区域，教研后她们班反复思考怎样才叫特色，如何创设特色。董老师认为，特色区域应该是基于幼儿年龄特点和教师自身能力的结合而创设的区域。大班孩子的年龄特点是好学、好问、好探索，有极强的求知欲望，他们已不再满足于追随、服从老师，而是更希望通过自己的探索得到知识，所以，这也成为她们想创设科学区的初衷，还有一点就是她想突破自己，给自己一些挑战。

第一次教研，园长和主任对于她的想法非常肯定，也给她提出了很多的建议，她们根据教研 5S 中对于科学区材料投放一起商讨，进行了材料的投放。第一阶段，根据大班孩子的年龄特点，她们投放了声、光、电、磁等适合孩子操作的材料，并将三个主要部分命名为：声玄妙、光精彩、电传奇。

投放材料后，董老师对每一个材料进行了介绍。她信心百倍，感觉这些材料孩子肯定很感兴趣，可是一到区域时间，孩子们争先恐后地去表演区、建构区，对科学区却无人问津，偶尔有一些孩子去了但是面对这些材料，拿出来摆了摆又不知道该如何下手了。对于这些她们主观认为的材料，如何才能激发孩子参与探索活动的兴趣？这成了董老师一直在思考的问题，直到有一天一个孩子带来了泡泡机，她惊奇地发现孩子们特别感兴趣，都想去玩，可是只有一个，为什么大家不来做泡泡水？在她的再三提议下，孩子们开始了实验。

制作完泡泡水，她们又在想用什么能吹出泡泡？孩子们最先找到的就是吸管，用吸管都能成功。问题又来了，除了吸管还有什么能吹出泡泡？孩子们又带来了很多工具，大家一起来尝试哪些能够吹出泡泡。她们进行了分类，哪些能吹出、哪些不能吹出泡泡。孩子们兴致勃勃，大家一起出去尝试，大家寻找到：手表带、我们平时玩的积木、方肥皂的盒子、梳子、漏勺、还有手电筒……最后得出了结论：只要有洞的都能吹出泡泡！受 Jenny 的启发，孩子们又去研究怎样让不能吹出泡泡的工具变成能够吹出泡泡的工具。一个泡泡小实验激发了孩子这种探索的兴趣，于是她们趁热打铁，把材料都投放到了区域，在整个过程中孩子的兴奋点逐渐被调动起来。

这也给了董老师启示：材料的投放不能靠主观想象，而是要关注孩子是否感兴趣，是否具有可操作性，哪些材料能吸引他们积极投入到科学实验活动中来。

于是，她们进行了第二次材料的调整。孩子们惊奇地发现除了镜子还有很多东西能够成像，光盘、杯子盖、即时贴、勺子，其实第一次也是这样投放的，但是基于孩子对于泡泡的研究，他们有了兴趣点，通过小实验简单照一照，孩子拿的勺子，其实藏着很大的秘密：凹下去一面就是凹面镜，成像是倒着的，而凸出来面成像是正着的。还有勺子柄也能成像：孩子们发现所有亮的东西都能成像。那段时间，家长和董老师交流：孩子回家后一些动作很奇怪，一天晚上孩子蹲在地上不起来，妈妈很奇怪地问他，结果孩子答非所问地说：妈妈，地板也能成像！妈妈感到特别惊讶，没想到孩子会突然间说出这么专业的词汇。通过半日观摩看过幼儿在区域中操作科学区材料时，家长才恍然大悟，为什么孩子会这样说了。

探究在继续，孩子们有了许多的发现——

光：一开始她们对于光的研究也是从一些简单、易操作，孩子们又感兴趣的材料入手：勺子上的秘密、万花筒、放大镜；接下来她们对于光的折射又开展了研究：把装有 100 的卡片放在水里，通过折射，在某个角度看变成 10；当把镜子摆在水平线上时成像是一个，当角度发生变化时个数也是不一样，孩子们发现不同角度反射出的个数不一样。

大气压：当孩子拿过瓶子看到里面装满水，说这有什么好玩的，但是当孩子把盖子盖上后发现水像喷泉一样流出后说，“吓死我了，真是太奇妙了”；瓶子里装满水，盖上塑料片，倒过来瓶子水不会洒，当把塑料片拿掉后，水会流出，一开始孩子特别害怕瓶子里的水会洒出，但是当水纹丝不动的时候，孩子顿时觉得自己超级厉害，水竟然流不出来，孩子们特别兴奋！

还有对放大镜、小灯泡怎么亮起来、磁铁的秘密等等的探索……

科学区材料在投放时要有相对应的记录表，它们可以提醒我们：哪些孩子玩了科学区？使用了哪些材料？成功了没有？哪些幼儿对科学区不感兴趣？为什么？这样教师在进行区域指导时就会做到心中有数。此外还可以提醒我们哪些孩子不能完成科学区里的活动并提醒幼儿：上一次哪些我已经完成了，哪些还没有完成，从而更好地进行游戏，这样有利于培养幼儿的规则意识和责任心。

在这样的操作中孩子们一次次地体验着，同时也延伸出很多感兴趣的话题。

一次区域活动玩水过程中，一位幼儿问道："老师，怎样才能让沉下去的东西浮起来？"

"不能。"很多幼儿大声说。这时我联想到"死海"上物体漂浮的现象，便想到设计了一节活动《土豆宝宝历险记》。实验活动既能满足幼儿动手的需要，又能让幼儿在动手过程中主动去发现去探索去寻找问题的答案，并且还能够从中得到成功的喜悦。

首先孩子们先回家寻找什么东西能沉下去浮上来，并做了一个演习表，家长也十分兴奋地参与其中，有一个孩子和爸爸一起做实验到了晚上 10 点多还不睡觉；然后进行了集体的教学活动，"到底是谁把掉到河里的土豆宝宝救出来的？糖？味精面粉还是盐？"一开始的实验总是不成功。有一个孩子说，老师是不是我们的土豆太大了？我们把土豆块又换成了土豆片，结果还是不行。孩子们又说是不是我们加的材料量太少了，于是我们又增加了各种"白哥哥"的量，最后终于实验成功，孩子们体验到了实验的乐趣与成功感。

这个过程中，老师们鼓励孩子自由选择、大胆操作和探索，让孩子在和环境、材料的相互作用中体验科学探究的过程，自己去发现，自己获得经验。

现在，董老师班最受欢迎的就是科学区，孩子们最感兴趣的书是《十万个为什么》，为孩子们投入更多有趣的材料，让孩子在探索中成长，在发现中收获，成了她们乐此不疲努力做好的事情……

二、常规管理的创新，是理论植根于提升境界的根本

常规管理的创新则要求大家在进行系统的理论学习过程中，境界上达成认识的统一化，心连心、手拉手，使行动趋于标准化。管理不同于具体的做事，管理考虑的是如何把具体做事的人打造成一支高素质的团队、发挥他们的整体功效。创新是一个幼儿园可持续性发展的原动力，它看似与团队建设无关，其实不然，创新是人的一种行为；在常规管理中做到有效的创新，就能够在幼儿园内部润物无声地形成一股强大的凝聚力，让管理人员和基层老师融为一体，双方竭尽全力地共同为幼儿园的发展尽职尽责。

幼儿园的常规管理涉及幼儿园的方方面面。在常规管理方面做足做细，力求标准化的规范和流程化的运作，在一定程度上决定了一个幼儿园品质的高低。做好了常规管理，就做到了品质的“包基本”，而要做到品牌的不断升级、做到幼儿园的可持续健康发展、实现“高品质百年老字号”，就得与时俱进，以创新的视角来应对不断出现的新问题，逐步强化管理的内涵品质、提升管理的核心竞争力。

下面就队伍建设、制度落实等方面大家来分享以下几点：

1. 创新园务管理，让境界提升有方向

在幼儿园的管理工作中，最重要的是对人的管理，因为人是搞好幼儿园保教工作的关键。在幼教集团的每一个分园，拥有这样的管理组织架构：

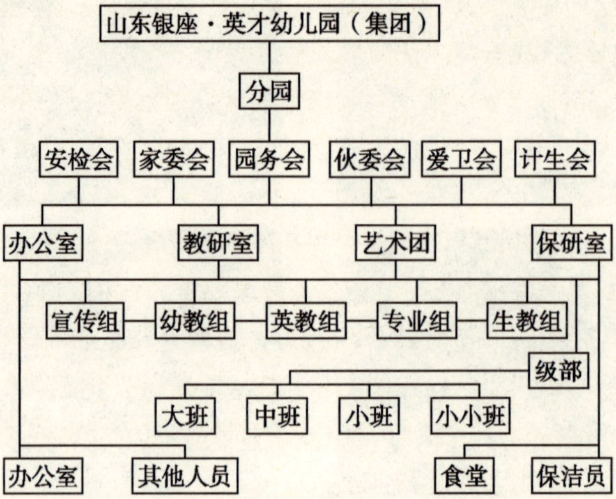

其中，园长对园务会成员的领导、指挥、调控管理将直接影响到幼儿园的团队精神、保教质量、办园水平的提高。作为一名分园园长，首要的管理任务就是充分调动、挖掘园务管理人员的潜能，让他们人尽其能，为幼儿园的良性发展发挥管理作用。然而，现实中的园长因缺少管理经验，或因管理方法不得当，整天埋头于事物性的琐碎工作中，忙乱无头绪，究其原因就是园务会成员工作职责不明确、工作缺少积极性和主动性。那么，怎么才能有效地调动园务会成员的积极性，提高工作效率呢？山东银座·英才幼教集团办园十余年的经验是，成立园务会并发挥园务会的职能作用，提高管理效率。

（1）明确园务会的构成与职能。

幼儿园实行园务会管理制度，成员由园长、教研室、保研室、办公室、艺术团各部门组成，负责对幼儿园发展规划、幼儿园管理制度的制定，并明确各自的职责，以使大家各负其责。

（2）园长做好多种角色的互换。

在园务会组织中，园长是核心，有时要做好多种角色的互换（决策、管理、参与、研究、经营、服务者）。有效利用园长的管理影响力，让沟通、协调成为班子成员间的润滑剂。同时园长要具备三种魅力（人格、专业、情感），三种品质（思维、胸襟、胆识），三种作风（扎实、深入、反思）。营造团结奉献、民主和谐、互助合作的团队工作氛围，树立三正、三全的工作作风。

（3）灵活运用“三镜意识”，优化人才结构。

管理中运用“三镜意识”（望远镜、放大镜、显微镜）。望远镜——着眼于未来，以发展的眼光看待主任的成长；放大镜——发现闪光点，个性化管理重在扬长；显微镜——认真观察，细致发现，通过对主任的差异性管理，培养专业带头人。“三镜意识”就是尊重与信任每一位中层，激发其积极性、主动性、创造性。

（4）强化“三度意识”，在思想上提高园务会管理者的执行意识。

赵董事长曾在集团培训例会上提出了管理者的“三度意识”，即高度、速度、力度，这三度合在一起构成了执行力，管理者的思想觉悟、办事效率、管理策略直接影响到我们管理的效益。于是从提高园务会管理人员的“三度意识”入手，提高幼儿园的管理水平，成为我园管理的思路。

（5）植根反思，完善考核评价。

让反思成为园务会成员的管理习惯。每周碰头会，及时总结，及时反馈。当天的问题，当天解决，发现问题及时解决，人际问题调查后解决，跟进问题，一抓到底。

有效进行考核评价，激励园务会成员进步提升。盯紧周汇报制度，园长及时反馈工作评价；量化月考核，有效进行自评、他评、园评，利用园长奖励金激发工作热情；利用学期教师对班子的考核评价，提高职工对班子的认同感；强化年度评优，对有突出成绩者进行精神奖励；完善学年度竞争上岗制度，使管理者有危机意识，进一步挖掘工作潜力。

幼儿园的和谐发展，要靠园务班子成员的互助、互补、互相激励，正如集团的管理理念中提出的：一个人的智慧，永远比不上一群人的智慧，一个人的成功必须建立在团队成功之上。只有园务管理团队的合力经营，共同管理，才能打造高品质幼儿园形象。

2. 创新周例会管理，让境界提升有抓手

幼教集团的每一个分园实行周例会制。会议在我们以往的观念中就是领导说群众听，每周一的班主任例会时间有限，园长和园务会的主任们要总结上周工作，安排本周重点，班主任们要认真记录、及时传达、确保执行。无法否认的是班主任的管理能力是有差异的，如何更好地减小差异带来的影响，利用差异带来的优势？各个分园还在不断地创新中，扩大参会人员，增加例会内容，拓展例会形式，让其成为了教师境界提升的有力抓手。

比如：百花园这个老园（集团的第一所园），在年轻的董莹园长的带领下，她们从“班级管理的新视觉”出发来改革例会内容，不仅注重周周有主题，让班主任学会抓管理重点，还创新周例会的形式，让班主任变被动执行为主动思考。

首先从改革会议形式开始，用教研的方式，让班主任在很多重点管理内容上主动思考、积极参与，通过这种方式让大家重视，从而让传达的效果带动执行的效果。

比如，由园长主持、保教正副主任协助，带领班主任讨论“影响班级出勤率的因素”，通过分组讨论，发现影响出勤有客观因素有主观原因，有孩子的原因更有家长老师的原因，我们无法改变客观，能做到做好的就是优化我们自己的管理、保教和服务，更新家长的观念。怎样做？先讨论后梳理出的诸多做法，替代了园长主任的逐条强调，带给班主任们的印象更加深刻了。

教研式例会的主持人可以是每一个人，这样就能利用大家管理能力差异化的优势了。比如，有班主任带领讨论“班级安全管理”，有的负责“如何带教好新老师”的话题，有的组织“怎样做好时间管理”的内容，等等。

每位班主任的个性和管理风格都不相同，管理者要善于发现和挖掘她们的优势，让每个人在带动她人的同时，也体验到被认可被赏识的快乐。

班主任的管理风格和优势各不相同，班级老师也各有各的特长，在指导班级严格执行流程、做好各项常规工作、争做先进班集体的同时，我们也本着百花齐放、正面激励的原则，鼓励班级发现确立和做出自己的班级特色。比如：发现在班级文化、安全管理、家长工作方面有特色的，鼓励班主任总结分享经验。发现在保教管理上有特色的，树立标杆班，组织观摩交流，以点带面，辐射全园；将认真执行流程并在一日各环节的细节管理上有亮点的班级确立为示范班，鼓励将其好的做法坚持实践反思与推广；将班级区域创设上有思考有效果有亮点的班级，或是班级有特色的区域作为观摩的现场，组织开放和学习，启发更多的灵感和好的做法。

在幼儿园放手和激励下，每个班级都能找到自己的优势和独特的想法做法，有将传统文化引入班级的，有将点滴时间都浸润在书香中的。应该说，只要用心，都会为孩子创设一个快乐成长的班级环境。鼓励班班有特色，更好地发挥了老师们的主体作用。

幼儿园的例会是最基层的一个会议，但这个最基层的例会不仅关乎着幼儿园日常工作的到位，还起着提升全体教职员工职业素养、工作效率和能力、自我价值实现等各方面的作用，所以只有不断地创新例会的内容和形式，才能满足不同层面的团队成长需求。

3. 创新师徒帮带活动，让境界提升有动力

“师徒帮带”活动并不陌生，但实际效果却有很大的差异。“如何创新管理模式，使‘师徒帮带’活动发挥最佳效果，促进教师团队整体素质的快速提升”是我们在师徒帮带过程中把握的重点。

下面以阳光园的“师徒帮带”为例，和大家来分享师徒帮带活动的有效开展：

阳光园在实施“师徒帮带”计划的过程中，也从“边摸索边思考”到“探索出了一点成效”，期间经历了几个阶段：

（1）初期“牵线搭桥、自我管理”。

由园长主任经过商量给新老师找到骨干教师做师傅，给他们牵线搭桥后，通过会议宣布，介绍双方特点相互熟悉，提出希望，双方根据自己的情况自由安排带教时间和内容，期末进行总结。

本阶段“师徒帮带”活动的优点是：双方比较轻松、无思想压力；交流比较随机灵活，主动性强。不足是：目的性、计划性不强，随意性大，容易前松后紧；与师徒双方的性格、熟悉程度相关度大；实际效果因人而异。

（2）中期“完善制度、细化标准”。

阳光园认真对照集团的“专业、现场、对标、经营”的八字方针，在对前期工作分析研讨的基础上，完善制度、结合奖励，制定了细致的人才培养计划，并对师徒帮带提出了细化标准和要求。例如：规定了师徒帮带的次数、内容、汇报展示、对双方的考评等等，明确了双方的权利和责任。由原来的完全自主、随意的自由活动逐步变为加强管控、制约和评价。

这个阶段“师徒帮带”的优点是：规定了任务、权利，避免了“可有可无”的随意；对师徒双方规定了带教内容、施加适当的压力，迫使双方定期反思总结；提供展示机会，并根据徒弟的表现对师傅奖励，激励了双方的主动性、积极性。而不足也同样存在：带教内容不能涵盖全面，以致有的方面

是空白，如：与家长沟通的能力、岗位不同侧重点不同；带教方式比较单调，主要通过双方带班观摩、语言交流问题困惑。

(3) 近期“全面立体、综合交叉”。

2012年、2013年根据集团的发展战略以及“博弈、逻辑、行动、心智”“境界、贯通、务研、超越”的两个八字方针，对在管理中逻辑的思维、行动中的标准提出指导性目标，而“务研”在现场中发现问题、从细处入手的研究的思路，使得我们继续不断观察、分析、完善“师徒帮带”的做法，以期获得更好的效果。

①结对前的调研。新教师分班时管理人员要考虑的因素有很多：班级氛围、班级成员家庭情况、班级整体业务能力、性格特点等。师徒结对时也要考虑到方方面面的因素，对师徒双方的性格进行分析。了解师徒双方的心理，帮助结对成长效果最大化。

②分析新教师的需要。从管理及个人的角度对新教师进行全面的分析：他们共性的需要是亟须理解集团的教育理念，并以此来指导自己的行为；学会与幼儿、同伴互动、沟通的能力。另外还由于岗位、专业不同，需求也不同。

英教老师带班需要的技能：合理安排幼儿一日生活的能力；组织幼儿开展教学的能力；培养幼儿良好常规和习惯的能力；观察幼儿、与家长沟通的能力等等。

生教老师需要的技能：了解并熟悉各类流程并执行；培养幼儿良好生活习惯的能力；组织幼儿开展教学的能力等等。

班主任的能力：应具有班级管理的能力，与同伴合作、与家长交流的能力；能创设适宜孩子成长的环境；带领班级完成教育教学各项任务等等。

③选择带教老师。

首先，对带教师傅的要求是德才兼备，把“爱心”“责任感”“阳光心态”“奉献精神”放在首位。

其次，对集团理念的理解、贯彻执行的实践能力。对“脸上总是微笑、身体总是蹲下、语言总是得当”的理念，是否融入了教师的言行举止中，是否能得到全体教师的认可，在老师们当中有良好的口碑。

再就是教师的业务能力：设计活动的能力、创设环境的能力、师幼互动和家园沟通互动的能力。

因此，选中的带教师傅都是阳光园的骨干教师，比较全面或特有专长的老师，能当师傅既是责任也是一种荣誉，通过这样的方式对老教师也是一种肯定。

④探索出“立体交叉”“2+1”的师徒带教模式。

“2+1”模式就是两名师傅共同带1位徒弟，以班级内、外交叉帮带。

全日制带教。每一位老师都有自己的个性特点、风格优势，同时也有自身短板，怎样使老教师的优势更加凸显？我们在结对时考虑到这么几个维度：业务精湛固然重要，但是那些默默无闻地奉献、师德堪称模范的老师更要让大家感受到他们的宝贵价值，因此他们担当班主任的班级是新老师首选的班级，并明确师徒关系，使师傅教得尽心，徒弟学得虚心。这样既是师徒也是同伴，在朝夕相处中、在点点滴滴中，师傅对徒弟的指导涵盖了一日生活的所有环节，对徒弟的指导是比较全面的。

专业教学帮带。由于每个班级的三位教师的岗位职责、专业教学各不相同，因此，在专业上的进步还需组内同专业互助，比如新英语教师，他们在基本的带班、教学上都面临诸多困难，带班时在班级里有班主任或师傅全日帮助指点，但在英语教学方面就无能为力了，因此我们与英教组组长经过分析、商议，根据新教师的性格、教学风格为他们进行了结对。

⑤全面综合涵盖，充分搭建平台。

师徒帮带不仅仅体现在班级工作、专业教学，还拓展到了更广的范围，比如：亲子园任务的承担，从前期培训、服务接待，到准备教具、试教听课、配课等，给新老师、年轻老师参与的机会，他们在活动中不知不觉受到老教师的影响，在活动的历练中不断成长。

徒弟在师傅手把手的带教以及自己的用心摸索下，会逐渐有所进步，我们利用一切机会给徒弟搭建平台，隔周一次手把手带教、每月一次师徒开放课，锻炼了新教师的胆量、磨练了教学技巧，营造了比学赶帮的氛围。待到开放日、优质课，给予这些年轻教师小露锋芒、充分展示、感受自信的机会。

创新是一种正向的解决问题的途径，它把问题当成了一种自我完善的契机。比如，有的管理者经常抱怨，“老师的责任心差，不把幼儿园当成家。”“员工的私心太重，总是把个人问题摆在首要位置。”但作为一位创新型的管理者则会转移问题的视角，继而能从一个全新的角度积极地探讨问题的解决方式，如员工没有把单位当成家，管理者是不是也该考虑一下有没有把员工当成家人；如果管理者没有主动为员工考虑问题，那么员工自然而然地会为自己考虑问题等等。

任何管理工作无不包含了两个层面：维持和创新。可以说管理就是适度维持和适度创新的组合，维持的比重大一些就是维持型的管理，创新的比重大一些就是创新型的管理。当谈及常规管理的创新时，就是期望幼儿园的管理工作在做稳做细常规管理工作的基础上能够有一些新意来促进幼儿园的团队建设。

三、有效的团队打造，是理论植根于提升境界的关键

这个世界上很难有完美的个人，但可以有完美的团队。如何在团队中成长，在团队中找到情感的归属，成为无数幼教人关注和深思的问题。打造团队不是一个简单的事情，更不是一个在短时间内就能达到理想的事情，它需要一定的耐心和智慧。通过理念的认知，我们可以“心连心”；通过管理的有效创新，我们能够“手拉手”；通过团队的打造，我们才能够长出翅膀，翱翔于天际。

从管理者的视角看待团队打造，它的价值是在一定程度上解脱管理者，让他们有更多的时间和精力去思考新的问题、大的问题、战略层面的问题。既然如此，在打造团队上多花些心思和精力、努力让他们的接替者在能力上达到或超过他们是很有必要的。

1. 植根于现场，打造务实高效的园长团队

一位好园长，就是一所好幼儿园；一群好的园长，就会成就一项好的事业。我们从建园初期的一所幼儿园发展到现在规模的幼教集团，应该说，首先源于我们有一位好的引路人，俗话说得好：“有卓越的领导人，才会有卓越的团队。”为此，对于园长队伍的打造一直是我们幼教集团特别关注的，尤其是随着集团的不断发展，幼教集团在实现了“科教兴园，多元化、集团化办园的发展战略”及“差异性竞争战略”后，又提出了新三年“品牌植根战略”。这再一次告诉我们，再好的管理必须物化为可视的幼儿园现场。而园所好坏的差别，就在于管理是否真正的系统化、规范化与合理化。好的管理所展示出来的一定是具有浓厚文化气息的，能感染人的高品质的现场。为此，

植根于现场，打造一支务实高效的园长团队是我们一直努力践行的！

务实高效就是最大限度地追求最满意的结果，一切以效率为基础。如何打造务实高效的园长团队？幼教集团本着“植根于现场”，从以下几方面入手来打造“务实高效”的园长团队。

（1）思想重视，机构健全，是打造务实高效园长团队的基础。

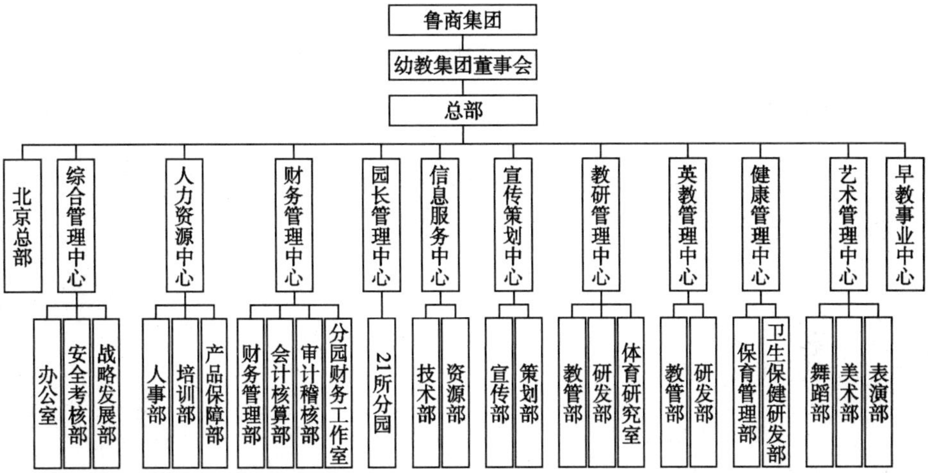

从上图中我们可以看到，在11个管理中心中，有一个园长管理中心，园长管理中心的职责，专门负责集团21所基地园园长的管理、培养、培训、考核等，并通过差异性管理模式来打造园长队伍，让处于不同发展时期的分园长、幼儿园获得针对性的指导与服务。

（2）注重规范，完善管理，是打造务实高效园长团队的保障。

为了加强园长的有效管理，确保园长团队的执行力，园长管理中心从“注重规范，完善管理”入手，做了以下几方面的工作：

①建立了“园长成长档案”：随着集团的发展，园长队伍也在不断地壮大，有一句话这样说：知己知彼，才能百战百胜。如果想打造一支务实高效的园长团队，首先要对各位园长进行了解，为此，园长管理中心为每一位分园长建立了“园长成长档案”，以便能够及时掌握各分园园长的基本情况、成长信息，从而给予针对性的指导，并根据其成长的优势，为大家提供可以展示的平台，让大家在这个平台上，有更好更快的成长和发展。

②编制了《园长管理工作手册》：本手册的编制，不仅让各位分园长明确了自己的工作职责，知道何时要做何事，还时时提醒各位分园长不忘牢记自

己的工作使命，让有经验的老园长工作得更加得心应手；让新园长找到工作的抓手，从而有信心将园长的职责做好。本手册的制定，是各分园对集团理念的物化、“三化管理”全面落实的指南，也是引领园长做好日常工作的抓手。

③不断调整完善分园长的各类考核评价机制：科学、合理、有效的评价与考核，是管理者提高效率、改进工作的重要手段；是各个分园园长改进工作、谋求发展的重要途径；是幼教集团人力资源管理工作的重要依据。为此，园长管理中心不断调整完善各个分园园长的日常随机、月、学期、学年等的考核评价机制，以便在更好地发挥考核评价机制作用的基础上，促进分园园长工作的务实有效。尤其注意各类考核评价机制的落实，重在现场的实际操作，以此加强各项工作的管理、督导力度，严格落实各项规定，确保了各项工作的有效落实。

(3) 植根现场，务实行动，是打造务实高效园长团队的关键。

①以现场为抓手，以例会为载体，强化目标化管理的落实，促进园长整体素质的提高。

为了让大家在现场中规范园长、幼儿园、片区的管理；在现场中强化“三化”管理的落实；在现场中，提升园长发现问题、解决问题的能力；在现场中感悟、学习、提高，园长管理中心自2012年重新思考制定了园长的例会方式：以现场为抓手，以例会为载体，强化目标化管理的落实，促进园长整体素质的提高。比如：2012年3至6月份，我们结合每月的主题，选择了不同层面的园所，面向集团所有分园进行全面开放，以点带面，加大管理的力度，提升园长的管理水平，提高园所的管理质量。具体安排如下：

月份	主题名称	园所	内容	形式
三月	文化流程开门红	银座园	重点现场观摩保育流程的落实	现场观摩—汇报—管理案例讨论—专家引领—总结
四月	行动质量标准	青岛园	看园长对教研管理的力度及按标准全面物化集团的理念	现场观摩—汇报—展示—考察青岛的园所—专家讲座—管理案例讨论—总结
五月	逻辑管理看团队	临淄园	重点看团队的建设及成长	现场观摩—教育活动展示—园务会汇报—座谈

通过现场的开放，主要达成的目标为：

一是细化日常工作的督导：通过各位园长在全面观摩幼儿园环境的同时，

对所提供现场的分园的日常工作进行某个侧重点的督导，来夯实幼儿园的日常工作。比如，本着“现场督导重细节，园长管理细标准”的要求，在全面督导的同时，按照分组要求，每一组还各有侧重点：如教师服饰、精神状态和家园联系手册的抽查；区域、主题环境创设及各类幼儿用书的使用；周计划及教案、教研、听课记录等的抽查；保研四项记录及三卡的使用；班级卫生、5S管理的到位等都责任到人。

这一环节让每一位园长进一步明确：日常工作中的督导应该看什么、如何看，知其然并知其所以然，并物化和应用到管理中。

二是园务班子根据不同的管理主题进行工作汇报：通过此汇报展示整个园务班子的整体素质，为分园长的梯队建设起到培养与培训作用，构建了园长逻辑管理的格局，给予分园长系统化管理的思考。比如：临淄园的园务班子围绕着“逻辑管理看团队”来进行汇报，从园长到每一位主任，对主题层层解析的到位，管理的有效，都给予了大家非常深的印象。尤其是，这个活动我们安排在了繁忙的五月，为此一并观摩的还有“创思课程”和“双语教学”、“六一”节目的抽查等等，但此时现场的表现有条不紊，在这个过程中，我们不仅看到了临淄园管理团队和教师团队的日趋成熟，更看到了这个团队的和谐！这些也足以说明，我们年轻的庄文山园长不仅带领着他年轻的园务班子和老师们逐步走向成熟，其在管理的系统思考方面也有了很大的提升。

三是园长管理案例的分享：园长工作中的困惑或是亮点，以管理案例的形式拿来和大家分享、讨论，在这种交流互动中，找到更好的解决方案，拓宽园长的管理思维，让更多的园长受益。

比如：青岛园现场会中，大家这样来评价园长管理案例分享：如果说专家培训是一餐精神食粮的话，那么案例分享则是一场头脑风暴。在这个板块中，潍坊园戴伟园长分享了“如何提高教师的家园沟通能力”教研管理案例，从教师的专业化水平提高入手，借助专业的理论指导，通过智慧的激励与引领，带领全体教师充分挖掘专业书籍的指导价值。在分享的过程中，所有人都在积极互动与参与、思考与表达，在共同讨论与分享中，思考着对教师专业化引领的新思路、新方法，探究着如何才能让引领更有效，借助彼此的力量来找寻符合本园教师特点的灵感，这无疑使大家再一次对教师的专业化管理有了更深的理解！

四是专家培训与引领：通过讲座、好书分享、点评、总结等多种形式，拓宽园长的管理视野，强化园长的自身素质，提升园长的管理水平。

专家培训是每次现场会给大家提供的丰富精神食粮。如青岛园现场会中，原青岛市学前教育处徐书芳处长以“内涵赢得尊重”为主题展开的精彩讲座，让每个人都进一步感受到了质量是教育的生命，徐处长着重在教师专业能力的引领与培养方面为大家做了详细的解读，为提高在场人员的专业管理能力提供了强有力的助力！随后，青岛市教研室的薛梅老师在“让幼儿在活动区活动中获得主动发展”的主题交流中，与大家分享了青岛市对活动区的研究状况，为幼儿园一直进行的活动区活动起到了很好的引领作用！

另外，集团的专家领导，从总园长到副总园长，从教研到保研等等，都给予了大家不同层面、不同内容的多维度的引领和提升。

五是教师综合素质的展示：通过教师综合素质的展示，不仅了解园所教师的专业成长，还可以借此了解园长对教师成长的关注点，从而更好地掌握各分园教师的基本情况及所需要的支持重点。

六是注重心态的调整：心态表示一个人的精神状态，有良好的心态工作就会有方向，人只要不失去方向就不会失去自己。为此，每次都通过浸润心灵的各种游戏、团队打造以及励志故事等来调整大家的心态，激励大家做最好的自己！

②植根于现场，务实于行动，关注了整个团队的有效成长。

“接地气才能有底气、长灵气”。只有在现场中直面管理的问题，才能助力集团前行！为此，植根于现场，务实于行动，助团队有效成长也是园长管理中心一直践行的。

现场督导，是园长管理中心的一项重要工作。园长是一园之长，看园长工作是否有效，现场就是一面镜子。为此，每个学期，我们都会跟进每个基地园的现场，再深入现场看园长的管理水平。现场的参与内容有：新生入园、教师节团队打造、座谈、例会和教研活动、园务会议、全体教职工大会、课题的落实、个别老师的教学、班级管理、幼儿园环境、各项记录、文案的书写、如何做好班主任大教研、个别教师、主任、员工谈话及矛盾的处理、专场、营销活动的现场策划、元旦、圣诞节日活动等等。在这些现场中，能够让自己更加真实地、冷静地分析和思考：每一个分园长的管理如何？各个分园管理的优劣势是什么？园长管理中心接下来的工作重点又是什么？虽然，有一些分析和思考还需要时间来完善，或者说，经过分析、思考的东西，需要一步步来落实，这些可能还需要有一段时间，但是，因为有现场的实证作支撑，对一些事情，起码不会盲目地肯定或是否定，更不会盲目地跟风而丢掉了原本那些真实需要的东西。在这个过程中，更重要的是随即捕捉管理的契机，让园长队伍的成长有抓手。

在各个分园的穿梭中，我们将发现的问题进行及时的思考和梳理，并采取有效的行动，将问题得以解决。

比如：2012 年下半学期，我们分别在临沂片区召开了“如何带好新教师团队”，在百花园召开了“老园老教师团队的成长突破”现场会，这两次现场会的召开，也是因为在日常的现场督导中感受到这样的问题需要拿出来和大家探讨，每次的会议，都将问题抛给大家，让大家不仅带着思考参会，还有充分的准备，以使不同层面的园长都有所感悟。比如：如何建立幼儿园可操作的考核体系？如何帮助年轻的教师进行有效的家园沟通？面对集团的快速发展，新教师的不断增加，你面临的最大困难是什么？在师资队伍参差不齐的今天，我们应该采取何种策略来提高教师的职业素养？对于各个分园的可持续发展，你是否有危机意识？采取了哪些措施？等等问题，都是现场会重点讨论解决的问题。这样的行动实施，旨在让大家在问题的讨论、分享中逐步地捋清问题的脉络，互相学习、提升，并找到解决问题的对策。

（4）有效培训，感悟提升，是打造务实高效园长团队的平台。

随着集团的发展，各个分园的不断增加，分园长的管理水平也参差不齐，集团的理念在各个分园长的行为物化程度也各不相同，为了使集团的理念能够更好地物化为各分园长的行为，落实到各个分园的管理中，除了现场的督导外，培训也是非常重要的一个因素。培训的形式也是多种多样的，比如：专家引领与自我提升相结合；平台提供与交流分享的互动；现场体验与各类研讨的参与，走出去、请进来的视野拓展等等，都为提升园长的整体素质，打造务实高效的团队提供了宽广的平台。

为了让大家养成“学有所思，思为所用”的习惯，每次外出学习、培训归来，大家都要进行有侧重地和大家再次分享、交流或是二次培训，在这个过程中，提高园长的总结概括能力和表达表现能力。

(5) 用心做事，用情服务，是打造务实高效园长团队的源泉。

务实高效的团队是建立在彼此用心的基础之上。用心做事，用情服务，一直是幼教集团所有人践行的原则。为了能够打造一支务实高效的园长团队，我们不仅在工作上进行关心、支持、理解，更注重各分园园长的心理疏导，及时沟通交流，善于倾听，做园长的贴心人，使各分园园长保持阳光心态，以愉快的情绪投入到工作中。

我们知道，分园长有时候需要承受来自方方面面的压力和困惑。如果说培训是说教，是面面俱到，那么“倾听”则是用心在悟，是具有针对性的来自内心深处的碰撞和沟通。“倾听”旨在让各位园长释放压力，找到新的着力点。为此，我们用心地“倾听”着一个个成长的故事，因为园长上班时间忙于园里的事情，所以沟通大都在下班后的时间，为此，无论周一至周五，还是周末，也不管是白天还是黑夜，来者不拒。有时候，各位园长遇到了什么事情，和你说，不一定需要你为她做什么，她只是想找个人说说话，这个时候，我们知道，我们的角色就是一个听者，耐心的听者，这份耐心，给予大家的是心灵的默契和感动……

因为用心倾听，让分园长感到温暖，压力得到释放，心中的烦恼得到排解，工作起来更加轻松，尤其是年轻的外地园长，这份倾听显得更加温暖，大家在这份温暖中坚强地成长着！

2. 植根于归属感的增强，打造稳定的教师团队

在新的政策和形势下，民办园要想获得生存就必须在办园品质和办园特色上狠下功夫，以求在夹缝中寻求新的发展土壤。无论是公办园还是民办园，

最终比拼的还是“优质师资”。谁将优质的师资抓在手里，谁就赢得了可持续发展的筹码；谁拥有了向心力和凝聚力强的教师团队，谁就拥有了核心竞争力；谁能真正走进教师的心灵，让团队怀有对幼儿园的忠诚与归属感，谁就拿到了以不变应万变的王牌。

为此，本着为集团发展储备并打造一支“综合素质优秀、专业能力强、执行力强、具有创新进取精神和敬业奉献精神的复合型人才队伍”这一目标，幼教集团主要通过以下措施来打造教师团队：

（1）运用激励机制，考核评价机制，创设有利教师成长的环境，让集团拥有稳定、高效的团队。

让适合的人，做适合的事，并助他成功，是对人才最好的培养！

拥有好的教师团队正是我们发展的关键。而好的团队既需要对工作环境、工资待遇、专业技能性培训方面显性的管理，更需要对教师价值观引导、思想觉悟的锤炼以及对事业有兴趣、有信念、有积极的状态等方面的培养的隐性管理，我们通过多元化的渠道和措施为老师成长提供广阔的机会和平台。

①通过荣誉激发，增强员工的忠诚度，是一种最高境界的职业情感培养，让大家感受到团队的魅力与张力，让大家以能在这里战斗或生活为荣，它潜移默化地就形成了一种凝聚力、向心力、战斗力。对五年、十年功勋员工进行表彰奖励，以此来弘扬先进，督促后进，激发大家的自豪感、成就感、价值感；教师节“最美幼儿教师”——师德标兵评选，年终先进、优秀评选，先进经验故事会，通过园报、网站等进行鼓励，激发大家你追我赶的工作热潮，珍惜来之不易的个人及组织荣誉，增强大家的集体意识，并积极维护荣誉，为荣誉而战。

②注重人才价值的合理界定，满足教师的成长需求，增强教师的职业信念。

凡是有人群的地方，总会分出“三六九等”。这里说的“三六九等”不是指带有阶级色彩的等级，而是要承认人才价值的差异性，并进行合理界定。人才价值的合理划类管理实际上是发挥人才价值最好的措施，教师团队也是如此。

一名教师虽没有突出的成绩与才华，却能踏实地干好自己的本职工作，这是我们所说的具有直接价值（也称为一般价值的教师）；当他成为一名资深的、在某一领域起到引领他人研究能力的阶段时，他起到了延伸价值的作用；一名教师也许他没有很强的专业素养，却是领导团队的精神领袖，他的一言一行都在引领、影响着团队的行为准则，这名老师必然是起到辐射价值作用的老师。

说到人才价值的评判，仅仅靠管理者的一己之见是不足以让教师信服的，因此，定期有组织地开展集团范围内的技能比武和等级划类考核，才能激发上进心，提高其职业能力。此外，名师选拔活动，也给了教师们努力的方向，满足教师成长的需求。

以上措施配以科学合理的薪酬分配机制，给老师创造了公平、公正、透明的工作环境，让他们对职业产生浓厚的兴趣，职业信念更加坚定，队伍更加稳定。

(2) 构建“爱主题文化环境”，满足教师的心理需求，使每一位教师都能发挥优势和潜力，感受成功。

集团自成立以来，在“让爱更多一点”核心价值观的引领下，我们从研究教职员工的价值需求出发，建立“团队成功之上的每个人成功”模式，借助团队拓展活动，增强团队凝聚力。面向全员进行职业道德、职业信念、职业规划的打造，激发员工与集团共发展的热情和信念，促使集团文化深入人心。其中，最重要的措施是用集团浓浓的亲情和实际的关怀，解开教师的心结，让教师感到温暖。具体来说，可以总结为以下两种方式：

①关注员工的心理需求，聘请心理专家进行疏导，做好情绪管理。一个人的心结往往是他发展的最大障碍，而处在一般同事关系之上是很难了解和发现教师心结所在，解决不了心结，教师就敞不开心扉和你说真正的想法。生活上的困难、工作中的烦恼、发展的瓶颈就会让他颓废不前，因此，我们邀请了专业心理咨询师，常年巡回于各园所之间，她的职责就是解剖教师的心理，使其说出真正的自己，重塑自己的目标。今年“三八”妇女节，心理咨询师进行了《色彩与心理》的讲座培训，让教师建立了正向的心理暗示，调整好自己的情绪，关注自己的内心。

②借助节日文化，让员工感受集团爱的温暖。如：教职工生日、“三八”节、母亲节、父亲节、教师节、中秋节、春节等节日的祝福与礼物（一束花、一本书、一封信、一个大礼包）。另外，和驻地单位联合定期组织青年教师联

谊会，搭建婚姻鹊桥，解决职工的后顾之忧。同时，建立教师结婚、生育奖励基金和困难救助基金。这样的做法之后，“爱文化”价值观已植入教职工内心，为教师营造了轻松、愉快、关爱、理解、尊重和信任的文化环境，影响和培养了一大批忠实的品牌捍卫者，形成了以银座幼教人为荣的单位文化，提升了团队成员认同单位、情感归属、工作满意、乐于助人、生活幸福的心理资本。

然而，面对种种不稳定的因素，我们还应当意识到，教师队伍的稳定性总是相对的。因此在选人、育人、用人之后，要学会关注教师离职前的一些征兆。例如，放松工作要求，对单位的态度发生改变，表现出不一样的个性等等。捕捉到一些征兆的时候，要积极采取措施，比如，挽留面谈，让教师感觉自己被需要、与集团不舍的情感。再比如，可以进行离职回访，给教师一个重新思考的机会。

“环境留人、待遇留人、情感留人”，是我们集团拥有优秀人才的人力资源管理法宝，也是凝聚员工、提高核心竞争力的根本，员工有了归属感，就会迸发出无穷的力量，向着开创幼教事业的辉煌未来奋进。

教师培养需要完整的体系，但更需要我们有寻找源头的意识、建构科学管理逻辑的能力与形成有效措施的机制。中国幼教的春天就在我们手中，因为增强了师资队伍的归属感与稳定性，破解了学前教育发展的困局问题，这不但推动了学前教育的快速发展，更让我们看到了民族强大的未来。

3. 植根于家园共育，打造和谐的家长团队

如果我们把孩子比作雄鹰，那么教师和家长是雄鹰的一双翅膀，只有教师和家长协调同力了，才能真正发挥翅膀的作用，让雄鹰翱翔天空。因此，教师和家长在我们的管理地位上是同等重要的。那么，家长作为我们每一所幼儿园的重要的团队，如何引领，又如何打造呢？

（1）要把家长看成一个团队，看成幼儿园非常重要、不可或缺的团队。团队，就要有共同的目标。虽然家长来自四面八方、各行各业，但都有一个共同的目标，那就是——孩子。目标有了，就是要找方法了。

（2）要把家长团队的核心组织建立起来——成立家长学校。靠核心组织带动整个家长团队。核心组织如何建立起来呢？把全园各班的优秀力量集合起来，每班推选3－5名优秀家长成立家长学校，他们是家长学校的固定成员。定期组织家长学校会议，以图文并茂的方式和大家分享优秀做法，如：泰山园的小希妈妈无私地把优秀绘本分享给全班家长，让全班幼儿受益；小小妈妈利用周末时间组织班级亲子活动，增进班级幼儿及家长的感情，为孩子创造一个积极向上的团队；文博爷爷从家里带着齐全的工具到园里为全班小朋友维修固定梅花桩……这些发生在家长身上的优秀事例被每班家长学校成员分享给班级全体家长，这样利用“星星之火，可以燎原”之精神不断传播正能量，家长学校成员也很有成就感。

（3）团队打造需要在具体的实践活动中进行。团队打造只靠讲是远远不够的，只靠家长自发组织也是不够的，因为有些家长有心为幼儿园全体小朋友服务，但不知该做些什么工作合适。这就需要幼儿园在组织活动前及时和家长沟通。

当下各幼儿园和学校对组织学生外出的安全都是“谈虎色变”之状况，但不能因为怕安全常年把孩子们圈在园里，这样孩子们会失去很多学习的机会，而这些机会恰恰是在园里感受不到的。泰山园的想法是带领大班150余名幼儿利用清明节这一节日，去泰山脚下的天外村冯玉祥墓，祭奠冯玉祥大将军。同时在这春意盎然的大好时期组织孩子们远足踏青，既要让孩子们充分感受大自然的赐予，又要确保绝对安全。从园到目的地四里多路，来回九里路，需经过三个大路口，正是旅游旺季，我们知道每到这个季节，路上人多车多且均是外地来泰安游玩的，人行道都被外地来的车辆挤占，面对如此

严峻的情况，经园务会细致考虑分析，幼儿园决定和家长团队共同完成。提前和交警大队联系后，我们便和家长学校成员开会，征集更多家长力量，来为孩子们保驾护航。先向家长说明我们此次活动的目的以及所面临的困难，重要的是需要向家长说明他们要做哪些事情：孩子在路上时，每班除了老师外各有两名家长在孩子两侧；过路口的时候，需要 6 位家长拉绳搭建安全通道；路上孩子们热了会有很多衣服脱下来，每班需要两位家长帮孩子抱衣服……家长经过讨论安排，都明确了自己干什么，最后犯难的是如何把音响运到天外村，开始大家都争着说我早点开车送过去，可是天外村很多台阶，汽车根本上不去，顶多上个摩托车，可摩托车大家要么不会骑，要么多年不用都报废了，这可难坏了大家。涵迪妈妈说，“要不我这两天借同事的摩托车先练练。”这可不行，我们不能光考虑孩子的安全，也要考虑家长的安全。后来，东欣的妈妈说，“我们家倒是有辆大摩托车，可他爸出差了。还是我联系一下，让他提前赶回来。”所有的人都很感动。那天东欣爸爸在外地提早赶回，一早把音响用摩托车运到目的地并负责看管，等孩子们玩完了，又默默地送回到幼儿园。话说活动当天，走出去才知道有多少因素是我们没有预想到的：大路口好办，中途有很多单侧小路口，比如小区门口车辆的出入，遇到这种情况，两侧各出一名家长站在出入口禁止车辆通过，后一个班家长来接替了，前一个班家长才能离开；路口拉绳人员的辛苦超出了预计，他们必须第一个冲到前面在孩子们过马路时准备好，在最后一个孩子安全通过后迅速收起绳子赶往下一个路口，他们在路上不停地奔波，还要协助老师提醒孩子。交警的帮助为我们减少很多困难，前方开路的家长路遇不讲理的外地车辆交涉无果，交警出马立马解决。

到了目的地，相对安全了，孩子们开心地在老师的组织下游戏，园长立刻组织家长野外开会，总结经验教训，并告知返回的注意事项。家长们通过观察老师们一路如何带孩子，深有感触：老师们太不容易了，每班前面带队的老师为了看着孩子自己倒着走了一路，太感动了；孩子们这么小，组织这样的活动真是非常辛苦，我们不参与真体会不到。

返回路上除了孩子们感到疲惫外，比去时顺利了很多。安全护送孩子们回班已到吃午饭的时间。家长们还饶有兴趣地在院子里交流活动感悟：我们忙完可以轻松地回家休息了，可老师们还要照顾这些不懂事的孩子吃饭睡觉，以后有活动多参加。

一旦家长团队凝聚力有了，做活动就很 easy 了，当然家长团队又是在一次次活动中经受考验和历练。比如每天晚间的全园舞动，一呼百应，家长自己商定自己班级的亲子装，谁都不想落下，有的班级时间紧衣服运不到，自己开车去外地城市运；自己宝宝的篮球没气了，带打气筒给每个小朋友的篮球打一遍；早操汇演主持人，自己主动来排练；参加跳舞的家长们主动加班练习，感动了我们的舞蹈老师；晚间协助值班人员维持秩序检查接送卡（家长形成良好的习惯现在已经不需要维护）；亲子运动会中震撼人心的家长方队秩序……

家长团队，只要我们心中装着他们，把他们看成我们内部不可或缺的力量，他们就会迸发出无限的潜能，为幼儿园发展贡献巨大的力量。

应该说，幼教集团多年来始终围绕“让爱更多一点”的核心价值观，通过多种渠道不断地学习、理解、物化，不断地创新管理，坚持理论植根于提升境界，不仅造就了一支优秀的管理队伍，培养了一支优秀的教师团队，还打造了一支和谐的家长团队，推动着幼教集团勇往直前。

第二节　实践植根于倍增双效

倍增双效是对效率效益的一种期许，是把对结果的思量纳入到实践之前的考量当中。目前，在银座幼教，目标、措施和评价已成为任何一项工作的基本运行模式，效率效益是评价的范畴，当把它作为目标达成的标准来看待的时候，我们所注重的不仅是要实现既定的目标，还在其中注入了一种“速”的维度。

在一体化培训当中，理论的指导与规范作用最终都会显现于实践当中。实践植根于倍增双效，就是给实践增加了更多的内涵。在递进式的培训效果诉求中，对实践的定义不仅是做了些什么，更重要的是用什么手段保障了这种“递进式”的有效进行。要植根于倍增双效，就得关注其实践的源，财务的支撑与励志的价值。银座幼教的成功与辉煌，在一定程度上来说，财务的有效润滑起到了推波助澜的作用。

对培训板块的合理划分和有效的技术支撑确保了培训的针对性和效果追踪的跟进性。有一句话说，“锁定目标，立即行动”，这话说得好，因为其一它关注了目标，其二它关注了执行力，有了方向的执行力自然无往不利。但在银座幼教，目标虽居其一，对达成目标的方法亦是进行了详细的斟酌和研究。各安其位、各显其能、各尽其责，共同铸就大爱蓝图。

一、植根倍增双效，全面提升办园效益效率

山东银座·英才幼儿园（集团）自2001年9月创办以来，立足自主发展，根植于倍增双效战略，从多方面努力，取得了显著成效，实现了由地方品牌向全国品牌发展的战略目标，由一所幼儿园迅速成长为国内知名大型幼教集团。截止到2013年，幼教集团拥有21所基地示范园，在全国22个拥有180余家联盟园。

1. 谋求多种发展途径

（1）集约经营，扩大规模优势。

由于各园开展同质化经营，也为确保不同分园都能保持相同的服务质量，集团要求各园遵循相同的标准，幼教集团发展到一定规模之后产生规模效益。集团采取统一采购、统一配送的方式，在保证各园质量统一的基础上，能够有效降低成本，从而提高经营绩效。

（2）积极输出智力资源。

我们在国内行业中首创“五个一体化”管理模式，使幼教集团的发展更具系统性、逻辑性、规范化与标准化，为输出智力资源、开展加盟连锁经营奠定了基础。幼教集团通过导入培训、系统培训、个性培训以及跟班实习等方式辅导联盟园，提供活动策划、成本控制等方面指导，加强质量控制，积极向外输出智力资源。

经过多年发展，我们社会信誉良好，生源连年爆满，经济效益在规模扩大的同时逐年上升。

（3）从单一化经营模式向多元化经营模式发展。

目前幼教集团主要是以兴办幼儿园为主，就目前发展的趋势，集团将会逐步从单一化经营模式向多元化经营模式发展。理顺组织结构，进一步扩展经营内容，注册统一的幼教机构、明细划分分支部门，例如：继续以幼儿园

为主业，打造中国式办园模式（学前教育免税部分）；加强北京公司的工作，扩大全国联盟园的规模，使更多的孩子接受良好的学前教育；注册银座早教公司、拓展经营范围，将幼儿教育从 0 岁开始；开展多种形式的培训，使我们的优质资源获得更大的经济效益和社会效益；探索产品配套的方法；建立独立的家长学校等。

2. 建立有效的财务运营模式

（1）实行集权式财务管理体制。

基于幼教集团现有规模和经营模式考量，决定采用集权式财务管理体制，由集团统一管理财务工作，集中控制和管理集团内部的经营和财务，并做出相应的财务决策。这种运营模式的优点包括：首先，财务管理效率较高，集中管理能够全方位地控制各分园的财务行为，有利于防范资金风险；其次，便于实现资源共享，集团总部较易调动内部财务资源，促进财务资源的合理配置；再次，集团统一采购和调配资源，有利于降低成本，取得规模效益。最后，集中管理能够确保各项财务指标的真实完整。

（2）采用企业财务核算办法。

按照企业会计准则要求，按时提取固定资产折旧，保持可持续发展的态势。实行全面预算管理，总部各部门、各分园均做到开支有计划；设置明细费用科目核算各项费用，及时控制费用额度。我们设置的费用科目有：

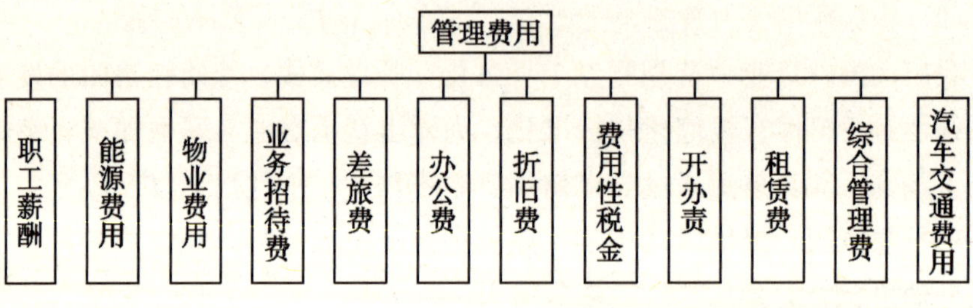

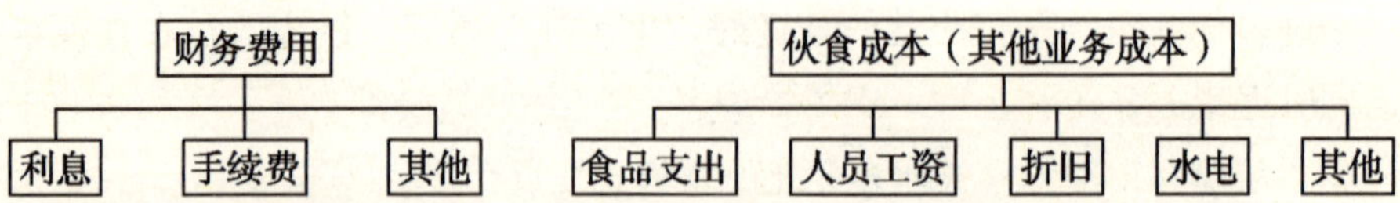

其中各项费用科目均设明细科目核算，以期全面控制费用额度。

按月、季、年编制财务报表，及时准确反映直营园所的财务状况。

（3）各分园不单独考核利润指标。

主要考核幼儿入园率、幼儿出勤率、幼儿休园率、幼儿退园率、事故发生率、教师达标率、家长满意率、传染病发生率等八率。上述指标的情况，将会直接反映为经济指标的状况。

（4）协调集团与各利益相关者的财务关系。

投资者方面，及时提供财务信息，向投资者传递集团经营状况良好的信号，并使其获得相应的经济利益，提高投资者信心。债权人方面，在债权人处保持良好信用，严格执行合同的约定，能够获得必要的资金协助。债务人方面，主动联系债务人，核对账目，要求其及时偿还债务。集团员工方面，按时发放各项薪酬，并保证员工收入逐年稳步提高，不低于同行业水平。同时及时足额为员工缴纳五险一金，提供财务方面服务，并进行耐心细致的解释。

二、视频培训板块的实践价值与布局

视频培训，是集团围绕目标化管理，以当月管理主题实施与课程主题实施为核心，借助现代化远程培训手段，面向全国不同省市、不同地域的幼儿园提供的快捷有效的专业培训。每所幼儿园只需按照集团统一的视频培训计划，在网络的支持下输入统一发放的账号密码，在自己的幼儿园现场登录就可以直接参加集团大办公会，聆听顶级专家团队关于幼儿园管理、保健、课程流程、大型活动策划等方面的报告，让培训福利变为成长的现实。

发挥专家团队的优势，引领不同发展水平幼儿园的全体工作人员专业成长，造就具有现代管理思想的园长团队；培养具有创造性教育能力的教师团队；养育具有驾驭和应对未来世界环境变化能力人才的心态。

1. 视频培训的特点

（1）全面性：面向全体，全员培训。

（2）即时性：当月工作，即时解读。

（3）连续性：上挂下联，循序渐进。

（4）阶段性：每月十次，年度超百。

（5）针对性：解决当下，现场颖悟。

2. 视频培训的分类

主要分为三大类，共十五个板块。其引领目标主要是三个到位，即管理到位、执行到位、发展到位。

(1) 管理类：春梅话管理、焦敏解主题、袁霞定计划、晓红促执行、继红说总结、园长直通车、园长来碰头；

(2) 教育类：袁霞解创思、少群议英语、专家保健康、刘红艺术秀；

(3) 综合类：新园高起点、大家齐策划、春蕾解手册、客服助同好。

每个板块在其版主的组织、策划、引领中进行系统的实施。

【管理类之春梅话管理】

高处着眼——一览众山小，低处做事——熬出伟大人。

春梅，山东银座英才幼教集团创始人，董事长，北京银座东方教育集团董事长，带头人，全国民办幼儿园领军人物。

以领军人物的视野洞悉业界发展的前沿信息，以高起点的视角为园所管理指明方向，以深入浅出的方式剖析园所管理的核心要点。每月面向全国园长，亲自主持召开集团大办公会，通过管理动态、效应热点、管理视界、目标解读等，引导全国园长有效地、科学地进行幼儿园管理。帮助每一位管理者理清管理思路，把握发展方向，指导工作重点，切实引领管理者科学有效地进行幼儿园管理。让园所运营在高效的管理实践中步步精彩！让管理成为园长事业生命的光辉乐章！

【管理类之焦敏解主题】

“主题明，则思路明”，每月的主题是园所特色运营和活动的核心主线。

焦敏解主题，站在集团总园长的角度，从全局观念入手，围绕每月主题名称、指导思想、管理的目标群和实施主题应遵循的原则，结合五点提示提出主题实施的建议及要求，对目标化管理实施的过程进行全面的引领。

【管理类之袁霞定计划】

袁霞定计划的板块是对接主题解析的精神，制定具体实施计划。进一步理解主题内涵，对主题意义、实施原则及目标群进行分析与思考，然后根据主题解析的明确思路和实施要点，全面梳理当月工作重点，制定出详细的具体实施计划和注意事项。袁霞定计划板块最终希望达成的目标效果即“总部计划引领，明确行动路径，分享实施策略，提高管理效率，保证品质效益”。

【管理类之晓红促执行】

拥有执行力的管理，才是最有效的管理。指由专业资深的专家团队，以联盟园为培训现场，把爱和成长送到每个园长手中，在与园长面对面的交流、心与心的碰撞、手把手的教授中，让联盟园豁然开朗、信心十足、精神饱满地展开全新的工作。晓红促执行，重在强调执行现场的做事魄力、胆识、毅力、学习力、分析力和创造力。

【管理类之继红说总结】

继红说总结是针对“目标化管理”每月主题的具体实施情况来设定的，即集团各中心及各个分园对月主题实施情况的总结、反思进行梳理后，形成整体主题实施总结，面向全国联盟园分享的一次培训。总结的主要内容为：分析主题，让管理目标更清晰；深挖亮点，让对标学习有动力；总结经验，让管理提升有方向；师德为先，让执着前行有抓手；注重反思，让目标化管理更深入，团队成长看得见！

【管理类之园长直通车】

直接面对园长，提供平台，总结经验，交流互动；讲述园长成长的故事，解答园长心中的疑惑，点亮园长心中的梦想；提升园长的逻辑思维；提高职业园长的管理水平及自身素养。

主题性分享让问题迎刃而解。面对园长们棘手的重要问题进行解析，全面、系统、深入地分享，让问题更关注实效。邀请一线园长进行经验分享，同样问题可以再参与讨论获得直接经验。每次的精彩点拨，提醒园长们时刻用不同的声音警醒自己，带着思考创造不一样的想法、不一样的做法，获取不一样的结果。

【管理类之园长来碰头】

园长来碰头，是一个综合性的栏目，是对于园长“成功与自信”的建立，对园所的发展、团队打造、家园共育的达成等都有不可替代的价值和作用。本板块通过目标引领，启迪园长思维的火花；嘉宾做客，给予团队成长的抓手；专家点评，以点带面促发展；领导总结，让团队的成长更有力！

【教育类之袁霞解创思】

袁霞解创思板块是针对集团园本课程《创造性思维发展主题式课程》以及相关辅助课程的理念引领和有效实施而特别设立的一个培训板块。面向的培训对象是管理与实施创思课程及相关辅助课程的教研管理人员和一线教师。

袁霞解创思板块的培训核心是希望实现“让不会教的老师教不坏，让会教的老师教得更好，让教得好的老师更轻松”这一目标，最终追求的核心价值是打造集团优良的课程文化，建构完善系统的课程实施体系，促进教师们的课程实施与驾驭能力，提高教师专业水平，促进幼儿的全面发展。

围绕辅助课程“数学课程”，我们还增设了培训板块“晓娟讲数学”；围绕特色课程“绘本阅读课程”，增设了培训板块“希娟讲绘本”，分别从教材分析、活动实例、材料实操等方面给予老师们具体实践性的指导和引领，从而加深了老师们对课程理念的理解，提高了课程实施的有效性。

【教育类之少群议英语】

这个板块主要围绕“双语特色园构建”和“双语师资培养”两大核心工作展开专业培训与支持。在“双语特色园构建”方面，通过视频培训、岗前培训、英语专场培训、个性化答疑解惑等途径帮助联盟园全方位理解浸透式

双语教育模式的理念、实施原则、落实途径、课程体系、评价方法等。在“双语师资培养”方面，通过教材专题培训、英语教研教学专场、骨干教师训练营、优质教育活动案例、月主题解析与实施培训、个性化辅导等途径，帮助联盟园不断提升英语师资的语言能力、英语课程实施能力、课堂教学设计与组织实施能力、园本教研能力、特色活动策划实施能力等，以确保理念落地转化为教师的保教行为，最终转化为幼儿的发展。

由于双语特色在园所品牌形象打造过程中具备得天独厚的名片效应，因此，“少群议英语”这一板块同时还提供特色活动的策划，如双语联欢会策划、双语节目设计、双语童话剧编排、西方节庆活动创意、英语比赛辅导等。为了扩大这一板块对英语教师日常教育教学的指导作用，我们特别创建了“英教大本营”QQ 群，以提供线上的即时性的各种教学资源的分享。QQ 群，不仅满足在线互动交流，同时提供各种教辅资源的上传与下载服务。

【教育类之专家保健康】

健康是人之共需，人之共求的，是人类幸福生活的根本，亦是教育的基础与原点。教育部部长袁贵仁讲：“生命不保，谈何教育？”一句话道出“健康”的真谛！

板块的主要内容有：

管理护航——紧跟国家颁布的法律法规性文件，并以此为准绳，加强学习、认真领悟、积极运用。在实际管理中，结合园本特点拟定了卫生保健 26 项制度，推动园所卫生保健工作的全面开展。

专业引领——要有专业明确的执行标准，让保研工作标准成为教师行为的自觉。保育工作 32 项流程在实操培训、现场观摩、视频讲解、以赛代培等培训中，很好地带动了保育工作的流程化、标准化和规范化操作。

【教育类之刘红艺术秀】

让艺术散发出幼儿园生命的成功文化。与您一同分享幼儿园各类艺术活动的策划及环境创设，为您的活动锦上添花。

一是打开艺术教育源泉，寻找生活的真谛；二是共享艺术快乐天地，学会生活的艺术；三是塑造艺术形象窗口，体味艺术性的生活。

【综合类之新园高起点】

从新园建立的装修装饰到内部环境创设，从办园手续的申办到内部设施的置办及班级的编制，以创办高品质园所为目标，从思路到计划，从目标到执行，多方位全角度地支持高品质新园的启动，体现“高效率手续办理；高标准装修装饰；高档次设备配置”。

【综合类之大家齐策划】

集思广益，汇聚来自集团大家庭的创意点，把园所经营过程中的各类大型活动创意出新的亮点，做到时间、地点、内容三落实，为全国联盟园的管理与经营带来更为显著的特色和丰厚的回报。

【综合类之春蕾解手册】

北京“手拉手”幼教联盟，为全国各地的联盟园提供整体系统的一体化解决方案、持续的跟进指导，帮助幼儿园提高办学质量与办园品质，最终协助幼儿园打造核心竞争力，保持可持续发展。为了这个目标，集团为联盟园提供了丰富的可视、可操作、可体验的资源。其中每年不断丰富、升级，以文字的形式呈现给大家的各类手册可以说是幼儿园跟进集团，复制环境，完善管理，提升教师专业的宝典。系统地解读各类手册，可帮助联盟园更好地使用好手册，为联盟园“标准化，可复制”提供支持。

【综合类之客服助同好】

客户关怀中心，由专业的幼教管理团队组成，为打造中国式幼儿园模式而进行的系统的管理支持和帮助。服务的宗旨为：用热心、真心、耐心、诚心、贴心、细心、恒心、知心进行高效沟通，快速解决问题；用微笑，为每一所联盟园贴心的服务身兼重任，诚信为本，开拓创新；用智慧启迪人生。

客服专员愿成为您经营专业幼儿园的——经营者、引导者、支持者、服务者！

第三节　反思培训植根于未来拓展

反思是一种品质，当这种品质定位在培训当中时，培训便有了向上拓展的灵魂。当下很多的培训系统中都会有这样的窘态，培训者对培训的态度是“我培训他们了”，受训者对培训的态度是“我们接受培训了”。培训，或者是动词或者是名词，几乎很少与意味深长的省略号相关。

理论与实践是辩证统一的，反思的介入，让培训的延展和递进有了无限的可能。当一个人在理论层面提升境界以后，他的心便有了包容的空间；当他在实践层面关注其双效维度时，他就更加不满足于当前的方法；当他将反思打造成一种品质时，他便具有了卓越秉性的一种自发性。在五个一体化管理当中，“理论—实践—反思的一体化培训”不仅激发了个人追逐卓越的梦想，更是管理者育人和用人的一条捷径。

既然要反思培训就不能满足于当前的“是”，反思培训是在植根于未来拓展中不断超越当前的“是”而追求一种超现实的存在。当爱由一种胸怀提升为一种思想时，它便如同太阳一般将光芒普照每一个角落；当爱成为一粒粒种子，天空无限，爱生发的空间便无限。

一、系统的评价体系，是反思培训植根于未来拓展的抓手

在我们幼教集团的管理中强调“以人为本”的管理理念，强调“人”是幼儿园管理的核心、发展的根本、取胜的保证。现如今市场竞争机制下的民办幼儿园，在考虑到“教育”这一特殊产品结构的前提下，它的经营和管理在一定的程度上也受到了企业管理思想的影响。如何“在竞争中求生存、在管理中求发展”，是民办幼儿园在新型的竞争环境中所必须思考的问题。

一个幼儿园的发展离不开优秀的人才，然而，人才的胜出却需要一套行之有效的竞争机制。因此在幼儿园管理中，我们幼教集团引用了企业管理中目标评量的办法，制定了一套每个岗位、每位员工需要达到的评量目标，以及如何进行定性、定量相结合的考核评价办法，让每位员工既明确自己努力的方向，又能直接参与、正视对自我及对他人工作的评价。

幼儿园教师的考核评价既要有较活的机制，给予教职员工竞争意识和危机意识，又要有较强的稳定性。否则，会影响保教质量的提高。系统的评价体系也是幼教集团植根于未来发展的关键所在。为此，一套完成的考核评价体系是非常重要的：

1. 考核评价的原则

(1) 公平、公正、公开的原则。

公平是客观地评价每位考核者，不掺杂个人感情；公正是以事实、数据说话，做到每位被考核者都是被公正对待的；公开是对被考核者考核内容、考核数据、考核成绩的公开与公布。

(2) 多种激励性原则。

保持教师对工作的激情、热情，才能保持住对孩子和幼儿教育职业持续的爱。所以，激励性原则对于形成良好的园风、园貌，体验职业的成功感与幸福感是非常重要的。

(3) 适宜性原则。

考核制度是一个复杂的体系，各项规定之间互相牵连，切忌头痛医头，脚痛医脚，按了葫芦浮了瓢；所以我们应慎用负激励，如淘汰、罚款、降职和开除。特别是对聘用人员，适当的压力和竞争是需要的，但不宜夸大，避免她们产生职业的焦虑和紧张，使幼儿园整体工作受到影响。

(4) 可持续发展原则。

考核指标体系的确定应充分考虑幼教集团的发展战略，这有利于促进幼教集团可持续发展，确保幼教集团资产保值增效。

2. 考核评价的几种类型

(1) 员工及管理人员月工作绩效考核评价。

月工作绩效评价主要是指幼儿园管理人员针对园内不同的岗位而制定的不同的评价指标。

在评价时以定性和定量两种方式进行，通过各个部门考核后，最终进行统计得出该员工的月工作绩效评量，并以此累计来评价员工在园的工作业绩。

根据考核工作的需要，并结合幼儿园的实际情况，幼教集团以思想品德、考勤、各岗位工作考核标准、成绩加分四个大方面作为各园工作考核量化参照标准，对集团各个分园的教职员工及管理人员进行公平、公正、公开的月工作绩效考核评价。

（2）员工转正定级考核评价。

幼教集团的新教师上岗后，经过上岗前培训、教师传帮带等，多方考核评价合格后转正，填写员工转正表进行申请，各分园对其进行综合考核评价。

评定时既有相应管理人员的考核评价，又有一线班主任代表教师所给予的群众性评价，幼儿园根据该教师的现实表现，给予转正评价。这样一来，对于任何一位初进入我园或想要进入我园的教师来说，她们都有机会依靠自己的努力为自己在园的发展打造出与众不同的新天地。

员工转正评价的程序标准，避免了“园长一言堂”行政命令所带来的不良情绪，同时也有利于优秀的人才加盟到民办幼儿园的团队当中来。

（3）员工职务调整考核评价。

每个学期、每个学年幼教集团或各个分园都会对园务会班子成员或教职员工进行全面的考核评价。考核评价，也为我们一年一度的“竞争上岗”后人员的调整提供了借鉴，更重要的是，能够及时发现每一位员工在团队中的威信度及综合表现情况，以便通过及时的沟通，达到更好的人才培养效果。

科学、有效的职务调整考核评价机制有利于稳定民办幼儿园现有的人才资源，充分调动员工积极向上的工作热情，从而促进幼儿园的发展与稳定。

（4）教师级别划分考核评价。

为配合幼教集团工资改革方案的全面推进，选拔树立一批思想先进、基本功过硬、教学方法灵活得当、成绩突出的典型，激励广大教师不断更新教学观念，积极推进教学改革，努力提升教学水平，大面积提高保教质量，引导教师在日常工作中扎实务实，体现在工资激励体系中，对教师进行级别划分。

教师级别划分的考核评价采取自下而上、逐级评选的办法。前期由集团总部业务部门到各个分园进行考核评价，在规定时间上报集团总部。后期由集团有关人员组成审核小组，对所有首席教师、级别教师进行最终的审查、选拔。

教师级别划分的考核评价坚持日常工作表现与荣誉成绩、专业技能相结合，民主评选与调查了解相结合。从“基本条件、日常工作表现、专业技能、教育活动展示”四个方面进行全面系统的考核后，依综合分数的高低名次，最终产生“首席教师”和“级别教师”。

教师的级别不是一成不变的，而是每年进行一次考核，对于每一位教师来说，机会公平，过程公开，结果公正。教师级别评定，极大地提高了教师工作的积极主动性，增强了团队和谐氛围，提高了团队凝聚力。

3. 幼儿园考核评价应注意的几个问题

（1）注重将工作现状与原有水平作对比，评价主观努力程度及其所产生的效益。

（2）定性与定量结合，综合运用多种方法手段，全面客观地掌握情况：一是日常工作现状观察考核评价，二是根据标准考核评价。

（3）将评价与指导结合，注重评价主客体的协调统一，有评价就有指导、反馈，并后续追踪结果的落实。

（4）将评价工作经常化、制度化，形成日常月月考核、学期考核，将教职工的工作逐渐科学和规范化。

二、系统的培训体系，是反思培训植根于未来拓展的关键

培训的目的是为了更好地工作，培训不能为了培训而培训，它是有指向的。在幼儿教育领域，尤其是在一个快速发展的朝阳集团，有指向的培训尤其显得重要。经过十多年的经验积累和系统沉淀，我们逐步探讨出了一套一体化的培训模式，那就是理论—实践—反思的一体化培训模式。在模式的角度，让培训在递进式的循环中有了植根的关注，使得理论植根于提升境界，使得实践植根于倍增双效，使得反思培训植根于未来拓展。在培训的每一个维度，都切实遵循“目标、措施、评价”的逻辑要求，设计并实施具体的工作。

通过系统、全面的培训工作，着力提升教职工的专业技能知识，激发教职工的敬业和奉献精神，使其养成自动、自发、自觉的工作状态，打造建设一支综合素质优秀、专业能力强、执行力强、具有创新进取精神的复合型人才队伍，是人力资源管理中的重要环节，是保证我们在激烈的市场竞争中持续稳定、健康和谐发展的根本。

1. 培训开展流程

（1）培训需求调研：针对不同层次的人员范围在规划与设计每项培训活

动之前，通过问卷调查法、个别访谈法、头脑风暴法等方式进行培训需求的调查，提高培训实施工作的准确性、及时性和有效性。

（2）培训课程设置：针对调研需求汇总，与相关业务部室讨论通过培训课程结构、内容、培训师，形成培训方案。

（3）培训实施调控：培训实施过程中，与学员、培训师随时沟通掌握培训内容及培训形式，督导调控培训进度。

（4）培训效果评估：培训项目结束，对培训内容、培训师、培训设置等方面进行全面评估，并将评估结果反馈相关部门。

2. 培训层次分类

为满足相应岗位工作需要，完善岗位专业技能，提升综合素质，分层分类对教职员工进行拉网式全覆盖培训，培训对象分为：一是集团总部组织的，如：校企合作订单培训、新教师入职岗前培训、骨干教师培训、班主任培训、中层干部培训、园长提升培训、高层拓展培训、后勤人员（厨师、保健大夫、保安）培训；二是各分园根据自己分园教职员工的需求而进行的各类园本培训。

3. 各类培训方式

在开展培训活动中，针对不同的培训层次和需求，选择恰当的技巧和方法，保证培训目标有效实施。具体形式有：

（1）专题讲座培训：根据教职工日常教学、专业能力提升等层面需求，集中讲授培训内容，针对性强，易于加深理解。比如："幼儿教师的职业素养""保教流程"等的各类培训。

（2）视频远程培训：集团园所分布不一，充分利用视频远程培训方式，通过信息技术资源灵活开展各类培训活动，不仅节省了培训费用和时间，还提高了培训的效率。比如：《袁霞解创思》《少群议英语》《专家保健康》等等内容都是通过视频远程培训来完成的。

（3）现场研讨培训：在培训师的引导下，学员围绕主题进行交流互动，强调参与性、启发性，提高专业素养。比如：业务部分的各类大教研专场研训等。

（4）训练营实操培训：训练营的开展内容丰富，形式多样，针对专业技能、团队合作、创新能力等进行全方位培训。比如：骨干教师训练营、职业园长成功训练营、中层训练营、班主任训练营等。

（5）片区专场观摩培训：组织片区内园所教师针对某园特色进行实地观摩学习，共同研讨，提升专项技能。比如：各个片区自己组织的教研活动，集团业务部分在各个片区组织的英语、创思、绘本、艺术等专场。

（6）师徒帮带一对一培训：每学年新教师与经验丰富的老教师结成互帮互助老带新对子，从理论知识、专业能力、实操技能、职业规划、团队信念等方面进行近距离的引领和指导。

（7）拓展创新培训：组织教职工进行户外、室内拓展式培训，利用各类趣味性、益智性、游戏性活动，激发团队创造力、凝聚力。比如："三八"节、教师节等集团总部或是各个分园开展的室内外各类拓展创新活动。

（8）案例分析培训：通过对个案进行剖析、思考、研讨，采用双向交流性培训，提升解决问题、分析决策的能力。比如：园长管理中心各分园现场会中的案例分享、研讨等。

（9）情境模拟培训：模拟实际工作中可能遇到的场景，解决应急突发事件等问题的能力，加强沟通交流、语言表达方式、应变处置的培训。比如：各中心、各分园根据各类案例通过情境演练的方式，让大家来研讨互动，以达到问题的解决。

（10）读书会分享培训：分享人通过日常读书、网络等自学方式提领接触到的新方法、新思维等与大家共享学习，共同提升管理水平。比如：集团每月组织的从总园长到各个中心的读书分享、各分园充分利用例会等时间进行的读书分享活动，都收到了很好的效果。

（11）自学提升培训：业余时间自发、自觉地进行学历、非学历教育的培训活动，开拓视野和管理高度。比如：各类在职的本科、研究生、博士生的再学习，各类资格证的培训学习等。

4. 培训效果评估

培训效果评估的目的在于肯定、优化、改善培训项目，更好地服务于园所发展。效果评估方式包括：一是培训实施过程中，培训部管理人员亲临培训场所现场听课，观察培训场所环境；学员的反应；讲师的组织水平、应变能力，掌握第一手的信息和资料。二是培训结束后利用反馈评估表、综合座谈、心得报告、满意度调查、二次培训效果等方法进行全面的数据和行为评估。

三、各类训练营，是反思培训植根于未来拓展的保障

成功者的成功绝非偶然，他走过的路也一定不是什么康庄大道，有鲜花与掌声围绕；在这条路上一定满载了成功者的心血与汗水。训练营的设置就是要认真探寻成功的规律，经过系统的训练，让常人缩短成功的历程。人生就是一个不断达成目标的过程，人只要有了目标，就会充满无穷的动力，找到内心魂牵梦绕的梦想，用高歌猛进的行动，最终达成罗马王国的夙愿。银座幼教就是利用心理学、教育学、行为科学原理和方法，通过改变人们对幼儿教育的认知和行为，使人的心理和行为处于良好的状态，从而迈向幼儿教育卓越之路的一种基于未来拓展的反思性实践。

1. 训练营的价值和意义

（1）训练营不同于常规培训，它是一种基于未来拓展的生存方式。

独木不成林，一枝独秀不叫春。未来幼儿教育的格局不是园所与园所之间的争艳，而是团队与团队之间的较量。训练营的定期与长期开展，在一定程度上会让我们的“大爱”团队越来越庞大，其抵抗风险的能力也就越来越强。

（2）训练营是“大爱”价值观趋同的有效方式。

毛主席说过，如果我们不占领工农群众的思想，资产阶级就会占领。同样的，如果我们不用职业的、正规的思想来武装我们的教师队伍，那么就会有别的思想来稀释她们的向心力。

（3）拓展思维，激发爱的关注面。

对于生活在水里的鱼来说，发现水的刹那就叫做爱的觉醒。通过参与训练营的活动，就是让老师们切身体验到慧眼与慧心的价值，让爱有更微妙的依着点。

（4）消除能力盲点，植根团队精神。

2. 训练营设计组织的原则

“读万卷书，不如行万里路；行万里路，不如阅人无数；阅人无数，不如名师指路；名师指路，不如自己去悟。”银座幼教切实依据人们认知的基本规律，在训练营活动设计时明晰了以下四个原则。

（1）目标明确性原则。

目标越明确，效果越明显。在成功训练营的设计与组织上切莫包治百病，每次训练营都必须凸显主旨才行。

（2）实操观摩性原则。

团队、现场和别动力是银座幼教快速发展的三驾马车。在训练营活动中必须精心设置具有鲜明导向的实操现场，以供团队成员观摩学习。

（3）认知体验性原则。

蒙台梭利说过，“我听过了，我就忘了；我看见了，我就记得了；我做过了，我就理解了。”银座幼教的训练营就是要老师们在体验式的现场当中获得正向的幼儿教育认知。

（4）专家引领性原则。

专家引领是一线教师的航标。专家的耳提面命和适时点拨，会让教师的认知更具系统性。

3. 各类训练营的有效开展

（1）专场训练营，教师分层培养的有效策略。

集团师资配置的多元化，决定了教师在专业发展方面的个性需求和专业特点存在差异；教师职业生涯发展的阶梯型，决定了处于不同发展阶段的教师，其所需要的专业支持和培训重点也不尽相同。主题式专场研训活动，恰恰是满足不同专业教师、不同发展阶段教师的发展特点和成长需求的有效策略和主要途径。

每年，集团会根据分园发展的现状以及教师专业发展的需求，举办 10 次以上的专场研训活动。这些活动一般会以专题的形式，围绕某一专业的某一个研究专题展开，针对特定受训群体开展研训，具有很强的针对性，如针对课程的“创思课程专场研训”“绘本阅读课程专场研训”“英语课程专场研训”等。又如围绕某一领域教学的“数学领域核心价值与教育策略专场研训”“幼儿体育游戏活动的开展专场研训”“艺术特色教育专场研训”等。除此之外，针对不同发展阶段和不同岗位的受训群体，还会广泛组织各类岗位技能专题研训，如“中层干部特训营”“后勤人员专场研训”“首席教师专场研训”“教研组长专场研训”“教师讲师团异地送教专场研训”等等，这些涉及行政、业务、管理、特色等不同专题的研训活动，帮助分园实现了多维度培训、全方位提升。

在专场研训活动的组织形式上，我们力求实操性和互动性，依托基地园优质现场资源和团队力量，采用名师研究课、互动式教研、实践操作演习、技能演练、专家提升等形式，强化问题研讨，注重实操落地，使培训更加务实高效。

（2）骨干教师专业成长训练营，强化人才培养战略的有效落实。

围绕人才培养战略，在加大人才培养力度和速度的前提下，幼教集团在建设人才成长梯队，培养专家型、研究型管理和教师团队上做了诸多的努力。其中，在全国范围内组织的骨干教师专业成长训练营就是一种成功的尝试，这是“以会代培、促专业、强能力”的绝佳途径，更是五个一体化中“理论—实践—反思”的一体化实践研究的有效方式。

在集团领导的高度重视和宏观调控下，在每年两期、每期为期约四天的骨干教师专业成长训练营中，大教研会是其基本定位，旨在帮助联盟园解决教师实操方面的困难和问题，培训和提升保教技能，帮助联盟园提高教师职业素养，提升对集团及分园的凝聚力。训练营以“职业打造、专业提升”为核心主题，凭借课程设置丰富多元、目标清晰到位、引领效果明显而赢得了全国骨干教师的一致喜爱。围绕“互动研讨、课程领悟”的重点，训练营中的团队打造凝心聚力、教学展示专业解析、互动研讨提升内涵、英语活动观摩培训、电影赏析拓展视野、现场实操模拟演练、优秀教师经验分享、总结反馈展示联欢等板块内容为骨干教师提供了一个又一个广阔的平台，启迪其心灵，引领其专业提升，为教师们专业成长加油助力！

自 2008 年至今，幼教集团已经成功举办了九届训练营，培训了来自全国 20 多个省市的联盟园、基地园的骨干教师近4,000余人次。大家对于骨干教师专业成长训练营好评如潮，这一点我们并不感到意外。“高效、精准、专业”已经成为训练营的代名词，从这里走出了一批又一批优秀的骨干教师，他们正在各自园所里以“骨干”所特有的专业实力和境界带动着更多教师的成长。骨干教师专业成长训练营不仅是骨干教师们交流展示的舞台，更是骨干教师们专业成长的摇篮。

（3）职业园长成功训练营，园长成长成功的摇篮。

职业园长成功训练营始于 2009 年 9 月，迄今为止已历经十届，是北京银座东方教育集团为全面帮助“手拉手”联盟园园长职业化发展而开设的专项提升服务。旨在通过系统化的培训内容和个性化的指导体系，全面提升联盟园园长的逻辑管理力、领导力和执行力，从而拓展园长经营思路，达到规范管理行为、优化经营效果的目的。

职业园长成功训练营，采用系统化、多角度、参与式、个性化的训练模式，全面构建了一套适合中国民办幼儿园园长的成长训练课程。每年全国联盟园园长齐聚一堂，通过主题式的引领培训、实战演练，把各个园所在经营管理、团队建设、专业课程、服务品质等方面的经验教训进行客观的分享，会议中集团各位专家老师现场分析指导，就各个园所提出的问题和反映的现象，进行深入的剖析和点评，让与会的各位园长快速了解和掌握相关或类似问题的解决办法，更为重要的是掌握一种解决问题的思路和方法。

此外，针对具有代表性的普遍问题，现场在各位专家老师的指导下，还将进行实景再现式的体验培训，让普遍问题的处理办法和思路更为直观，这也是多年来受到众多园长青睐的培训方式。对于参培幼儿园提出的个性化问题，还可向现场专家老师进行个性化的咨询指导。

五年来，通过职业园长成功训练营，北京银座东方教育集团已经成功帮助了3,500余位“手拉手”联盟幼儿园的管理者，由此带动了全国200多家联盟幼儿园的规范化、专业化、品质化、集团化发展。

四、信息化的运用与现状

银座幼教自建园起就将信息化作为八大办园特色之一，在幼教行业中，我们的信息化建设一直走在全国幼教的前列。幼教集团信息化的建设全面服务于管理与教学。幼教集团建构了国内首个立体化信息技术平台，它不仅满足了对全国200余家幼儿园的即时性管理需求，而且利用“家园吧”更能实现家园零距离一体化教育，使教师与家长真正达成了“教育者同盟”。目前，集团的信息化正以“大网络、大平台、大资源库”为号角积极推进各类管理管控行为的信息化协同，同时着力开辟信息化虚拟空间，以优质资源为根基有效创新集团盈利模式，并为集团品牌的阶段性升级铺设信息化的快速通道。

1. 信息化推进的原则

(1) 服务性原则。

以满足需求为目标是信息化的价值所在。集团内任何一次信息技术手段更新的动力都源于幼儿教育与幼儿管理信息化的需求。本着服务性的原则，我们积极探讨并梳理这些需求，配合现代信息技术的运用，使集团信息化的布局日臻完善。

(2) 平台性原则。

幼儿领域的信息化需求总是以“点”的形式出现的，但信息化的满足必须着眼于“线”与“面”。集团信息化的建设必须在需求点的基础上具体了解相关的深层次的信息化诉求，并以平台架构的形式提供系统性的信息化服务。

(3) 实用性原则。

集团信息化的建设遵循实用性原则，不是什么信息手段最先进，我们就用什么，也不是别人都在用什么，我们也要用什么。现代化的信息手段，花样繁多，实用性就是择用的一个重要原则。每当引进或开发一套信息系统，都应当全面考察其实用的价值。

(4) 扩展性原则。

随着人们信息化意识的逐步提高，人们对信息化的需求也越来越明显和强化。信息化的建设只有在服务当下的同时将目光着眼于未来，才能彰显出信息系统存在的魅力。可以说，系统可扩展性的程度，直接影响到了系统的生命周期。

在信息科技迅速发展的今天，有关教育的信息化手段，可以说不胜枚举，我们不可能一一拒绝，也大可不必一一拿来。用一句传统的话来说就是：适合的才是最好的。

2. 集团信息化运用的现状

秉承幼教集团领导对幼儿教育信息化、教育管理信息化和家园互动信息化的精神，山东银座·英才幼儿园（集团）特从以下几个方面践约着对家长、领导和老师的信息化承诺。目前，在山东银座·英才幼儿园（集团）已经实现了信息化的职能性转变，由传统意义上的提供常识性信息化帮助转变到了信息化服务形式的立体性建构上来。

（1）一套独立的资源信息化整合系统。

幼教集团配备了一套完整的影视设备，有专业摄像机、录放机、非线性编辑机及DVD录像机，通过这套设备，幼儿园可及时地将集团内评选出的优质资源转化为可看可听可无限量复制的网络共享资源。

（2）一套网络化的实时直播系统。

幼教集团自办园之初就本着开放教育的思想极力彰显先进的办园理念，营造了一个既严谨又宽松的幼儿生活与学习的环境，以便让孩子真正地“在被爱中学会爱，在宽容中学会理解，在合作中学会竞争”，为此，幼儿园引进影视技术和网络技术完美结合的实时直播系统，将幼儿在园的实时情况实时地传达给家长。

（3）一套定点分区的智能广播系统。

在幼教集团奉行的浸透式环境教育理念的大背景下，在我们的每一所幼儿园里，可以说处处即教育、时时即教育，其中，视听教育环境便是一个独特的亮点。通过智能广播系统的设置，幼儿园的每个班级、每个楼层及操场的边边角角都有既定的视听分区，在不同的季节、不同的时间，都有相应的音乐时空与之相合。

（4）一套完善的资源交流共享系统。

自开园以来，集团就在不断地壮大，分园在不断地增多，但管理终究还是要实现统一的调度，资源要实现统一的共享。利用 ftp 系统，集团的每个部室、每个园所都以列表的形式汇总在了一起，集团内的各项资料，包括文件、照片及政令等，都能各归其位，不受时间限制地得到上传，集团内的任何一人也都可即时地从上面找到自己所需要的资料。

（5）异地声画同步交流的网络视频会议系统。

集团下设分园众多，而且分布又广，每次组织碰头会都是一项耗时耗费的活动，但是有了网络视频会议系统，无论地域有多远、会议人员有多少，都可以坐在自家的会场内同步地进行会议的互动交流。

（6）办公自动化 OA 系统。

集团采用网络技术，基于工作流的概念，架构了“办公自动化 OA 系统”，利用现代信息技术手段提高办公的效率，进而实现办公的自动化处理，使集团内部人员方便快捷地共享信息，高效率地协同工作，为集团的管理和决策提供了科学的依据。

（7）家园吧互动平台。

家园要想做到有效沟通，信息化平台必须关注两个核心问题：家园互动是否及时和资源共享是否顺畅。家园吧互动平台是一个能包容幼儿、家长、教师之间互动交流的大网络。之所以称之“大”，一是它涉及的人员广，二是它涉及的层面多（互动交流的各个方面）。

3. 集团信息化发展的方向

切实规划并落实资源整合、共享及评价的信息化一条龙服务保障模式，力争让幼教集团的各类信息在系统中共享、流程在系统中贯通、业务在系统中协同、资源在系统中利用、权力在系统中受控、知识在系统中传承。

（1）超越时空限制的、包容各类互动行为的大网络。

切实将“家园吧”打造成能包容幼儿、家长、教师之间互动交流的一个大网络。具体工作要着重关注幼儿个性化档案家园共建的信息化实现、家园互动交流的即时性、家园资源共享的便捷性、网络预约报名、图书馆管理的信息化实现、延时班网络报名与管理的信息化实现、园务管理的信息化实现、民意征询的信息化实现、优质资源价值性共享的信息化探讨等。

（2）信息能高效智能地被处理的、涉及各类管控行为协同办公的大平台。

切实将“OA 系统”打造成集团信息互动交流、管理管控和协同办公的大平台。管理团队之间要实现信息的即时互动、资源的即时共享；要超越时空限制实现办公协同和各类文件审批流程的即时开展；推进各类数据、表格汇总和统计的标准化、自动化和智能化，让信息化成为工作效率提升的基本手段；推进各类管理管控行为的信息化印记。通过大平台的完善将集团的距离无限拉近，不管你是在千里以外，还是近在眼前，我们都可以及时互通信息、办公协同和共享资源。协同化是当今信息化发展的必然趋势，可实现集团产业的协同，使集团能够优化配置资源。

（3）各类幼教资源高度整合并实现各个层面资源共享的大资源库。

切实推进集团各类优质资源的整合和各类公文、行为流转的信息化归档，进一步探讨归整后的优质资源并实现多元的产品化。信息孤岛问题的解决，其核心思路便是整合。通过整合，可以将原有的信息资源和数据资源整合在一个平台之上，个性化地提供给每一位使用者。

4. 银座幼儿园的信息化进程

当信息技术悄然进入我们的生活，并日益成为当今世界经济和社会发展的大趋势，幼教集团高瞻远瞩，于2001年起就着手集团信息化建设，建构了国内首个立体化信息技术平台。

伴随十年间互联网技术的高速发展以及集团的规模化发展战略，从最初娃娃电脑房的创设到如今卫星信道在师资培训过程中的应用，信息化突破应用功能转向服务，逐渐渗透到集团的组织管理领域。2001年，在园内设计配置国内罕见的娃娃电脑房，把幼儿的信息意识养成作为培养目标；2001年，开始建设幼儿园网站、小电台、智能广播系统，作为与同行、家长沟通的平台以及幼儿园品牌宣传的阵地。2001年，建立全国第一家网络远程实时直播系统，实现家园沟通的零距离，成为现代化幼儿园的标志之一；2006年，在集团的园所不断增加的情况下，开始探索视频会议系统，尝试突破地域空间限制，进行即时管理与培训，信息化开始融入集团发展战略；2007年，在集团园所内部使用视频会议系统；2008年，作为实现联盟事业差异化竞争战略的核心手段，视频会议系统在基地园与联盟园全面推广使用；2009年，在原有零散的同学录、QQ群的基础上，与搜狐中国人·幼儿园签署合作协议，成为合作伙伴，实现整体规模效应。中国人·幼儿园校友录在基地园中的使用率为100%。家园互动方式有了深刻变革；2010年，全面推行OA系统，将集团 ftp、资源下载、目标化管理等板块有机整合，实现平台的集约化管理；2011 年，OA 系统增加了“加密狗”和“短信猫”功能，加密狗保证了系统使用的安全，短信猫增强了集团员工之间信息互动的及时；2012 年，推出了整合性的家园互动平台“家园吧”，使教师与家长真正达成了“教育者同盟”；2013 年切实完善了“大网络、大平台、大资源库”的程序架构，为管理管控行为的办公协同和各类资源的有效整合奠定了信息化基础，同时开辟了网络虚拟空间，利用信息化手段，实现效益的信息化产业转变。

5. 案例分析

案例一：网络视频会议系统

（1）系统搭建的背景。

2006 年集团下属的分园已遍布济南、泰安、青岛和河南福田等地。每月的例会，各园的园长和主任都要提前来济南参加不同层次或级别的会议。每次会议对人、财、物和时间的耗用比较大。

（2）信息化的诉求。

会议能否由集中改为分散，各分园在本园内就能接收到集团的会议精神，哪怕没有视频，只有声音也是好的。

（3）系统优点。

2006 年，集团尝试各种手段以达成远程会议的要求，包括 QQ、skype、语音聊天室等，都不是很理想，最终选择了现在的视频会议系统，突破了地域空间的限制，让即时管理与培训成为可能。与此同时，信息化开始纳入集团的发展战略。在这套系统中，当前主流配置的 PC 一般都能够作为视频终端，这些 PC 安装好摄像头、耳麦及相关软件，通过局域网或者互联网接入到中心 MCU 服务器，即可参加会议；会议系统根据用户的使用习惯和使用反馈进行了一定的改进，界面变得更为人性化，人们不需要太专业的知识就能够操作，更符合人们的操作习惯。

案例二：办公自动化 OA 系统

（1）系统搭建的背景。

2010 年集团已就各个层面的信息化需求建立了多套信息化系统平台，平台与平台之间缺乏有效的互联互通，在协同管理方面缺乏集中性的考虑；另外集团成员经常分赴各园指导工作，成员与成员之间在信息交流方面也缺乏必要的畅通。

（2）信息化的诉求。

服务各个层面的信息化系统要实现集中性的管理；集团成员之间要实现信息互动的畅通。

（3）系统优点。

2010年，全面推行办公自动化OA系统，将集团ftp、资源下载、目标化管理等板块有机整合，实现了平台的集约化管理。集成了用户系统、邮件系统和通知公告系统，使得集团各成员之间的办公协同有了可能，如保育管理的协同办公、人力资源管理的协同办公、目标化管理的信息化集成、各类文件的网络审批、各类活动组织协同的信息化、人事考勤的信息化实现、各类产品订单的网络预订、各类安全事故的层级上报等均已成熟。

案例三：家园吧互动平台

（1）系统搭建的背景。

2012年中国人·幼儿园校友录因体制原因取消了对所有园所的信息化支持，集团内所有家园互动的平台因此停摆，至此，也让集团充分认识到自主建立家园互动平台的必要性。

（2）信息化的诉求。

自主建立家园互动平台实现家园信息互动的畅通、资源的有效共享及办公的信息化协同。

（3）系统优点。

家园吧里每一个成员都是一个独立的个体，包括预报名幼儿、在园幼儿、毕业幼儿、幼儿家长、幼儿老师、园所领导、集团领导及社会其他人士等；家园吧里有各种各样的组织，包括班级、图书馆、兴趣吧、网络教研室、招生报名、园务管理等；每一个成员可以根据不同的需要申请加入一个或多个不同的家园吧组织，也可以自行组建组织，在每一个组织里面又细分了不同的板块，包括组织公告、组织专题、组织活动、成员通讯录、组织相册、留言板、组织管理等，每个组织的每个板块可以有不同的开放权限，比如对所有人开放、对注册成员开放、只对本组织成员开放和不开放等；组织里设置了“手机短信即时通”功能。家长如果觉得班级组织还达不到言论开放的程度，也可以到家园吧的公共论坛里畅所欲言；如果觉得连班级组织都太开放，也可以添加班级老师为好友，给老师发私密短信，私下交流自家孩子成长的相关问题。

案例四：卫星信道

（1）系统搭建的背景。

2013 年集团提出了“大爱天下”的宏伟蓝图，志在让边远贫困地区的幼儿也能享受到先进的幼儿教育。

（2）信息化的诉求。

坚信“有天空的地方，就该有教育的存在”，要突破网线的束缚，让远程培训变得跟收看电视一样快捷。

（3）系统优点。

卫星通信是在地球站之间利用位于36,000千米高空的人造同步地球卫星作为中继器的一种微波接力通信。通信距离远，且通信费用与通信距离无关，同步卫星发射出的电磁波能辐射到地球上的广阔地区，其通信覆盖区的跨度达18,000千米；卫星通信的信号所受的干扰比较小，通信比较稳定；卫星通信有较大的传播时延，不管两个地球站的距离是多少，从一个地球站经卫星到另一个地球站的传播时延在 250—300ms 之间，一般可取为 270ms，但是由于卫星通信的速率高，数据的发送时延小，因此卫星通信的总时延比使用其他信道的时延就小多了。

建设高品质的幼儿园，需要一支高素质的团队，这个团队是由各安其位的高素质的从业人员系统优化而成的。培养人才和组建团队是任何一个朝阳幼儿园必须关注的两个核心问题，而且这也不是一朝一夕或者一劳永逸的事情。经过多年的拓展训练，银座幼教集团逐步探讨的培训模式已经将理论、实践、反思纳入到一个一体化整合的高度，进而引导着各个层面的人才向着更加广阔的领域拓展着知识与技能。

在幼儿教育领域，幼儿园之间品质的较量说到底就是对“大爱”的认同度和“施爱”的标准程度的较量。在银座幼儿园里，每一条理论都是出于“让爱更多一点”的理解下规范教育行为的指导参照物。来到银座幼教的员工，接受第一课的培训就是熟悉并在情感上认同集团的“大爱”理念。“道不同，不相为谋”，如果在理论层面引不起境界的共鸣，注定不是幼教领域的卓越人士。

理论不仅具有区分幼儿教育领域“是”与“非”的功能，而且在实践的层面具有规范和引导的意义。如集团的目标化管理、标准化规范、流程化操作等，每一个领域每一个细节无不有着银座幼教理论的映射。在培训过程中，不仅要告诉员工如何做，还要在示范的同时向其阐释为什么要这样做，继而在其内心深处逐步渗透“大爱”情怀。理论关注其境界，实践中的认知倍增了其专业化的效率。

伽达默尔说：“一切实践的最终含义就是超越实践本身。”这个论断是意味深长的，值得深思的。在银座幼教，一切的幼儿教育与管理的实践是现实性的存在，但我们又总不满足于这种存在的现实，正如“让爱更多一点”的定位一样，爱只有用“更”才能彰显出我们对其追求的无止境，我们就是要把爱的现实变成更加理想的爱的现实。因此在培训的一体化中植根于反思，表达的不仅是我们的这种期望，更重要的是我们要把反思打造成一种品质，推动理论与实践结合的不断提升。反思关注的不是“萝卜炒萝卜”的实践层面的理论认知，它更是以一种着眼于未来的嗅觉来探究“肉味”的存在，并在一种超现实的实践中尽力达成“萝卜炒肉”的效果。

“让更多的孩子享受更高品质的素质教育、让每一位老师享有尊严而又精彩的职业生涯、让每一位家长在‘爱文化’中感受到孩子成长的与众不同”，在这全体银座幼教人的愿望下孕育出了深具逻辑系统的“五个一体化管理”。其中的“理论—实践—反思的一体化培训”以对幼儿园各类从业人员培训的维度将管理的触角延伸到了其他的四个一体化，并成为其理论落地的最有效的支撑方式。

“一体化”追求的目的就是要关注“1+1>2”的整体功效。“五个一体化管理”是一个成熟和稳健的幼儿园有效支撑的全部，其本身就是一个系统化的“一体化”。“五个一体化”涵盖了五个指向和十五个子主题要素，通过脉络清晰的抓手将管理的触角延伸到了幼儿园的方方面面，使得每一个幼儿园因为有这样一个清晰的脉络而在持续化发展的道路上，越走越矫健！

后记

浏览：生命价值的画卷

“有了信念与目标，不论你在什么时候开始，开始之后都不会停止；也不论你在什么时候结束，回头看看都不会留下任何悔恨”，这体现了人生的生命价值。美丽的生命画卷就此打开……

从事幼儿园教师及园长岗位近三十年了，在我的职业生涯中，非常渴望能拥有一套既完整而又系统的幼儿园管理工具书作为指导。但是，一直以来，除了一些专家学者编著的专业教科书之外，很难找到从实践层面教你具体怎样管理幼儿园的书籍。《地道：中国幼教厚德载物》这本书的问世，着实填补了这个空白。它以贯穿于幼教管理的“五个一体化”为主干，以被实践验证后的优秀经验为血肉，全方位地阐述了“小中国式幼儿园”的事业追求如何践行与植根。尤其是其中包含的典型实例，不仅是理解其姊妹篇——《天问：中国幼教豁然洞开》思想的快捷通道，更是拓展教育思维、融通教育智慧的一把钥匙。我，非常荣幸，因为我既是这些实践精华的见证者与参与者，更是受益者与传承者。

在本书成功完结的那天，纵观本书全文，我仿佛经历了一次十二年的穿越。我好像又看到了集团专家为了督导到位现场示范的身影；又看到了分园园长为了打开教师心扉与教师促膝长谈的片段；更看到了一位位可亲可爱的老师在幼儿园中加班加点的日日夜夜……书中娓娓道来的管理方法和真实案例，看似平淡，却是我们整个团队真正俯下身子一点一点去做的，通过反复尝试、多次讨论、一再完善和不断地总结与丰富才换来的，这其中闪光的不仅仅是智慧的结晶，更是银座幼教这个团队对幼教事业的忠诚与奉献。我想，这种无私的给予正是大地的特征，默默承载一切并以深厚的德泽育人利物，这也正是本书之名的立意之处。

此外，本书的所有编写者皆出自银座幼教集团的管理者和一线教师，时间紧任务重，为了保证日常工作的正常运转，本书的整理都放在了晚上或是节假日，其过程是劳心劳力的。但是，大家都感到这个艰辛的过程是值得的。因为整理的过程也是学习提升的过程。在这个过程中，大家更真切地感受到幼儿教育是一个充满无限魅力的事业，其中蕴藏着妙不可言的幸福。在此，我也向本书所有的撰写者致敬！

幼儿教育的前行道路并不是一帆风顺的，尤其是在机遇与挑战并存的今天，我们将面临更加复杂的问题，但是，对于我们这些执着于幼教、为之钟情的银座幼教人来说，又算得了什么呢？如果把幼儿教育比作一座花园，只有拥有如黑土般厚重的行动和如花朵般绚丽的思考才能使整个花园更加完美。只行不思，幼儿园将是荒芜的沙漠；只思不行，祖国未来的栋梁将是枯萎的花朵。且行且思，幼儿教育的百花园定会万紫千红、五彩缤纷！

“让更多的孩子享受更优质的素质教育，让每一位教师享有尊严而又精彩的职业生涯，让每一位家长在爱的文化中感受孩子成长的与众不同”，这是我们心中美好的“幼教梦”，更是我们每个幼教人前进的方向。我相信，站在新的历史起点上，我们幼教人一定会手拉手，心连心，以高度的责任感和使命感，不断探索，以自强不息、奋勇进取的姿态，用不懈的努力和辛勤的耕耘，沿着梦想的阶梯不断求索，为实现“中国梦·幼教梦”开创美丽幼教的崭新未来！

山东银座·英才幼儿园（集团）总园长

焦　敏

图书在版编目（CIP）数据

地道：中国幼教厚德载物/赵春梅，焦敏主编 .—福州：福建教育出版社，2014.6
ISBN 978-7-5334-6450-9

Ⅰ.①地… Ⅱ.①赵… ②焦… Ⅲ.①幼儿教育—教育研究 Ⅳ.①G61

中国版本图书馆 CIP 数据核字（2014）第 105082 号

地道：中国幼教厚德载物

赵春梅 焦敏 主编

出版发行	海峡出版发行集团 福建教育出版社 （福州梦山路 27 号 邮编：350001 网址：www.fep.com.cn 编辑部电话 0591—83726908 发行部电话 0591—83721876 87115073 010—62027445）
出版人	黄 旭
印刷	福州泰岳印刷广告有限公司 （福州市鼓楼区白龙路 5 号 邮编：350003）
开本	720 毫米×1000 毫米 1/16
印张	19.75
字数	313 千
插页	2
印数	1-5 086
版次	2014 年 6 月第 1 版 2014 年 6 月第 1 次印刷
书号	ISBN 978-7-5334-6450-9
定价	40.00 元

如发现本书印装质量问题，影响阅读，
请向本社出版科（电话：0591—83726019）调换。